中国少数民族设计全集

The Design Collection of Chinese Ethnic Minorities

珞巴族

中国少数民族设计全集编纂委员会 编

图书在版编目（CIP）数据

中国少数民族设计全集．珞巴族／中国少数民族设计全集编纂委员会编；过伟敏，史明，王安霞著．—太原：山西人民出版社，2019.8

ISBN 978-7-203-10855-9

Ⅰ．①中⋯ Ⅱ．①中⋯ ②过⋯ ③史⋯ ④王⋯ Ⅲ．①珞巴族－民族文化－研究－中国 Ⅳ．①K28

中国版本图书馆CIP数据核字（2019）第093849号

中国少数民族设计全集．珞巴族

编　者：	中国少数民族设计全集编纂委员会
著　者：	过伟敏　史　明　王安霞
责任编辑：	魏　红
复　审：	武　静
终　审：	阎卫斌
装帧设计：	谢　成

出 版 者：	山西人民出版社　人民美术出版社
地　　址：	太原市建设南路21号
邮　　编：	030012
发行营销：	0351－4922220　4955996　4956039　4922127（传真）
天猫官网：	https://sxrmcbs.tmall.com　电话：0351－4922159
E — mail：	sxskcb@163.com　发行部 sxskcb@126.com　总编室
网　　址：	www.sxskcb.com
经 销 者：	山西出版传媒集团·山西人民出版社
承 印 者：	山西出版传媒集团·山西新华印业有限公司
开　　本：	889mm×1194mm　1/16
印　　张：	16.75
字　　数：	198千字
印　　数：	1—1 000册
版　　次：	2019年8月　第1版
印　　次：	2019年8月　第1次印刷
书　　号：	ISBN 978-7-203-10855-9
定　　价：	240.00元

如有印装质量问题请与本社联系调换

中国少数民族设计全集编纂委员会

总 主 编　（按年龄排序）
　　　　　　张夫也　王立端　戴晋明　廖　军　王　琥　李豫闽　过伟敏　顾　平
　　　　　　王　强　李　岗
执 行 主 编　王　琥
编 务 统 筹　张明山

中国少数民族设计全集编辑工作委员会

主　　　任　刘伟冬
编　　　委　（排名不分先后）
　　　　　　王　琥　王　峰　王　强　王立端　王浩滢　白　波　过伟敏　许　星
　　　　　　许边疆　李　岗　李　丽　李豫闽　成光虎　肖　飞　余　强　汪传跃
　　　　　　罗　力　杨明朗　陈　述　陈见东　邱　珂　胡万明　顾　平　郑　静
　　　　　　郭立忠　姬　莹　张夫也　张泽国　张明山　张秋平　张耀引　梁盛平
　　　　　　樊　进　谢　玮　熊　伟　熊　微　熊建新　蔡克中　葛　芳　鞠　斐
　　　　　　魏　洁　廖　军　戴晋明

中国少数民族设计全集出版工作委员会

主　　　任　胡彦威　周　伟
执 行 主 任　姚　军　欧京海
编 务 统 筹　阎卫斌　周小龙
编　　　辑　（排名不分先后）
　　　　　　王新斐　史美珍　冯　昭　冯灵芝　吉　昊　吕绘元　刘小玲　任秀芳
　　　　　　孙　琳　孙宇欣　李广洁　李建业　李　靖　员荣亮　张小芳　张志杰
　　　　　　张书剑　何赵云　陈俞江　吴春华　武　静　周小龙　柳承旭　郝文霞
　　　　　　赵　玉　赵晓丽　席　青　秦继华　高　雷　郭向南　阎卫斌　崔人杰
　　　　　　傅晓红　蔡咏卉　翟丽娟　樊　中　薛正存　魏　红　魏美荣
整 体 设 计　谢　成

中国少数民族设计全集·珞巴族

本册著者	过伟敏	史　明	王安霞	刘　佳
	杜守帅	罗　晶	王　晔	周　林
参与编写	黄　颖	龚　滢	毛　睿	褚宏枫
	马　燕	宋莉娜	陶　琨	潘馨兰
	俞志成	肖　劫	刘春羽	管宁彤
	付　佳	宋春苑	杨　亚	李绮雯
	王瑛琦	蔡思穗	杨伟昊	王云川
	华秋紫	习敏慎	刘宝艳	徐晓娴

求同存异　和合共荣

刘伟冬

　　中华民族，是一个由56个民族组成的大家庭。在漫长的文明发展史中，汉族和各少数民族都为中华文明的繁荣发展贡献了自己的聪明才智。纵观中华文明史，其实就是一部各族群之间"求同存异，和合共荣"的文化演进史。

　　从根子上讲，4000年前的"中国"，仅指北方中原地区，居住在这里的相传是上古时期黄帝部落和炎帝部落的后裔，故而自称"炎黄子孙"。其时的"中国"，不过是黄河中下游（西起陇山，东至泰山）区域。在千年发展与民族融合之后，尤其是晋末"衣冠南渡"，南迁的中原汉族与南方百越民族彻底融合，来自北方的鲜卑等民族融入汉族，使汉族前所未有地壮大发展，逐渐形成后来疆域辽阔、人口众多、物产繁盛、文化昌明的中华民族的主体族群。特别值得强调的是，自从作为一个民族整体之后，中华民族就从未中断过自己的民族发展史——这在世界历史上是硕果仅存、独一无二的。

　　中华民族具备兼容并蓄、虚心好学的民族天性。仅以设计学范畴的事例讲：在数千年文明发展历史中，中华民族在不断向外输出优秀的文明成果（如烧造之陶瓷砖瓦、营造之榫卯斗拱、织造之丝绸刺绣、锻造之"失蜡"分模等），影响全人类的日

常生活与生产方式的同时，也不断地吸纳域外各民族的优秀文明成果，如汉魏之印度佛教和西域音乐、隋唐之西亚服饰和家具、宋元之东洋印染和漆艺、明清之西洋机器与建筑……在中华民族内部，这样的文化交流更是从未停止过，而且是风生水起、枝繁叶茂，愈发流畅、深入，中华民族各族群之间"求同存异，和合共荣"的文化大演进，共同创造了中华民族极为灿烂辉煌的造物文明历史。仍以设计学范畴为例：原本是匈奴人发明的单足绳圈，被晋代的汉族人设计成铁质双镫；最早是鲜卑人原创的毡毯卷边，被晋代的汉族人改造成"高桥马鞍"，这宗中国式马具设计案例，被誉为"13世纪中国传入欧洲的最重要文化成果"（李约瑟语）。再如，西域（今新疆地区）是全世界最早的皮靴生产地，哈尼族为主的红河地区出现了全世界最早的梯田。再如，全世界最早的"干栏式建筑"和全世界最早的稻米人工育种、栽培，均起源于长江中下游的百越地区；全世界最早的竹藤编结器物起源于闽越地区……由中华民族共同创造、发明，后来又影响了全人类文明进程的优秀造物设计案例很多，不胜枚举。几千年中华民族的文明史，就是各种文化多元融合、共同发展的最好例证。不了解中华民族内部各族群的文明交流史，就无法真正理解中国文化史，也不能理解为什么中华民族总是能在逆境中成长强大。甚至可以说，能否完整地理解中华民族的文化史，是检验每一个当代中国知识分子（特别是文史哲专业的学者）文化立场的"试金石"。

随着改革开放的逐渐深入，各民族地区的经济与社会状态已发生了天翻地覆的变化。令人遗憾和担心的是，由于各地区政策执行力度不平衡，保护措施不得力，少数民族的文化特性正在逐步衰退，有些地区的少数民族文化特征甚至已经消失殆尽，仅仅存在于徒具形式，充满口号、标语的民族文化村旅游景点中。有学者预言，再不加快整理抢救工作，中国的少数民族可能在物质形态和文化内涵的特征上，若干年后将不复存在。

从少数民族地区反映古代中国社会某些面貌的文化遗存看，这些少数民族之所以一直与汉族地区差距巨大，存在多方面的原因，其中历代汉族统治者对少数民族的歧视政策是主要原因。此外这些地区本身就处于偏僻荒地，不是沙漠就是山区，自然条件远不及汉族聚集地区，社会发展水平滞后。20世纪50年代，有相当比例的少数民族在当时仍处于原始农耕社会或奴隶制社会，不要说通电、通水、通汽车，不少人一辈子连铁器长什么样都没见过。部分少数民族聚集地的各种自然条件也较差，缺肥少水，基本生活来源，一靠老天爷恩赐的"望天收"农作物；二靠家庭手工作坊制作些竹藤编结物和土织、土陶等土特产来换取粮食；三靠养猪、兔、羊和鸡、鸭、鹅等家禽来换取日用品，如灯油、农具、衣物和油盐酱醋等；四靠为土司、头人和大户们出卖劳力（社会底层奴隶身份），年老即被抛弃。中华人民共和国成立后，党和政府在这些地区实行社会主义改造，打倒以土司、巫师和头人为首的剥削阶级，将土地和生产资料一律收归集体所有，解放了全体少数民族民众，使他们历史上第一次有了自由劳作和生活的权利。

中华人民共和国成立之初，党和政府就高度关注民族事务问题，为如何保护、关心各少数民族制定了一系列方针、政策，也为当代中国社会处理民族问题、保护民族文化树立了光辉典范。中央人民政府政务院于20世纪50年代初发布了《关于民族事务的几项决定》，为新中国民族政策奠定了最初的思想基础，其主要内容是：一、各大行政区军政委员会（人民政府）须指导各有关

求同存异　和合共荣

省、市、行署人民政府认真推行民族区域自治及民族民主联合政府的政策和制度，并随时向政务院报告推行经验，请示者须事前向政务院请示。二、各大行政区军政委员会（人民政府）须指导各有关省、市、行署人民政府认真并有计划地实行政务院在1950年颁发的《培养少数民族干部试行方案》，并将该项工作进行情况定期加以检查，每半年向政务院报告一次。中央民族学院及西北、西南、中南各军政委员会和新疆省人民政府的民族学院，必须依计划实行，并向政务院报告。三、政务院于1951年下半年适当时间将同时召开有关少数民族的卫生、教育及贸易三个专业会议，责成政务院文教委员会、中财委指导中央卫生部、教育部、贸易部开始筹备，并责成中央民族事务委员会协助进行。有关部门如农业部、文化部也须派人参加。四、责成中央人民政府各委、部、会、院、署、行注意建立有关民族事务的业务。五、在政务院文教委员会内设民族语言文字研究指导委员会，指导和组织少数民族语言文字的研究工作，帮助尚无文字的民族创立文字，帮助文字不完备的民族逐渐充实其文字。六、扩大中央民族事务委员会委员名额，责成中央民族事务委员会提出补充名单的建议，并于1951年下半年召开中央民族事务委员会扩大会议，检查与总结关于推行民族区域自治及民族民主联合政府的经验。

20世纪50年代，中央人民政府和政务院，曾多次组织"中央慰问团""土改工作队"和"普查工作队"等，花费大量人力和物力，深入各少数民族地区，进行了大量较为翔实的社会历史调查。50年代这轮由政府统筹、由中央民委组织行政领导和人类学、社会学专家学者以及民族同志组成工作队与考察队的少数民族大考察活动，1953年正式启动，1956年结束（个别地区延期至1958年才结束）。直接成果之一，就是为1956年国务院公布的55

个少数民族的正式定名和划分，提供了可靠的依据。

从当时考察的资料看，各少数民族的社会发展水平参差不齐，不少民族呈现类似汉族曾经历过的各种历史发展状况，为我们今天考察、了解并研究过去的历史以及各学术分支问题，提供了绝好的活体范本。比如以"设计发生学"研究为例，以山寨（村落）为主的初级社会组织形态，原始手工业在农耕环境中的地位，原始造物的手工技艺与设备、工具等，都是我们极感兴趣的研究对象。

在西北、西南和东北各少数民族聚集地区，有些古时流传下来的本民族手工造物技术，迄今仍保存良好。其吸收了汉族和其他兄弟民族的技术长处之后演变出来的各时段手工造物技术，则印证了各民族互相融合、取长补短的史实。更有些原始手工艺，特别具有艺术和历史研究价值。以维吾尔族人为例，本世纪初，笔者在新疆喀什城艾格孜艾日克老街看到几样手工艺绝活：其一是整条街的维吾尔族乐器店，除了热瓦普、曼陀林和冬不拉等少数维吾尔族知名乐器外，全是些笔者叫不上名来却似曾相识的弹拨乐器和拉弦乐器，于是从心里认可了"西域古乐成就了中国传统民乐"这句话所言不谬。其二是亲眼所见一个拖着鼻涕的不到10岁的维吾尔族小男孩，拿着电砂轮在铜壶上信手飞快地刻着精美细腻的图案，一不要底稿，二没有图纸，真是佩服得五体投地，也相信了"汉族人长于热铸，西域人长于冷锻"这个说法。其三是在喀什近郊著名的大巴扎"金器一条街"上看见近百家金店生意红火，家家门前毡毯上都围坐着一群金店伙计和顾客，正在热烈讨论、共同设计着花样繁多的未来金饰嫁妆，感受到了"中国传统样式的金银首饰工艺，最富有创意的设计和最先进的工艺制作，原来在维吾尔族人手里"这句大实话。还有，笔者

在云南景洪县城集市上,曾亲眼见过景颇族老乡用古老的"焖烧法"烧出的红彤彤的土陶——跟笔者一知半解的仰韶彩陶的烧制工艺几乎一模一样。还有,笔者在大西北甘陕宁各省亲眼所见的回族、保安族、裕固族和东乡族老乡巧手做出的那些花样繁多、样式复杂的面塑造型,真是个个精妙绝伦。这方面的事例实在太多了。

50年代的少数民族地区社会大普查,以及半个多世纪以来社会各界对其丰富而珍贵的考察、研究,意义深远,价值极为重大。这些地区客观上保存的较为完整的、与数千年前中国原始社会最初形态近似的许多社会特征,为我们研究社会的最初形态形成和当时的经济、文化、政治的基本状况以及"设计发生学"的相关课题,提供了珍贵的类型学"活化石"范本,价值非凡。改革开放以来,这些少数民族地区也获得了前所未有的巨大发展,人民生活日新月异;但与此同时,少数民族地区的民族性在不可避免地愈发衰减、退化,甚至消失。如果我们再不采取保护措施,若干年后,各少数民族的许多宝贵民族文化遗产将无法挽救地彻底消亡,这部分同属于全人类精神财富和中华民族集体智慧的宝藏,我们将再也看不到了。

在"设计发生学"问题上,我们一向秉持文化多元论的观点,认为人类文明是全世界人民共同创造的,各国家、地区、民族均做出过大小不一、形态各异的贡献;同理,中华民族的灿烂文明是中国的各族人民共同创造的,每个民族都对中华传统文化做出过贡献,也都应当得到尊敬和肯定。中国的各少数民族在中华文明漫长的演化过程中,都曾经以自己独特而充满智慧的文明成果,补充、完善甚至改良着中华文明。比如,古代西域的龟兹古国各民族创造或引自西亚的弹拨乐器和拉弦乐器以及音律、曲式，彻底改造了中国古代音乐，新创作出代表中国古乐精髓的江南丝竹；南疆的维吾尔族和北疆的哈萨克、塔塔尔、塔吉克等族首创了制革术，并引进古波斯革皮书籍装帧术和制靴术、制毡术、毛衣编结术；海南岛的黎族率先种植棉花并纺织棉布，传入内地后棉织业逐渐形成中国古代手工行业的"天下第一营生"……保护少数民族的民族文化特性，就是保护我们的历史遗产，就是传承我们的文明。我们应进一步发扬文化兼容的优良传统，把振兴中华的百年民族复兴梦，逐步落实为将大中华建设成为中国各民族共同拥有的美好家园。

由上千名来自全国各高等艺术院校的教授、研究生组成的55支团队参与编撰的《中国少数民族设计全集》（55卷），正是有识之士基于对各少数民族的民族文化特性正在快速衰减、消亡的严重现实问题的深切忧虑而进行的抢救、发掘、整理中国少数民族文化遗产的重要文化工程。经过两年精心筹划，六年努力写作，在国家出版基金管理部门的支持下，在山西人民出版社和人民美术出版社的策划和组织下，目前《中国少数民族设计全集》的书稿编撰工作已基本完成，即将付梓。在长达八年的漫长过程中，全国兄弟院校各团队涌现出的各种可歌可泣的事迹经常感动着笔者，并不时鞭策着全体作者克服千难万险，一路向前。有的分卷作者身患绝症仍不眠不休地忘我工作，有的分卷作者遭遇各种意外仍坚持工作。特别是，很多民族同志公而忘私、不计较个人得失，有人不惜将自己赚钱的企业关张歇业，全身心地投入各自所负责分卷的繁重编撰工作中；有人义无反顾地将自己珍藏多年的本民族实物、资料和研究成果无偿提供给相关分卷作者。大家万众一心，克服各种复杂得难以想象的困难，以确保这部凝聚了众人八年心血的巨著，能按计划如期完成。借此机会，笔者谨

求同存异　和合共荣

代表本丛书编委会全体成员,向领导、编辑和作者们表示衷心的感谢!

作为一项文化创举,笔者深信《中国少数民族设计全集》必将在未来岁月的长期检验中,愈发显现其非凡的、独特的文化价值。

2017年夏季于南京

前 言

本卷为珞巴族卷，共收录与解析了 49 个案例。这些案例覆盖了珞巴族传统生活的衣、食、住、行、用五大方面，共分为珞巴族传统建筑、珞巴族传统服饰、珞巴族传统餐饮、珞巴族传统生活用具、珞巴族传统生产工具、珞巴族传统手工艺和珞巴族传统民俗与宗教造像。

"珞巴族传统建筑"部分，选取了珞巴族传统建宅选址方式、珞巴族竹楼、藤网桥、溜索和高脚粮仓等 12 个案例。以上案例是珞巴族人民根据当地特有的气候环境、地理条件和自然物产，所建造的传统居住、交通、仓储等建筑（构筑）物。珞巴族聚居的西藏珞渝及其附近地区，地处喜马拉雅东南部的深山峡谷中，群山栉比，森林茂密，竹材、木材资源丰富，因此其传统建筑（构筑）的材料多取自当地，建筑（构筑）整体结构和形态简洁。如珞巴族竹楼是珞巴族人民依据其独特的自然地理条件所创造的一种竹木结构的干栏式建筑。珞巴族竹楼主体以竹材和木材建造，底层架空，屋顶主要采用当地的棕榈叶、芭蕉叶和茅草覆盖，它也是珞巴族传统建筑的主要形式。又如，藤网桥、溜索是珞巴族人民在日常生活中使用的主要交通设施。藤网桥的网状形态源于受蜘蛛网结构的启发，是由藤条编织而成的，呈椭圆形管状的悬空网桥。溜索作为传统的渡河工具，飞架在河流两岸的陡峭岩壁上，不仅可以渡人，还可以溜渡货物、牲畜等。

"珞巴族传统服饰"部分，选取了男子羊毛织无袖套头坎肩、熊皮盔帽、男装藤帽、女子筒裙等 10 个案例。珞巴族传统服饰的原

材料多取自大自然，并运用珞巴族传统织造技术制作。珞巴族男性服饰风格粗犷豪放，且结实耐用，如博嘎尔部落的熊皮盔帽常与羊毛织无袖套头坎肩搭配穿戴，整体造型英武，帽子既能御寒，又能在狩猎时起到保护自己和迷惑猎物的作用。珞巴族女性服饰色彩鲜艳，实用性与艺术性兼具。如有吉祥图案纹样的女子绑腿，是为了适应险恶的地域环境，防止毒虫侵害与抵御寒冷的一种服装配饰。另外，珞巴族人民注重饰品的搭配，如无论男女腰间都系有兽皮或植物纤维制作的腰带，其上缀有铜扣等装饰物。他们还用牛皮、草藤、铃铛等串成的海贝圆球挂在腰间，行走时能发出叮当之声。

"珞巴族传统餐饮"部分，选取了石块烙饼、珞巴饭坨、山鼠肉干、奶渣、荞麦饼、石锅、木碗与竹筒6个案例。以上案例为珞巴族传统的主要食品及其餐饮用具。其中石锅为烹煮食物及蒸馏白酒的炊具，木碗为珞巴族人盛放食物的容器，竹筒多作为盛酒盛水以及盛米用的容器。荞麦、玉米和鸡爪谷，是珞巴族传统的粮食来源。珞巴族人平日主食以饭坨、烙饼、荞麦饼及牦牛奶制作而成的奶渣为主，副食主要来源是家禽、家畜及狩猎获取的动物肉。其中，珞巴族饭坨为石锅制作的黏性糕坨，将谷物（主要是玉米和鸡爪谷）经过舂捣、晒干、炒熟、磨粉等流程后撒入锅内熬煮，直至搅成黏坨状之后便可以取出食用。石块烙饼和荞麦饼则需要将谷物磨粉后用水调和成面糊，浇在使用皂石加工而成的石板锅（珞巴语称作"旺达"）上烤焙而成。肉食多用于烧煮。食物丰裕时，剩余的肉会被制作成肉干，便于长期保存，其中山鼠肉干是珞巴族人民在烧烤中必不可少的食材。奶渣的种类较多，按造型可分为奶渣块、奶渣圈、奶渣串等，口味分有糖和无糖两种。奶渣可直接食用，也可煎炸或拌红糖食用，以及做成奶渣蛋卷、奶渣丸子、奶渣包子等。

"珞巴族传统生活用具"部分，选取了达崩与共冈、篾凳、刀具、

篾背包、烟斗等共5个案例。这些案例涉及珞巴族日常使用的乐器、家具和日用杂具等生活用具。其中,达崩与共冈是珞巴族民间常见的吹奏型乐器,"达崩"为竹制竖笛,"共冈"为竹口琴。刀具是珞巴族人必不可少的狩猎、生产与防卫工具,并可用其装点服饰。篾背包是珞巴族人民携带食物、种子及杂物等的日用杂具,其编织花样美观,承重力较好。此外,吸烟是珞巴族人的普遍嗜好,珞巴族人使用的烟斗依据其材质可分为白铜烟斗、黄铜烟斗及杂木烟斗等三类,以白铜与杂木烟斗最为常见。

"珞巴族传统生产工具"部分,选取了传统耕作工具与方式、传统酿造工具与方式、传统粮食加工工具与方式、传统狩猎工具与方式和腰机5个案例。传统耕作工具与方式涉及如翻土、点种、除草等农事活动,耕作过程中主要使用杈扬、镰刀、竹刮子("厄")、木锄、木锹等工具,如翻土用木锄和木锹,松土除草用竹刮子("厄"),收割用镰刀,翻晒粮食或柴草用杈扬。前面谈到,荞麦、玉米和鸡爪谷。是珞巴族传统的粮食来源。传统粮食加工工具与方式涉及加工工具如杵臼、结萝(晒谷篮)、石磨、竹筛等,及相关的加工粮食所采用的舂捣、晾晒、碾磨和脱粒方法。狩猎是珞巴族获取食物的传统来源之一,如竹签陷阱、地箭、捕鼠器和鱼笼,涵盖了珞巴族人民捕获大、中、小体型的林中牲畜和峡谷中水产的狩猎方式。

"珞巴族传统手工艺"部分,选取了传统弓箭、传统金作工具与工艺、竹筐、织品图案和传统石作工具与工艺5个案例。在传统的生活中,珞巴族人民以狩猎为生,弓箭是其狩猎的主要工具。传统弓箭以竹、野生植物纤维或细麻绳为主要材料,制作手法纯熟,造型质朴。珞巴族传统金作工艺,主要以铁、铜、银等材料进行锻打和熔铸,来制作刀具、火镰、铜铃、手镯等用品。珞巴族所处的珞渝地区盛产藤条、竹条、棕丝等自然材料,故传统手工艺中的编

结工艺颇为纯熟。从服饰到生活生产用具，都能看到结实耐用、编结精巧、造型美观的传统编结工艺。传统图案纹样体现出珞巴族崇拜自然、适应自然的特性，织物多运用天然植物或矿物染料进行染色，色彩以红色、黑色为主，点缀以黄色、白色、蓝色等。传统石作工具与工艺是珞巴族传统手工艺的重要代表，主要石作器有石锅、石磨、石杵及石臼，其中又以石锅为典型代表。石锅选用皂石手工凿磨，造型简单，经久耐用。

"珞巴族传统民俗和宗教造像"部分，选取了珞巴族传统节庆、婚恋习俗、祭祀活动、生殖崇拜与"乌佑"崇拜、太阳崇拜6个案例。其中，珞巴族传统节庆类型根据天象、物候及季节等因素而定，在期望富裕、庆贺丰收的同时，祈求神灵庇佑维护家族人丁兴旺、驱灾辟邪。如调更谷乳术节为珞巴族的重要节日，其主要环节有纽布（巫师）念经、安置六畜像、祭祀求丰收等。每三年一次的笼德节也是珞巴族具有代表性的传统节日之一，以祈求幸福富裕为主要内容，具体时间由纽布（巫师）通过杀鸡取肝的占卜方式而决定，以此预知行事的征兆以便避开灾难。这种方式不仅用于重要节庆，同样也用于传统祭祀仪式，甚至婚葬、建房、外出、打猎等活动。珞巴族的生殖崇拜首先体现在对大地之母"斯金"的信仰，地母的生殖器被视为宇宙生命之源泉。随着生产力的提高，原本以女性为崇拜中心的信仰文化逐渐演变为对男性的崇拜，进而产生了对男性生殖器的崇拜习俗。这种古老的崇拜文化深植于珞巴族的日常生活中，如传统珞巴族竹楼前的独木梯左右置有木质的男性生殖器，寺庙入口两侧都置有木质男女性生殖器，其制作过程与设置仪式表现出珞巴族人民祈求安定、家族人畜两兴旺的美好愿望。这些传统民俗融于珞巴族人民生产、生活的各个方面，映射出珞巴族传统民俗文化的神秘性与多样性特征。

　　本书的编撰团队成员主要来自江南大学设计学院"建筑艺术遗产保护与再生"研究团队的师生。主要参编人员为：过伟敏、史明、王安霞、刘佳、杜守帅、罗晶、王晔、周林、黄颖、龚滢、毛睿、褚宏枫、马燕、宋莉娜、陶琨、潘馨兰、俞志成、肖劼、刘春羽、管宁彤、付佳、宋春苑、杨亚、李绮雯、王瑛琦、蔡思穗、杨伟昊、王云川、华秋紫、习敏慎、刘宝艳、徐晓娴。

　　感谢本丛书总主编王琥教授对本卷编撰与修订全过程的悉心指导和不断的鞭策。同时要感谢出版方——山西人民出版社、人民美术出版社的领导们，给予我们研究团队参与编撰本卷的机会。能够参与编撰《中国少数民族设计全集·珞巴族》，对于我们研究团队所有成员来说，是一个全新的学习的过程，也是一个较有深度地了解珞巴族人民及其生活和文化形态的过程。

　　十分感谢本卷所有案例图文参考文献的作者为本卷的编纂奠定了重要的前期基础。尽管本卷编撰前期，编撰团队成员在赴藏区进行田野考察时，结合案例需要，对珞巴族传统生活中的衣、食、住、行、用等五大方面所涉及的建筑、造物及文化礼仪进行了相关资料的收集与实物的调研，但是在现场实地获得的第一手资料十分有限。故若无所有参考文献的作者所作出的卓有成效的前期工作，我们研究团队可能无法完成本卷的编撰工作。

　　特别感谢西藏自治区米林县文广局，为我们的田野考察活动提供了便利与帮助。另外，案例图片的来源等均在文中进行了详细的说明。

　　从2013年6月开始着手编撰，本卷编撰团队始终抱着对学术研究敬畏的态度，所有参编人员一直是高度重视，认真对待。在实地考察获得部分材料的基础上，同时查阅了大量文献资料，力求研究的完整性与正确性，但因编撰团队成员的学识与水平有限，并受制

于编写体例要求,各案例解析书写的篇幅有限,故在本卷中,无论是案例选择的典型性方面,还是具体案例解析的全面性方面,肯定存在着许多不妥之处。真诚地希望广大读者批评指正。

目录

第一章　珞巴族传统建筑

珞巴族村落及其选址方式　002
珞巴族竹楼　006
珞巴族竹楼·独木梯　012
珞巴族竹楼·室外平台　017
珞巴族竹楼·披檐　023
珞巴族竹楼·梁柱　028
珞巴族竹楼·走廊　033
珞巴族竹楼·墙体　038
珞巴族竹楼·畜棚与柴房　043
珞巴族藤网桥　049
珞巴族溜索　055
珞巴族高脚粮仓　061

第二章　珞巴族传统服饰

珞巴族男子羊毛织无袖套头坎肩　068
珞巴族熊皮盔帽　074
珞巴族男子藤帽　078
珞巴族女子筒裙　083
珞巴族女子绑腿　088
珞巴族女子对襟窄袖上衣　093
珞巴族腰带　099
珞巴族铜质手镯　103
珞巴族绿松石串珠项链　108
珞巴族海贝圆球串腰饰　112

第三章　珞巴族传统餐饮

珞巴族石块烙饼　118

珞巴族饭坨　123

珞巴族山鼠肉干　127

珞巴族奶渣　131

珞巴族荞麦饼　135

珞巴族石锅、木碗及竹筒等　140

第四章　珞巴族传统生活用具

珞巴族达崩、共冈　145

珞巴族篾凳　150

珞巴族刀具　154

珞巴族篾背包　158

珞巴族烟斗　163

第五章　珞巴族传统生产工具

珞巴族耕作工具与方式　170

珞巴族酿造工具与方式　174

珞巴族粮食加工工具与方式　179

珞巴族狩猎工具与方式　183

珞巴族腰机　188

第六章　珞巴族传统手工艺

珞巴族弓箭　194

珞巴族金作工具与工艺　199

珞巴族竹筐　203

珞巴族织品图案　207

　　珞巴族石作工具与工艺　211

第七章　珞巴族传统民俗和宗教造像
　　珞巴族节庆　218
　　珞巴族婚恋习俗　222
　　珞巴族祭祀活动　227
　　珞巴族生殖崇拜　232
　　珞巴族"乌佑"崇拜　236
　　珞巴族太阳崇拜　241

第一章 珞巴族传统建筑

珞巴族村落及其选址方式

图一　珞巴族村落主图

珞巴族是我国西藏南部珞渝地区的古老民族。珞渝处于喜马拉雅东南部的深山峡谷中，由于该地多雨潮湿，其民居多建在山冈地区高处，或者建在河溪两岸的半山腰上，这样既可以防潮又便于排水，同时也可避免山洪暴发带来的威胁。珞巴族在修建村落、房屋、日常起居及搬迁新居时有许多礼俗和禁忌。尤为特别的是其建宅选址方式。当建宅申请获得村落会议通过后，宅基地的确定主要通过某些占卜的征兆显现出来。这些占卜选址方式主要有以下三种：

第一种是杀鸡看肝建宅选址。杀鸡看肝选址是珞巴族主要的建宅选址方式之一。珞巴族十分崇拜鸡的"预卜性"。他们认为，太阳是光明、正义和真理的使者，而鸡可以预知太阳的起落，因此杀鸡看肝可获得建宅的吉地。杀鸡看肝一般请村里最有权威的巫师选择吉日，在选定的宅基地上进行。仪式首先进行刀舞，刀舞由村里的年轻男子手持真刀进行比试，但比试只是气势上的较量，并不会伤害对方，这种仪式被叫做"巴可可"。刀舞表演结束后，杀鸡看肝仪式开始。村民席地而坐，村长负责杀鸡，巫师在一边进行祷告，杀鸡时直接从鸡腹部一刀剖开取出鸡肝，用清水清洗后，进行查看，如肝纹细密而清晰，则此宅基地为吉地，反之则要重新选择宅基地。第二种是稻谷占卜建宅选址。稻谷占卜选址也是珞巴族常用的建宅选址方式。占卜前先根据家庭人口数量决定稻谷颗数，如建房者家中有 8 口人，则需要 8 颗稻谷粒，另外猪、牛和鸡族各一颗，共 11 颗为一组。一般预选 3 块宅基地，准备 3 组稻谷粒。预选的宅基地约一尺见方，需打扫干净，光脚踩实地面。在太阳下山后，将准备好的 3 组稻谷粒分别集中放在预选宅基地上，不能散落放置。然后在谷粒上面放上新鲜带刺的树枝，最后在最上面压上一块石头。翌日，太阳出来前观察 3 块宅基地的情况。若 11 颗稻谷粒中有 1 颗或几颗散落在宅基地上，则预示此地地气不吉，地鬼凶恶会死人，不宜建宅；若 11 颗稻谷粒周围有蚂蚁，则表示离鬼蜮太近，建宅会使家人生病，不宜建宅；若 11 颗稻谷粒既没有散落，周围也没有蚂蚁，则表示该宅基地住的是善神，地气好，宅地佳，宜建造房屋。第三种是鸡蛋卜建宅选址。鸡蛋卜选址是珞巴族很少采用的一种建宅选址方式。首先，在预先选定的宅基地上斜插 3 根木棍作为支架，然后，在鸡蛋顶端扎一个小孔并将其放在支架上。之后，村长一边用松树枝烧鸡蛋，老人则一边念祷告词。最后，对鸡蛋进行观察，若鸡蛋蛋壳有裂纹，并流出水或冒泡，则宜建宅。若鸡蛋壳断裂，有爆炸声，流出蛋白蛋黄，则预示不吉利，不宜建宅，需要重新选定宅

图二　建于半山腰上的珞巴族村落

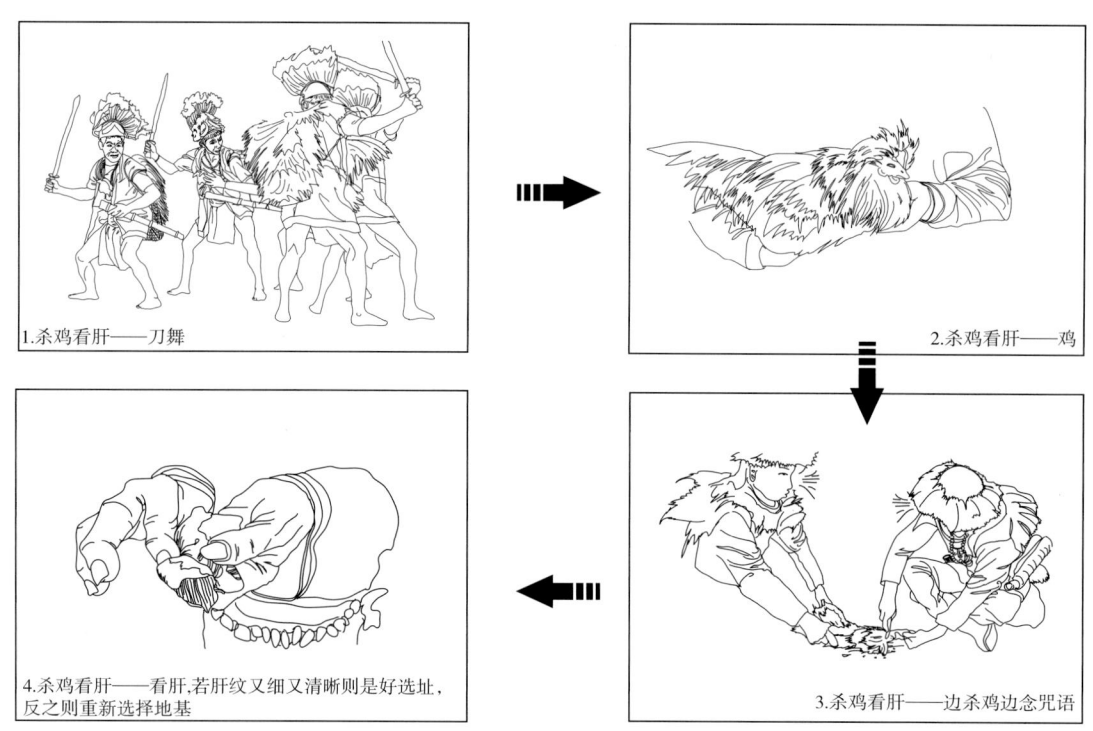

1.杀鸡看肝——刀舞

2.杀鸡看肝——鸡

3.杀鸡看肝——边杀鸡边念咒语

4.杀鸡看肝——看肝,若肝纹又细又清晰则是好选址,反之则重新选择地基

图三　珞巴族杀鸡看肝建宅选址方式示意图

基地。

珞巴族建宅选址的几种占卜方式,充分体现了珞巴族特有的生活习俗与宗教信仰。作为一个古老习俗,珞巴族占卜建宅选址方式至今仍被袭用,独特的民族风俗得到传承与发展。

图片来源

图一、图三至图五　宋春苑　制图

图二　刘佳　制图

参考文献

李坚尚,刘芳贤.珞巴族的社会和文化.成都:四川民族出版社,1992:52～66.

关东升主编.中国民族文化大观(藏族·门巴族·珞巴族)北京:中国大百科全书出版社,1995:533～599.

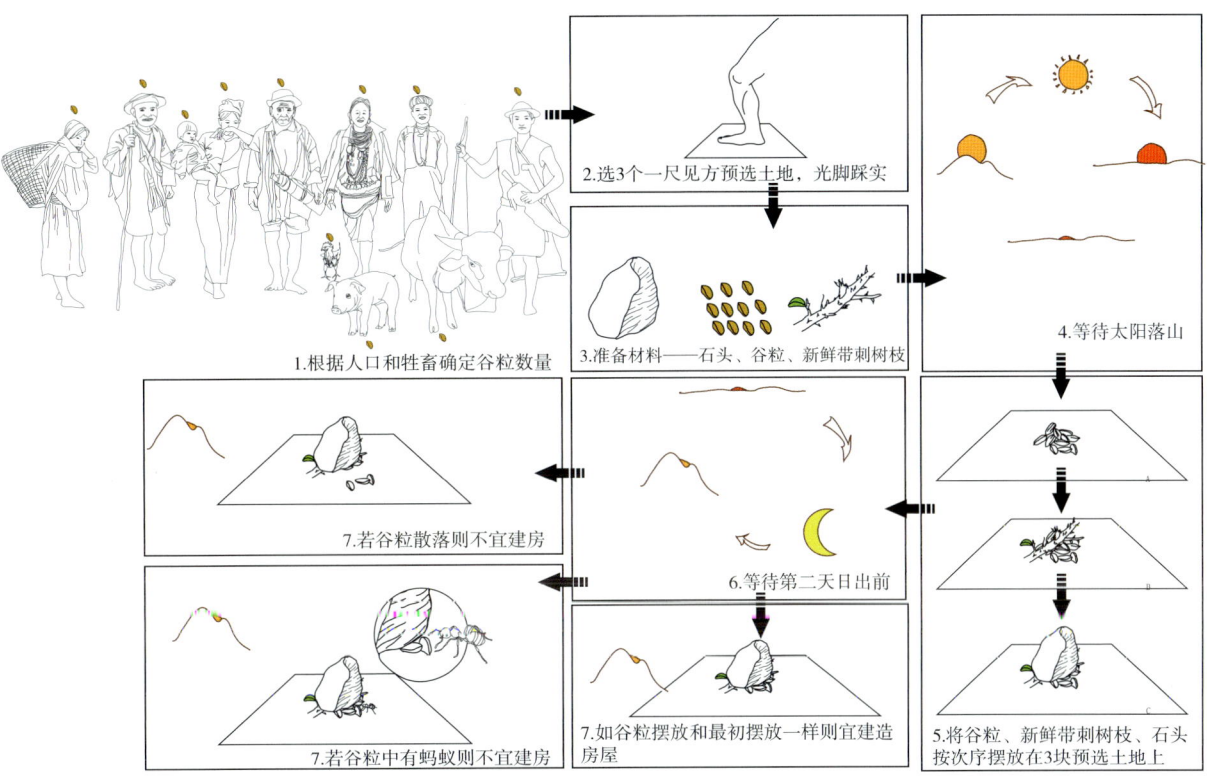

图四 珞巴族稻谷占卜建宅选址方式示意图

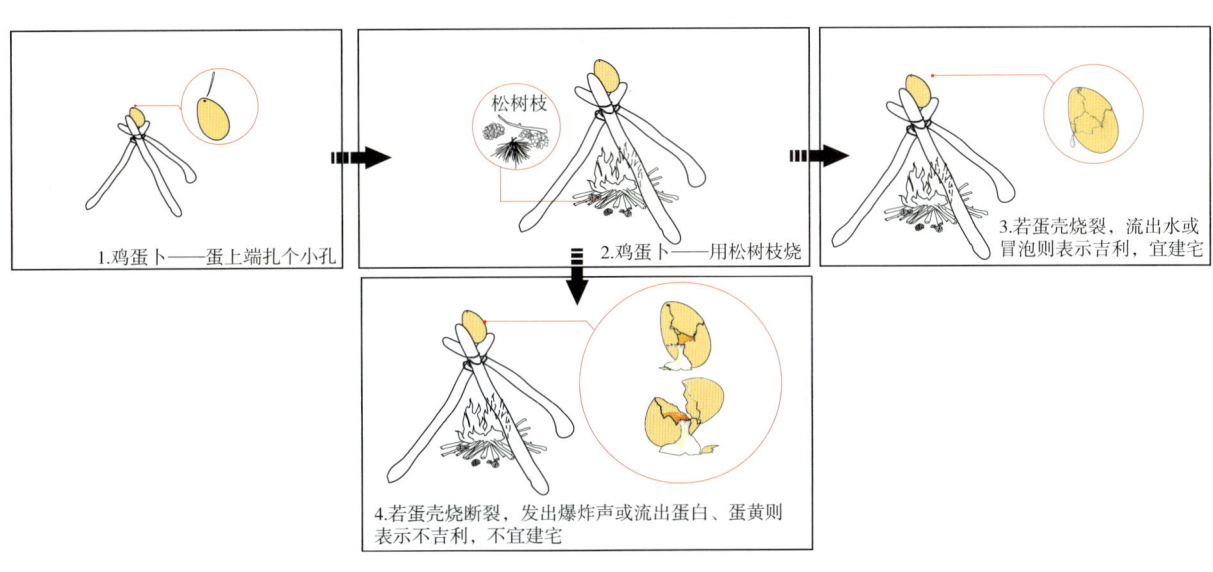

图五 珞巴族鸡蛋卜建宅选址方式示意图

珞巴族竹楼

图一　珞巴族竹楼主图

珞巴族竹楼是珞巴族主要的一种竹木结构的干栏式民居建筑，珞巴语称"乌古"。珞巴族人多将竹楼建于河溪两岸的半山坡上，或是高岗上，如此既可以减轻潮湿与积水，又可避免山洪暴发带来的威胁。竹楼平面一般呈方形，长约9米，宽约6米，底层多作架空处理。

珞巴族竹楼的建造材料大多是就地取材，以竹子为主。珞渝地区的竹子品种多达10余种，最大的竹子直径约30厘米，是良好的建筑材料。人们根据不同的竹材因材施用，厚粗的可作为立柱，薄细的可作为檩条。地板、横梁、横木和门板可使用木材，屋顶则主要采用当地的棕榈叶、芭蕉叶和茅草覆盖，藤条作为捆扎竹片和木板之用。一般情况下，无论竹楼面积大小，3至4天即可建造完成。建造竹楼时，一般采用3排圆木作为立柱基础，然后在离地1.5米到2米的位置设置底层架空的长方形平台，再在平台基础上架设墙体和屋顶。墙体一般由竹条编织成双层竹席，再用乌木固定。屋顶多搭成"人"字形，便于排水。竹楼内部空间可分为三层：最底层为底部架空层，一般用竹木捆扎成栏杆，作为堆放柴火和圈养猪、牛之用；中层为居室空间，主要供人休息、居住；顶层为阁楼层，多用来堆放农具、农副产品以及食物等。竹楼一侧一般附设粗竹搭建的室外平台，多由联系上下交通的独木梯进入室内。室内结构较为简单，基本无隔断，中心区域设有火塘。火塘是珞巴族竹楼重要的功能区域，珞巴语称"甲塔布"。一般为固定的方木框，设置在地板席上的缺口处，上面铺以泥土。其上方吊设一个三层的四方形竹架，用于熏干鱼、肉和燃料。由于没有烟囱，屋顶上方通常会设置一个方形的橡子木天窗作为出烟口，而竹制的天花板、竹席墙体也有助于烟雾的扩散。烟雾也可起到防止蛀虫、驱赶蚊子的作用。竹楼内各个区域有专门的使用规定，火塘与右侧墙体之间是较庄严的区域，主要供男主人坐卧休息；入口左边区

图二　珞巴族竹楼近景

域供丧葬仪式时停放死者遗体、贮存水竹筒等；右边区域供妇女孩子睡觉；后半部分左边区域作为酿酒之用；右边则供儿子和儿媳探访时居住。

珞巴族竹楼是珞巴族传统民居的主要建筑形式，是珞巴族人根据其独特的地理条件创造的干栏式建筑形式，不仅反映了珞巴族的民族风情，同时也体现出珞巴族独特的宗教信仰和生活习俗。

图片来源
图一至图十　宋春苑　制图
参考文献
（印）沙钦·罗伊著，李坚尚，丛晓明译.珞巴族阿迪人的文化.拉萨：西藏人民出版社，1991：52～66.
关东升.中国民族文化大观（藏族·门巴族·珞巴族）.北京：中国大百科全书出版社，1995：611～614.
M.M.Dhasmana.The Ramos of Arunachal.Concept Publishing Company，1979：47～62.
宋兆麟，高可，张建新.中国民族民俗文物辞典.太原：山西人民出版社，2004：386～387.

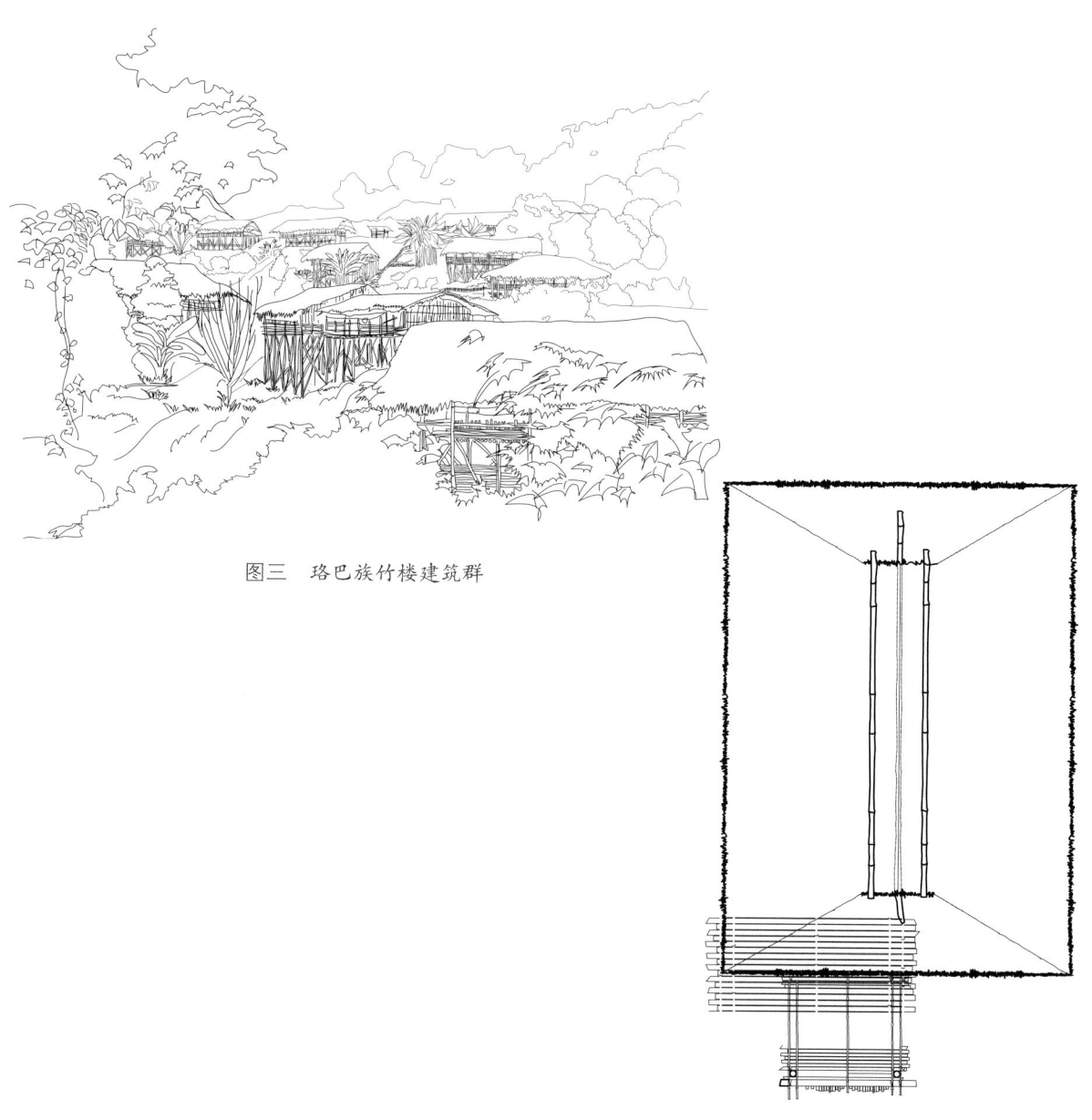

图三　珞巴族竹楼建筑群

图四　珞巴族竹楼屋顶平面图

图五　珞巴族竹楼搭建场景

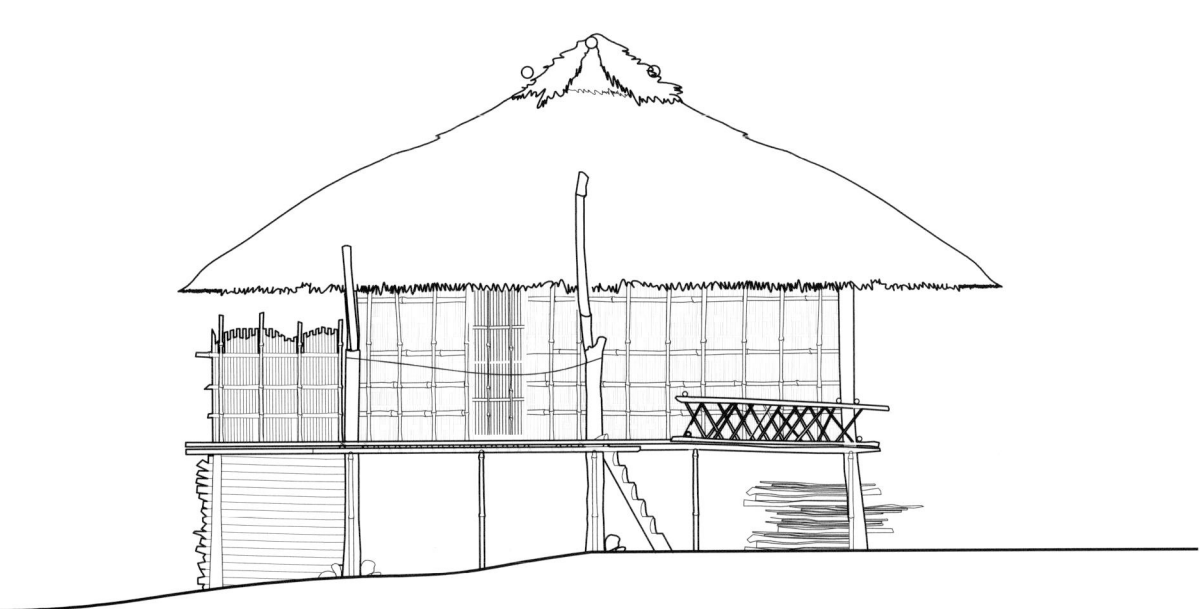

图六　珞巴族竹楼立面图

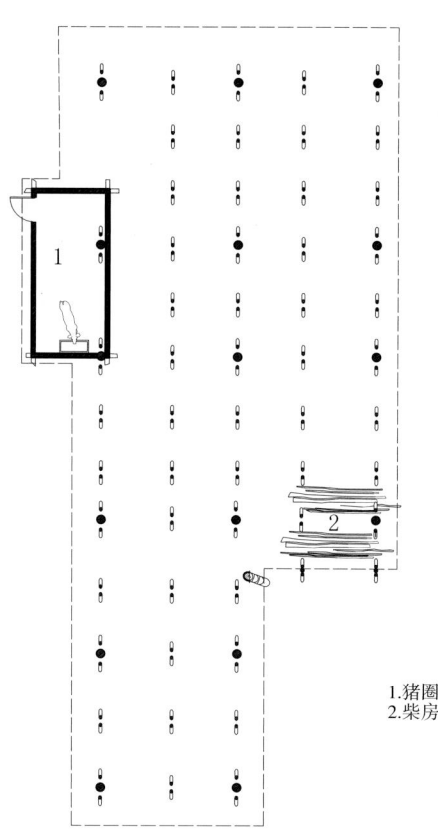

1.猪圈
2.柴房

图七 珞巴族竹楼底层平面图

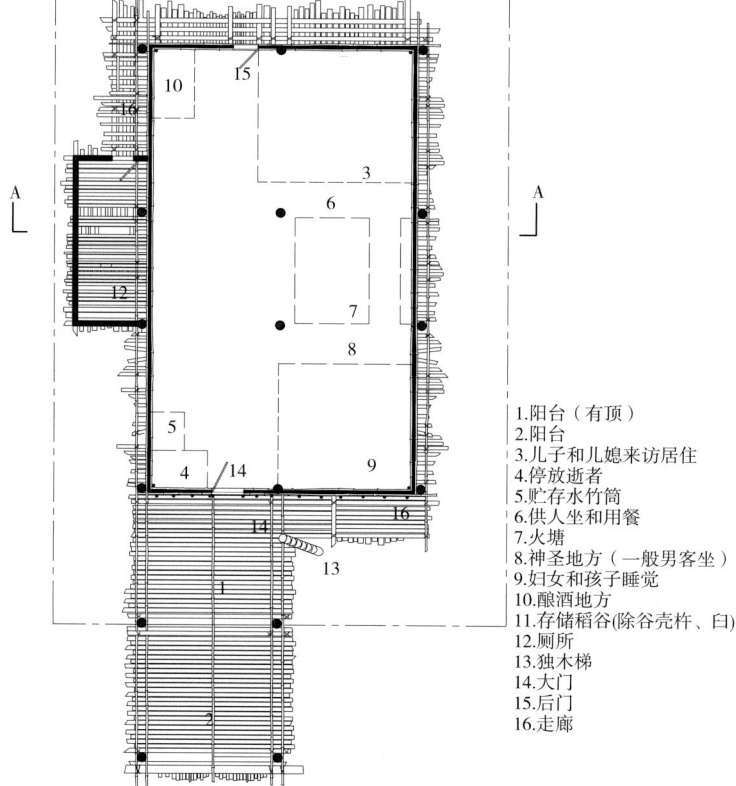

1.阳台（有顶）
2.阳台
3.儿子和儿媳来访居住
4.停放逝者
5.贮存水竹筒
6.供人坐和用餐
7.火塘
8.神圣地方（一般男客坐）
9.妇女和孩子睡觉
10.酿酒地方
11.存储稻谷(除谷壳杵、臼)
12.厕所
13.独木梯
14.大门
15.后门
16.走廊

图八 珞巴族竹楼二层平面图

图九 珞巴族竹楼室内示意图

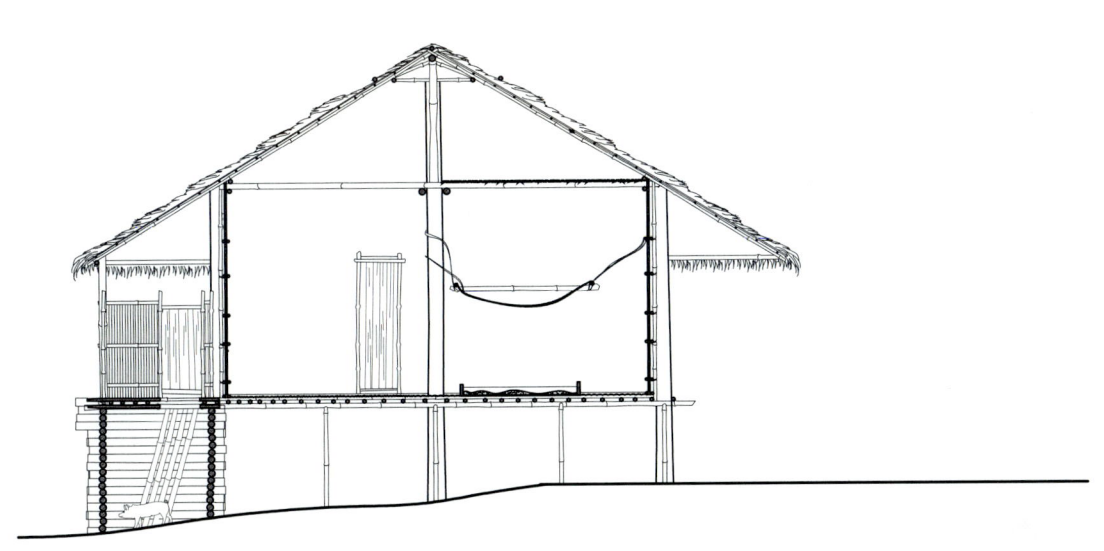

图十 珞巴族竹楼 A-A 剖面图

珞巴族竹楼·独木梯

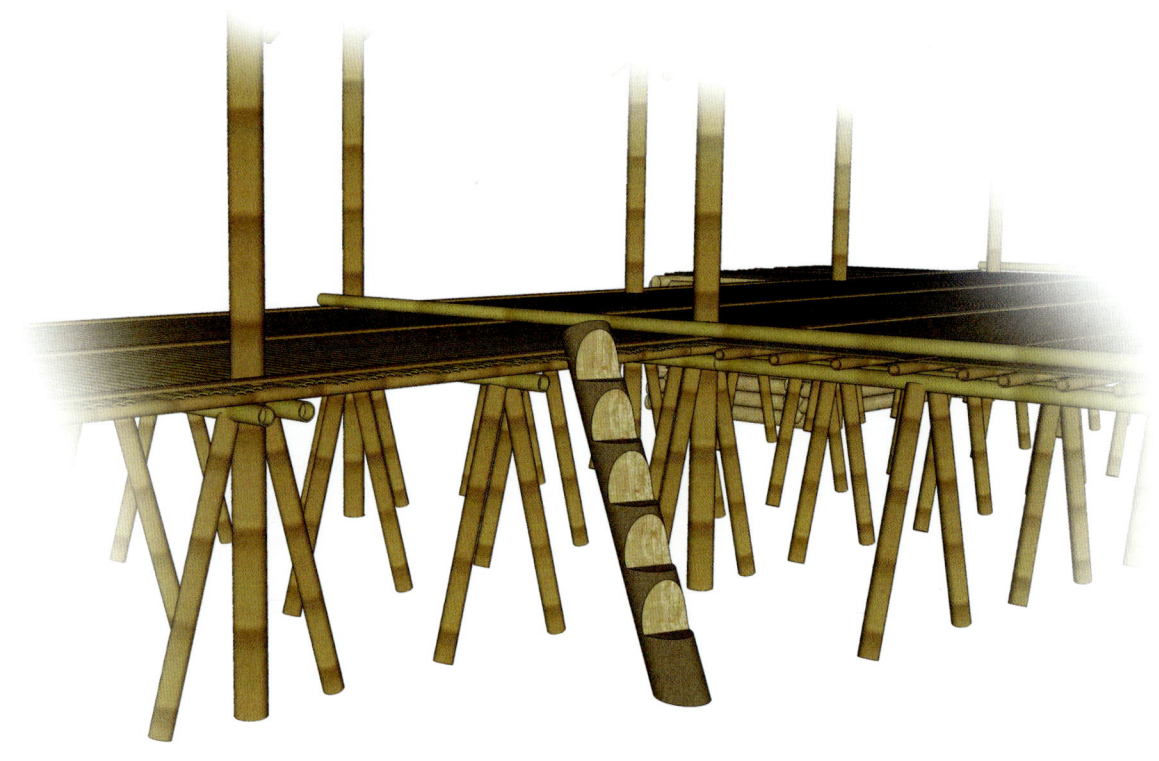

图一　珞巴族竹楼·独木梯主图

珞巴族竹楼独木梯，是珞巴族民居的附属设施，珞巴语称"该嘎"。由于珞巴族人多居住在底层架空的"干栏式"竹楼内，因此独木梯成为珞巴族人进入房屋的主要上下交通工具。独木梯约呈60度角斜搭于室外平台与地面之间，通常每次仅供单人上下。独木梯为单根原木砍凿而成，长约1.5至4米，直径约0.2至0.4米，上面有用竹刀砍凿出的踏步。人们需先踏上独木梯到达底层架空的室外平台后才能进入居室。

珞巴族人聚居的珞渝及其附近地区，群山栉比，森林茂密，木材资源丰富，独木梯的制作材料就选用当地树木的树干。珞巴族人先将树干砍成1.5至2米的长度，再削枝去皮磨圆，然后用当地特有的工具——竹刀，在圆木上砍凿出一级级凹陷的踏步，踏步的级数由室外平台与底层地坪间的高差决定，最后将梯子斜搭于室外平台一角。独木梯采用的树干直径不一，用其制成的独木梯有粗有细，因此每根梯子的踏步高度与宽度也各不相同。总体而言，独木梯的每级踏步空间至少应容纳成年人单只脚面的宽度，即0.2至0.3米高，0.1至0.15米宽。踏步的踢面与踏面并不成直角，而是大于45度的锐角，其中踢面下侧向内倾斜，踏面外侧向上倾斜。这样的设计既向内借用空间，又利于踩踏更稳妥。踢面与踏面相接处以及其他尖角都做了磨圆处理，以保护赤脚踩踏时不受伤害。

独木梯是珞巴族干栏式竹楼重要的垂直交通附属设施，其样式迥异于其他干栏式民居的常见扶梯。虽然独木梯在树干直径的限制下踏步较窄，单人上下需十分小心，对于弱势群体如老人和孩子等的出行较为不便，但这种由一根圆木砍凿而成、自成一体的独木梯，与地面和室外平台没有采用任何榫接和捆绑的连接方式，易于在室外平台的不同边缘移动，是非常灵活实用的设计。其踏步向内凹陷借用空间以及磨圆角处理的手法，充分展示出珞巴族人的智慧。虽然现在珞巴族人也开始运用新材料新技术设计其他不同样式的扶梯，但独木梯这种传统的样式仍被大量使用。

图片来源

图一至图五　杨亚　制图

图六至图七　王瑛琦　制图

参考文献

陈立明.珞巴族的传统文化与环境保护.西藏大学学报（社会科学版），2009（4）：9.

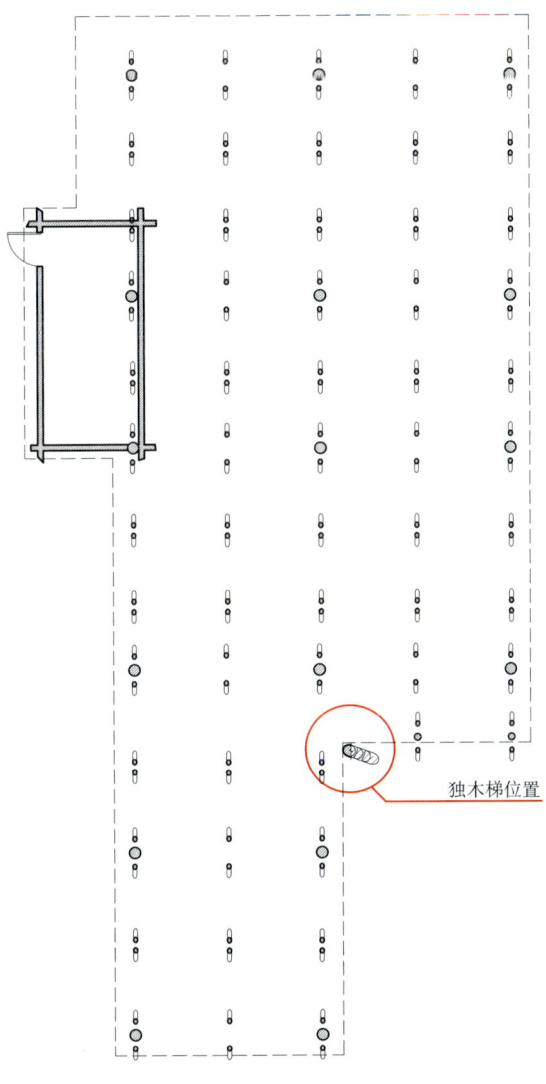

图二　珞巴族竹楼·独木梯位置示意图

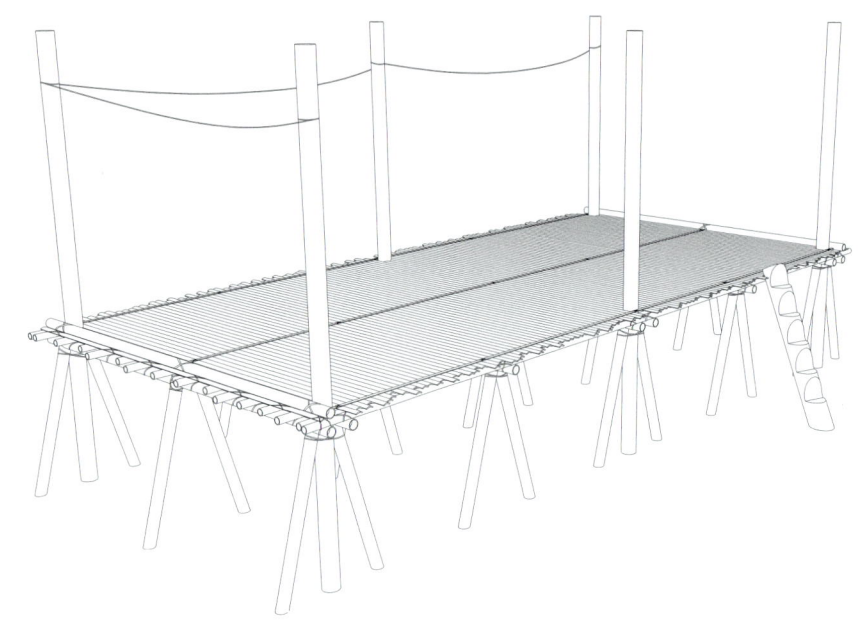

图三　珞巴族竹楼·独木梯与室外平台搭建示意图

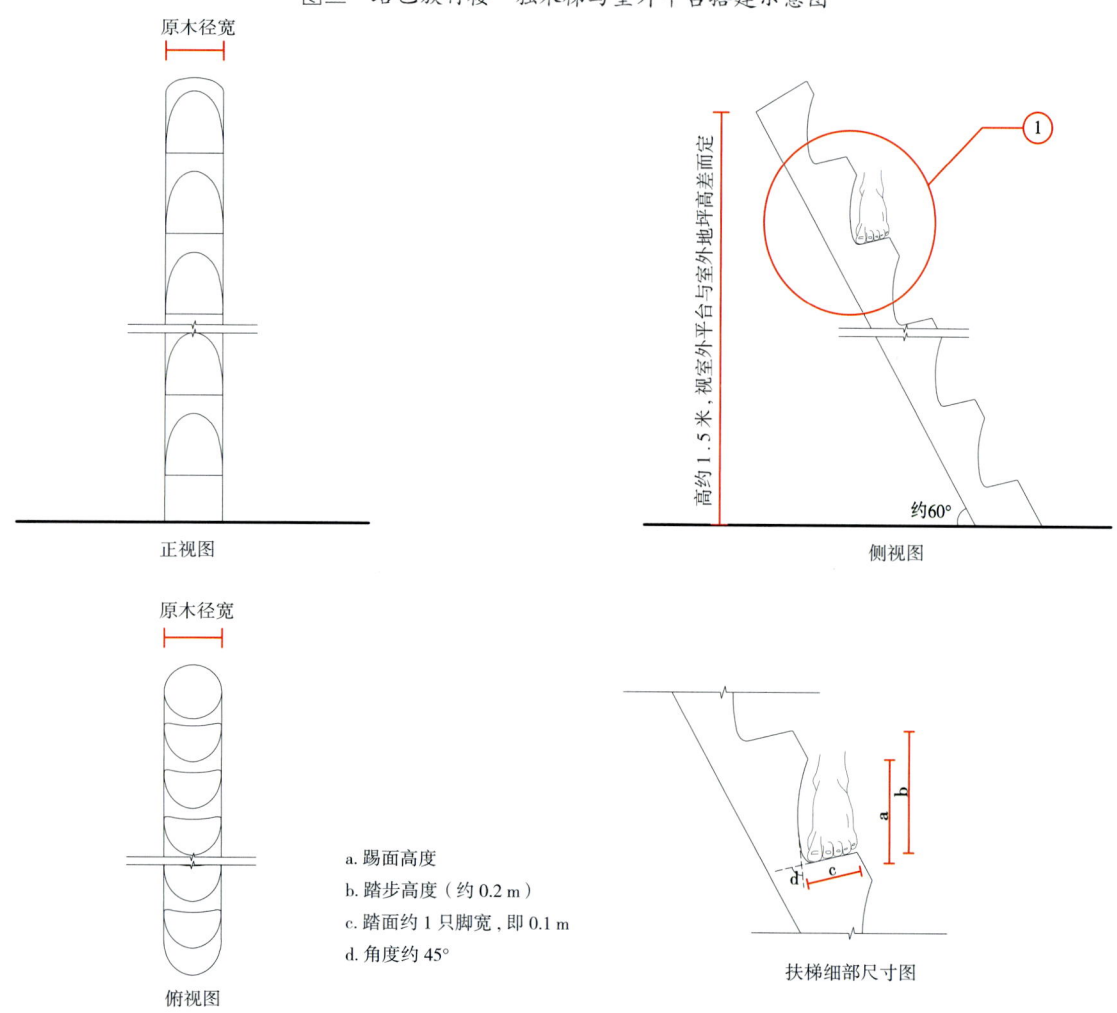

a. 踢面高度
b. 踏步高度（约 0.2 m）
c. 踏面约 1 只脚宽，即 0.1 m
d. 角度约 45°

图四　珞巴族竹楼·独木梯三视图

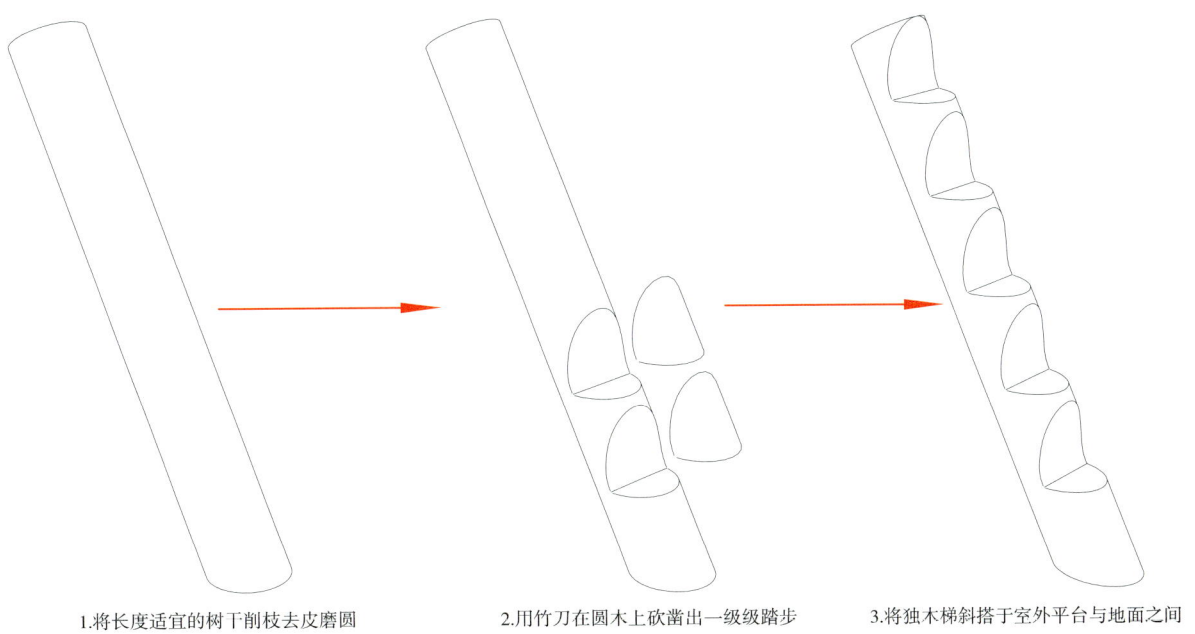

1.将长度适宜的树干削枝去皮磨圆　　2.用竹刀在圆木上砍凿出一级级踏步　　3.将独木梯斜搭于空外平台与地面之间

图五　珞巴族竹楼·独木梯制作过程示意图

图六　珞巴族竹楼·独木梯使用场景

第一章　珞巴族传统建筑

图七　珞巴族竹楼·独木梯场景

珞巴族竹楼·室外平台

图一　珞巴族竹楼·室外平台主图

珞巴族竹楼室外平台为居室正面延伸出去的底部架空小平台，是珞巴族人劳作、晾晒的室外活动场地。室外平台一般长约6米，宽约3米，面积约为20平方米。受平地或坡地的影响，室外平台底部架空1.5至2米不等，部分室外平台侧面设有竹编围栏，并留有通行的空间。室外平台整体构架与主体房屋相连，部分室外平台的地坪略低于居室楼面，高差约为10厘米。

珞渝地区气候炎热潮湿且多雨，为了通风、采光及防兽的需求，室外平台多架空于地面，通过独木梯与地面相接，人们进屋时需经独木梯到平台后才能进入居室，因此室外平台是人们从室外地坪到居室的过渡空间。大多数室外平台为露天平台，是珞巴族人夏日纳凉、休憩、编织、劳作，收割季节晾晒粮食的场地。四周伸向平台的立柱直通上空2米左右，一些室外平台在不影响通行的情况下，在侧面加设约1米高的竹编围栏，同时在立柱端头系上绳索以晾晒衣物。也有一些平台顶部有伸出的披檐遮盖，这种有屋顶的室外平台又名"古让"，其功能与露天平台类似，只是更利于在下雨天或阴天时使用。室外平台同居室一样，全部用竹子搭建，其主要做法与居室屋身结构类似。

珞巴族竹楼室外平台是除居室外的较大空间，它将竹楼的室内空间延伸至室外，不仅是珞巴族人劳作、晾晒的场地，也是珞巴族人沟通交流、增进感情的社交场所，是现代景观建筑设计中情感化设计的原型场景。室外平台整体结构的连接方式主要采用藤条或竹篾捆绑连接，不使用任何金属构件，展示了珞巴族人较高的竹艺技术。

图片来源

图一、图七至图八　王瑛琦　制图
图二至图六、图九至图十　杨亚　制图

参考文献

陈立明. 珞巴族的传统文化与环境保护. 西藏大学学报（社会科学版），2009（4）：9.

邓侃著. 西藏的魅力. 拉萨：西藏人民出版社，2000：464~466.

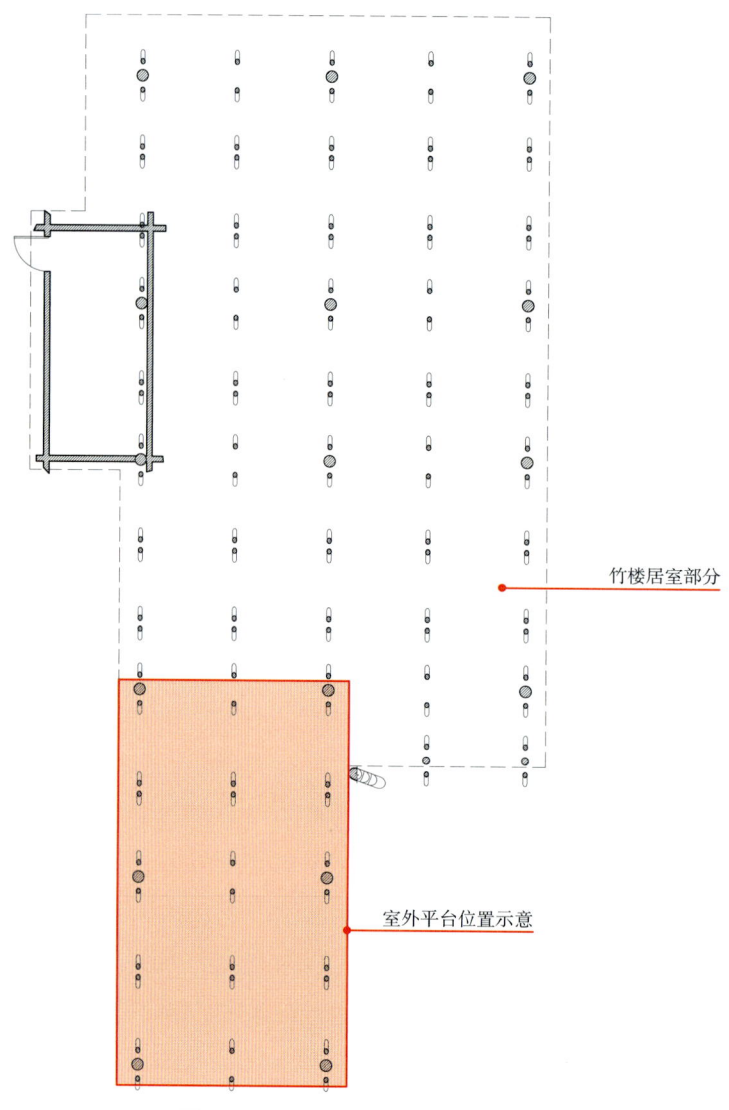

图二　珞巴族竹楼·室外平台位置示意图

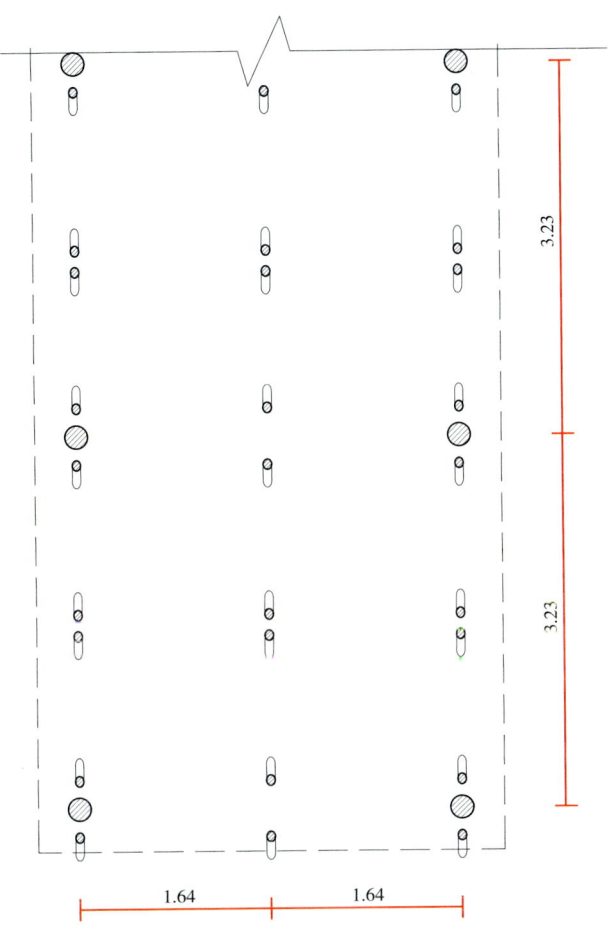

图三　珞巴族竹楼·室外平台结构柱网布置图（单位：m）

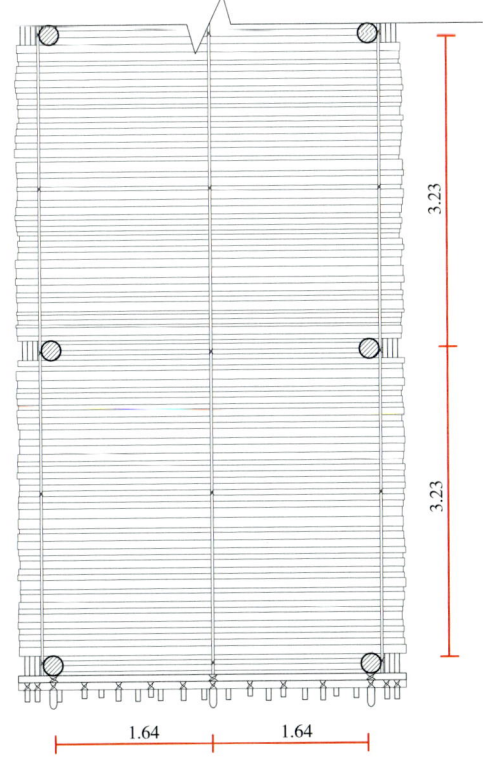

图四　珞巴族竹楼·室外平台平面图（单位：m）

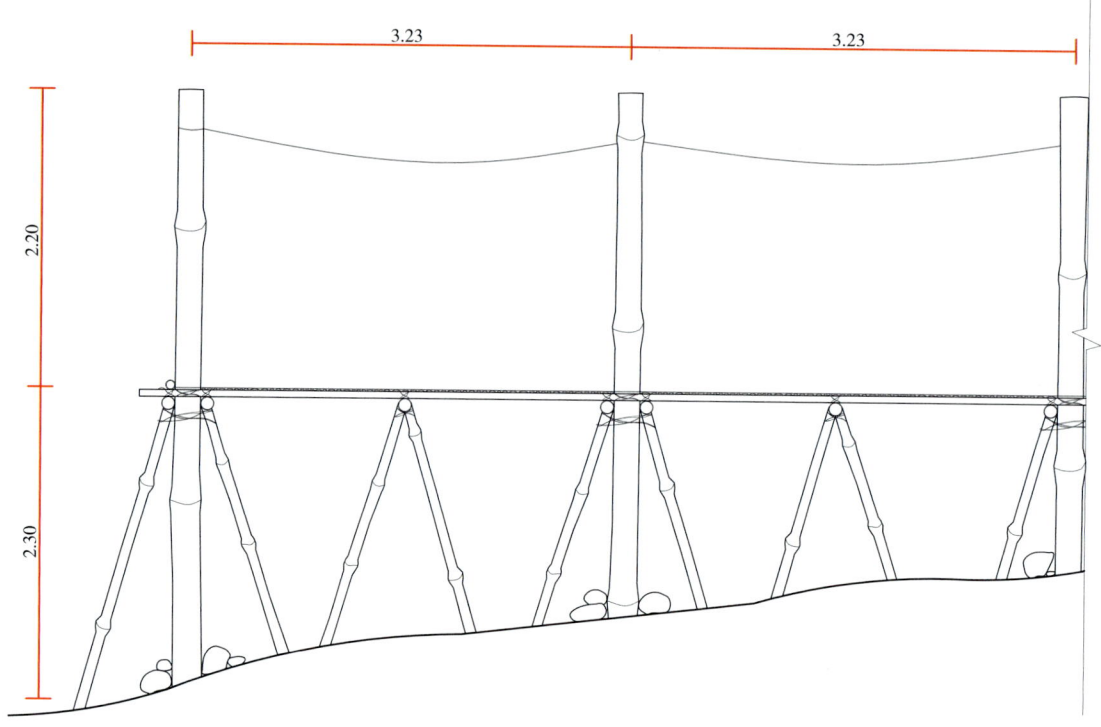

图五 珞巴族竹楼·室外平台立面图1（单位：m）

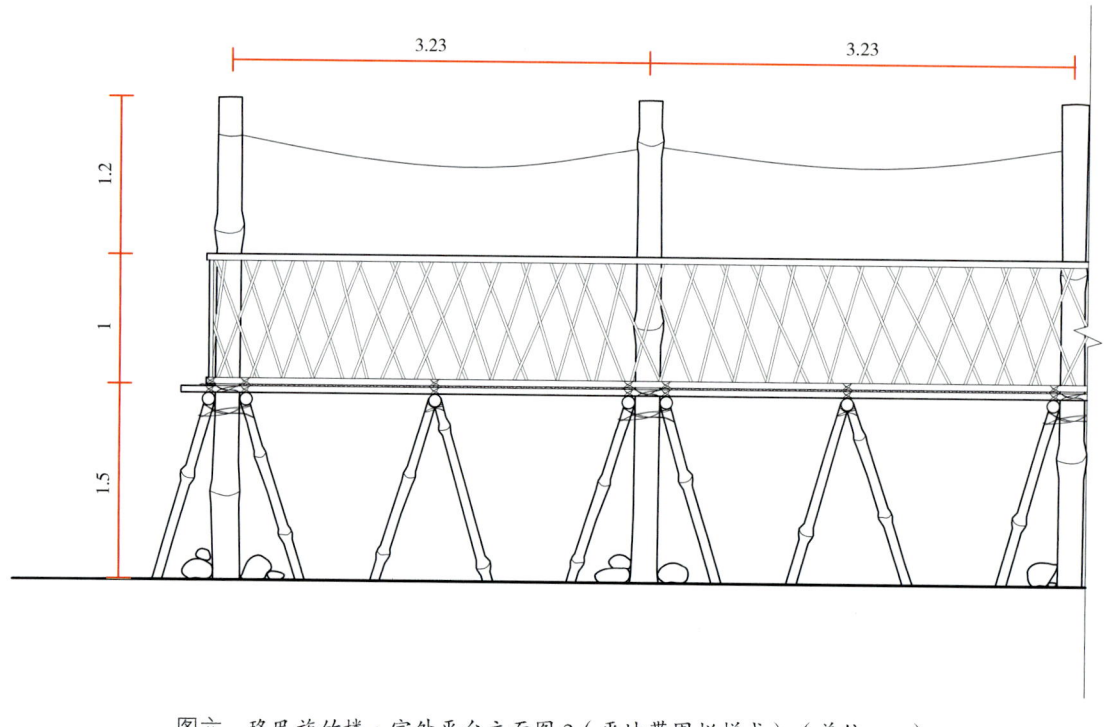

图六 珞巴族竹楼·室外平台立面图2（平地带围栏样式）（单位：m）

图七　珞巴族竹楼·室外平台场景（编织、劳作）

图八　珞巴族竹楼有屋顶的室外平台（又名"古让"）

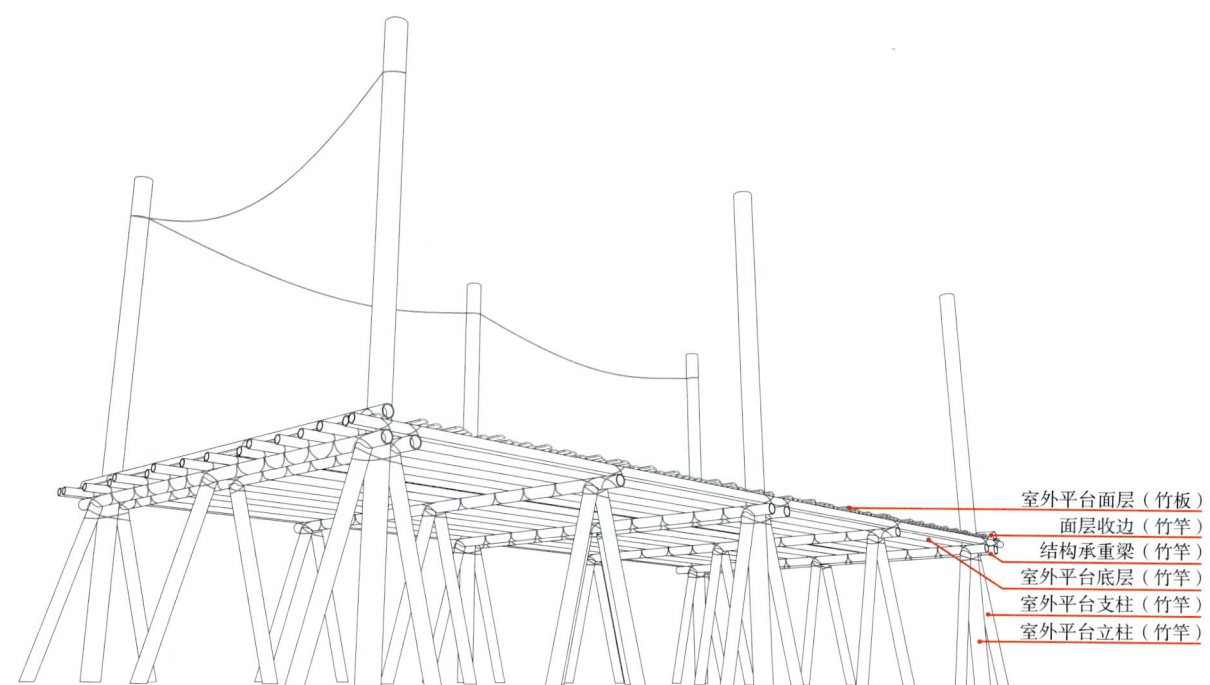

图九　珞巴族竹楼·室外平台透视图

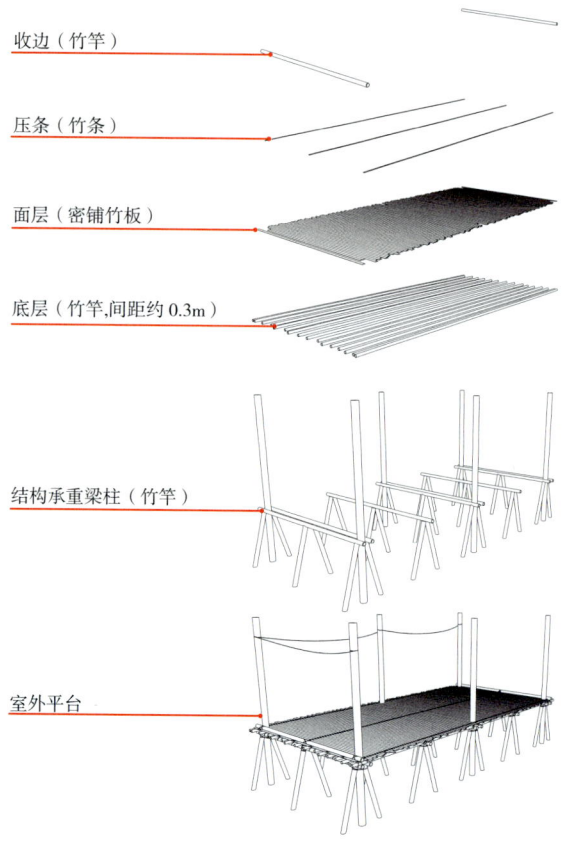

图十　珞巴族竹楼室外平台分解图

珞巴族竹楼·披檐

图一　珞巴族竹楼·披檐主图

珞巴族竹楼披檐是竹楼山墙面上斜伸出去的屋檐，可为走廊和室外平台遮风挡雨。披檐并没有统一的长度与高度，主要视"人"字形坡屋顶的形状和坡度以及走廊的大小而定。

珞巴族竹楼的屋顶多为"人"字形坡

屋顶，屋檐多伸出山墙外。由于居室前设有平台与走廊，为方便阴天或下雨时能在室外平台上劳作，珞巴族人将屋檐斜伸出山墙面1至2米，形成一定的避雨空间，并在一定程度上保护竹结构的墙身，披檐檐口与两侧"人"字坡的檐口大致在同一水平面上。一些竹楼为扩大使用面积，会伸出好几层披檐，一些"人"字坡直接与披檐结合形成类似"歇山顶"的形态。披檐的结构虽与坡屋顶的结构类似，但相比之下更为简单。披檐的下方为走廊，一般将走廊的立柱伸至披檐高度，作为走廊与披檐的共同承重柱，并在立柱上平搭一根竹竿作为檐檩，再在檐檩与山墙面之间垂直铺设檐椽，用藤条绑牢，再在檐椽上铺设竹条编织格，最后用芭蕉叶覆盖整个披檐。当地的茅草、稻草、棕榈叶等是披檐良好的覆盖材料，由于植物叶片易被太阳雨水侵蚀，披檐的覆盖材料一般会在3至5年翻新一次。这些材料主要从珞巴族人居住的丛林中采集，然后运到房子的基地上。搬运较轻的材料时，珞巴族人用藤条捆绑好后，使用额背式的传统搬运方法。但若搬运较重

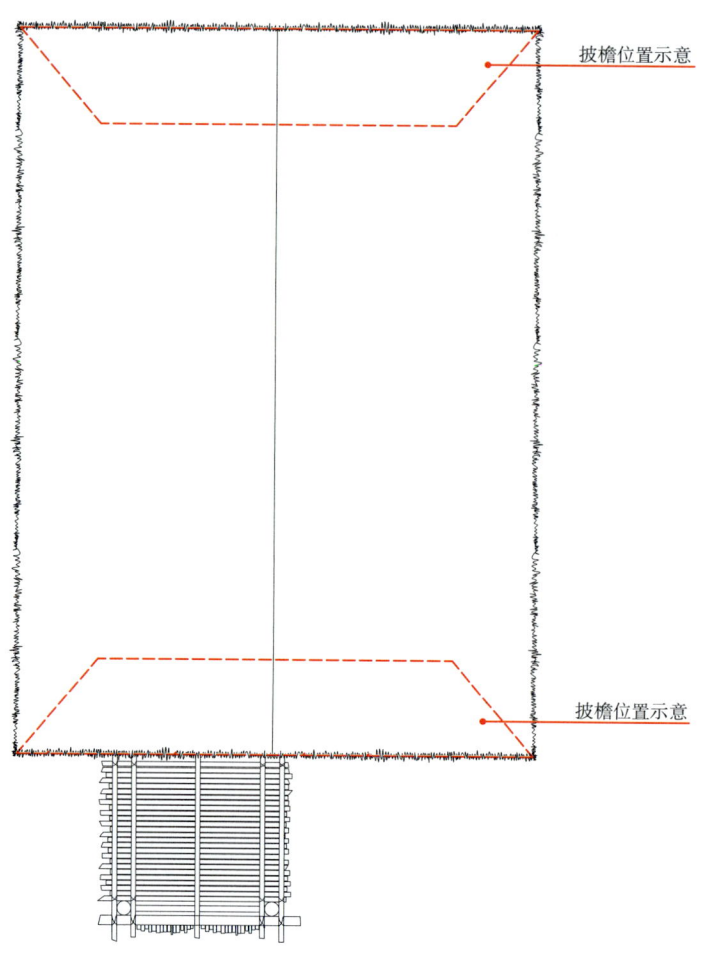

图二　珞巴族竹楼·披檐位置示意图

的竹木、厚板时，则由若干人肩扛运送。

珞巴族竹楼的披檐一定程度上完善了"人"字形两坡屋顶的不足，为进入居室前面的平台特别是走廊提供了遮风挡雨的灰空间；另一方面，由于披檐与"人"字形坡屋顶的掩映衔接，使珞巴族竹楼除"人"字形两坡屋顶外，又多了类似四坡"歇山顶"的另一种屋顶样式。

图片来源
图一、图七至图九　王瑛琦　制图
图二至图六　杨亚　制图

参考文献
（印）沙钦·罗伊著.李坚尚，丛晓明译.珞巴族阿迪人的文化.拉萨：西藏人民出版社，1991:56～66.
周知.重庆地区西南传统建筑屋顶空间形态研究.重庆大学硕士论文.2008:17～80.

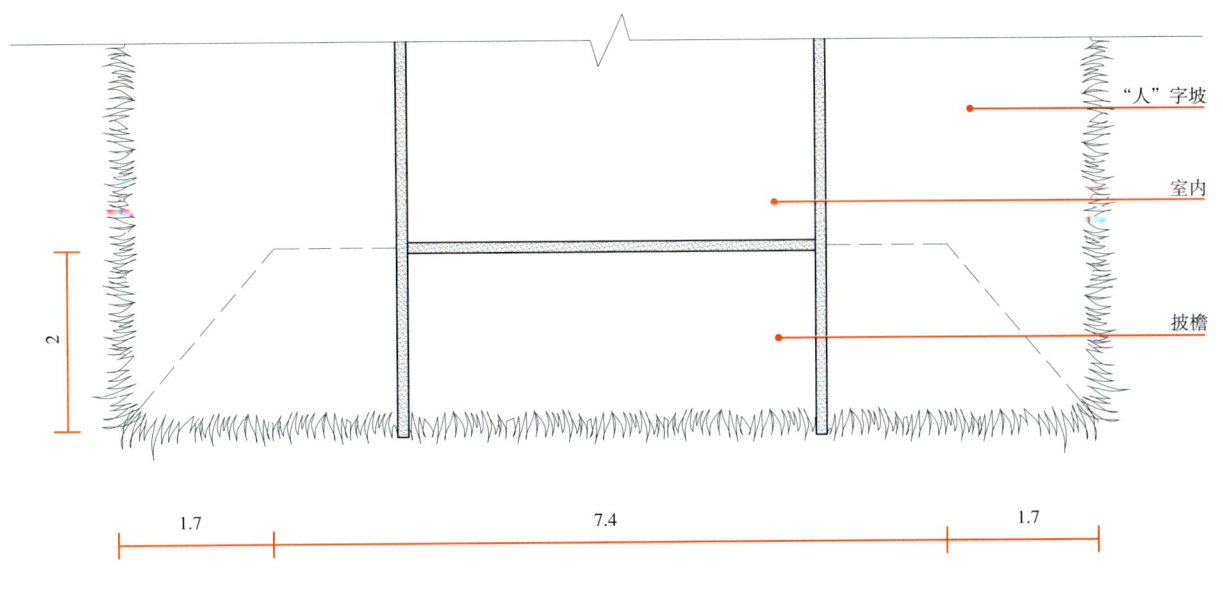

图三　珞巴族竹楼·披檐平面图（单位：m）

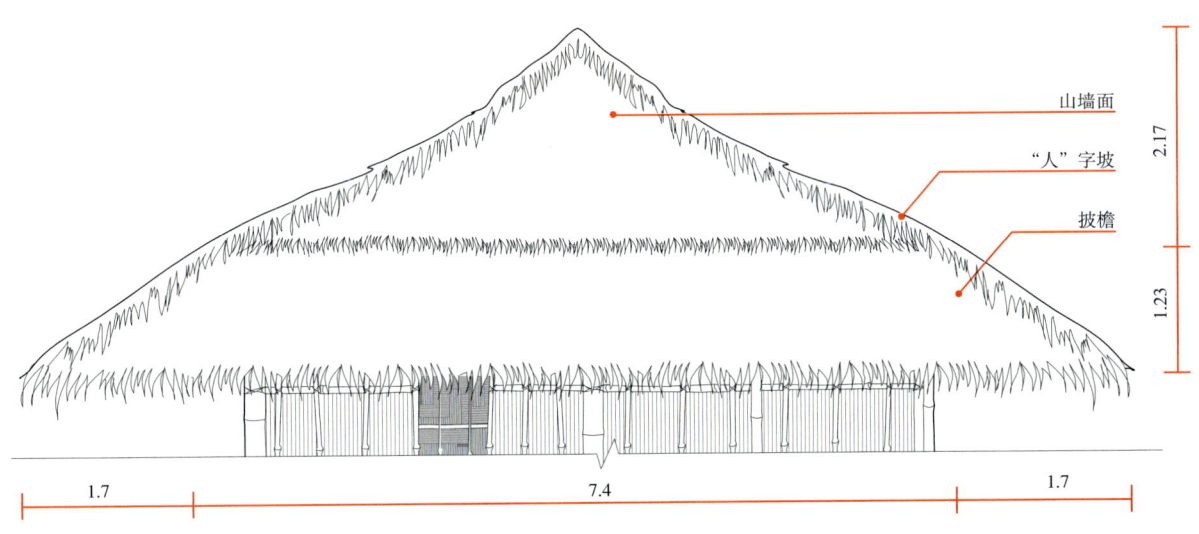

图四　珞巴竹楼·披檐立面图（单位：m）

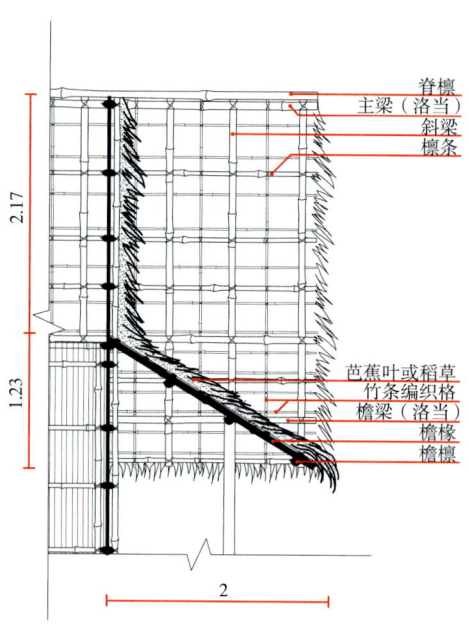

图五　珞巴族竹楼·披檐剖面图（单位：m）

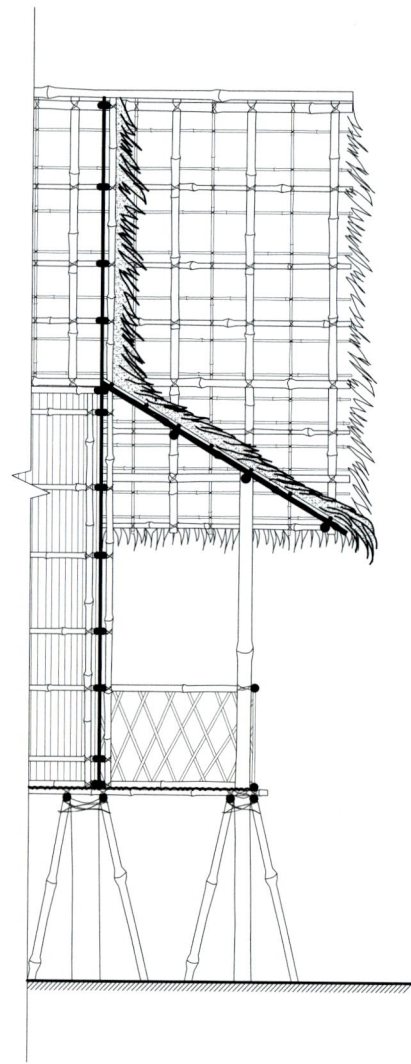

图六　珞巴族竹楼·披檐与走廊搭接图

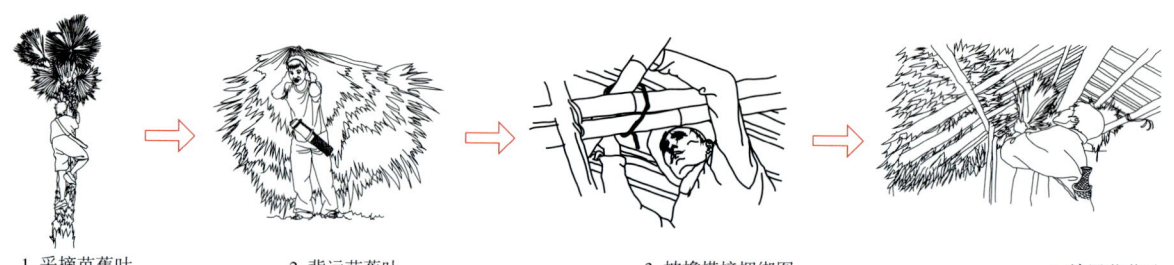

1. 采摘芭蕉叶　　2. 背运芭蕉叶　　3. 披檐搭接捆绑图　　4. 放置芭蕉叶

图七　珞巴族竹楼·披檐制作过程示意图

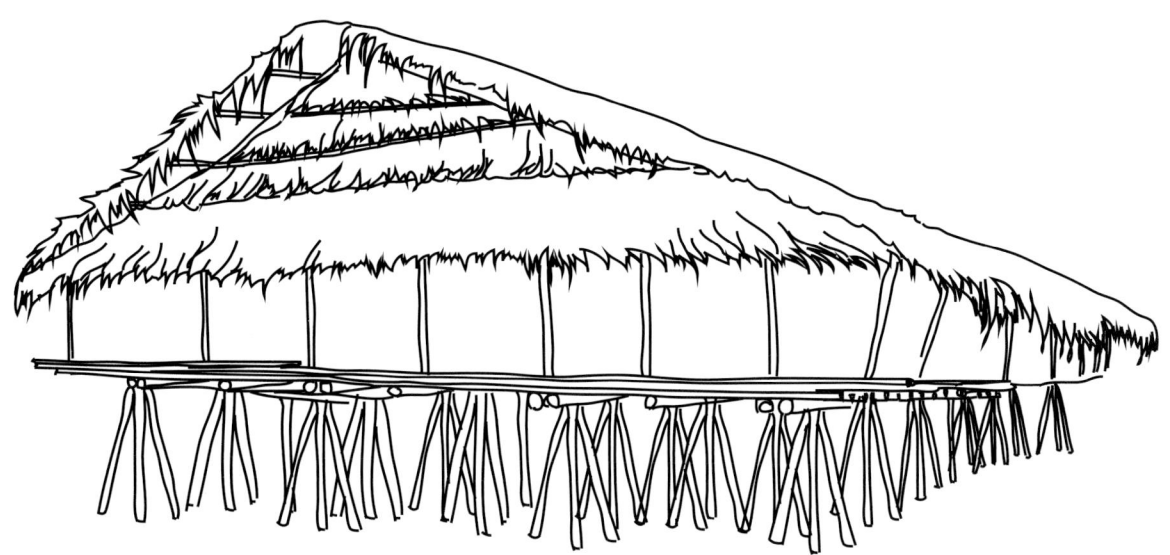

图八 珞巴族竹楼·披檐外部场景

图九 珞巴族竹楼·披檐内部场景示意图

珞巴族竹楼·梁柱

图一　珞巴竹楼·梁柱结构主图

珞巴族竹楼为干栏式结构，竹柱与竹梁是主要的结构承重体系。竹楼结构主要分为屋身结构与屋顶结构，其中竖向立柱、底层的猪圈、二层住人楼板以及隔楼层的储物隔板等形成屋身主体结构；承托屋面的脊瓜柱、主梁、檐梁、斜梁、连系梁、檩条等形成屋顶主体结构。

珞巴族竹楼的梁柱结构多采用竹材建造，珞巴族人选择粗壮的竹子作为立柱或支柱，细一点的竹子作为梁、檩条、椽子等构架。珞巴族男子将竹子砍下，修削平直，制成梁、柱、椽子和檩条等，搭建房屋整体的构架；女子则负责收集和搬运竹子等。珞巴族竹楼屋身立柱的架设主要遵循以下步骤：先选择直径粗厚的竹子作为立柱，分三排打入地下，中间一排的立柱最高，两边的立柱相对低矮，在立面上构成三角形，并用石块垒在立柱基部加以固定。然后将修整好的两根竹子作为支柱，与地面约呈60度角绑在立柱上，在支柱的上方各架设一根承重竹竿，形成楼板的主要承重框架。接着将另一批竹竿平铺于承重竹竿的上方，与之成90度角，用藤条捆扎结实，形成楼板的底层，至此屋身主体结构搭建完成。珞巴族竹楼的屋顶多为"人"字形坡屋顶，便于排水，同时檐口伸出墙体0.5至1米，以保护墙体免受雨水侵蚀。珞巴族竹楼屋顶各梁的架设做法为：首先用一根长竹竿平搭在中间一排立柱之上，充当主梁，当地人称其为"洛当"，以同样的方法在另外两排较矮的立柱上分别搭上长竹竿，充当檐梁，并以藤条加固。主梁架设完毕后，再在主梁与檐梁垂直方向搭上数量不等的斜梁，并于斜梁上铺设檩条及竹条编织格，屋面主体结构即搭建完成。屋身、屋顶，加上独木梯与猪圈，即形成竹楼的整个房屋结构。所有梁柱的连接方式都采用藤条或稻草捆绑连接，不使用任何金属构件。

珞巴族竹楼干栏式梁柱结构采用底层架空的形式，以阻隔珞渝地区多雨湿热所带来的潮气，其梁柱的建造方式在延续传统干栏式建筑建造方式的同时，又结合本地建材与居住环境加以改进，是珞巴族干栏式建筑建造方式的典型样本。

图片来源
图一至图二、图四至图八、图十至图十一　王瑛琦　制图
图三、图九　杨亚　制图

参考文献
（印）沙钦·罗伊著，李坚尚，丛晓明译.珞巴族阿迪人的文化.拉萨：西藏人民出版社，1991：56～66.

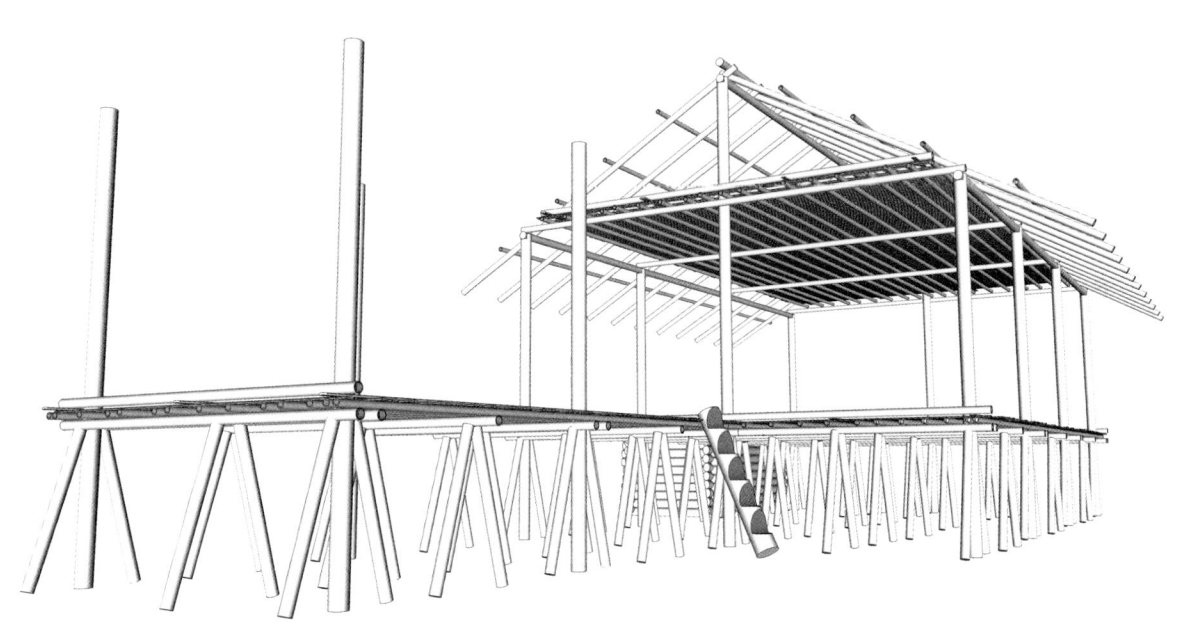

图二　珞巴族竹楼·梁柱结构仰视图

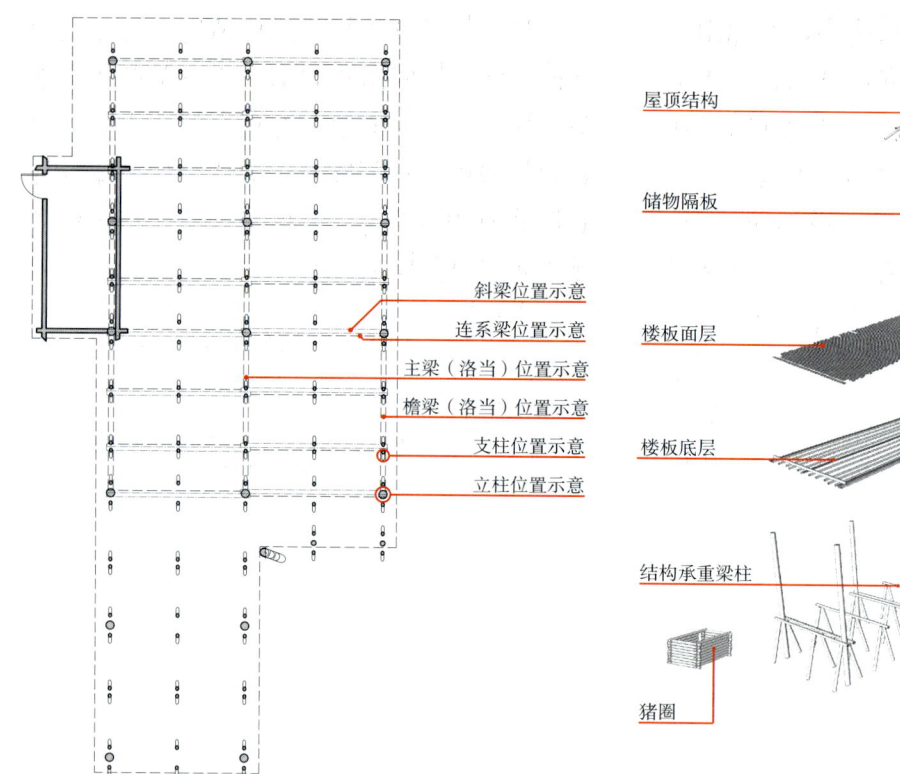

图三　珞巴族竹楼·梁柱位置示意图

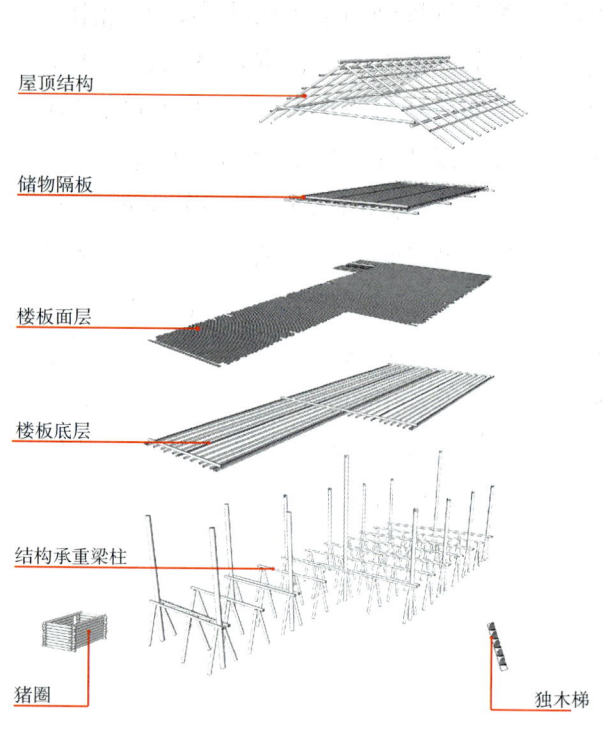

图四　珞巴族竹楼房屋结构分解图

图五　珞巴族竹楼·梁柱制作场景

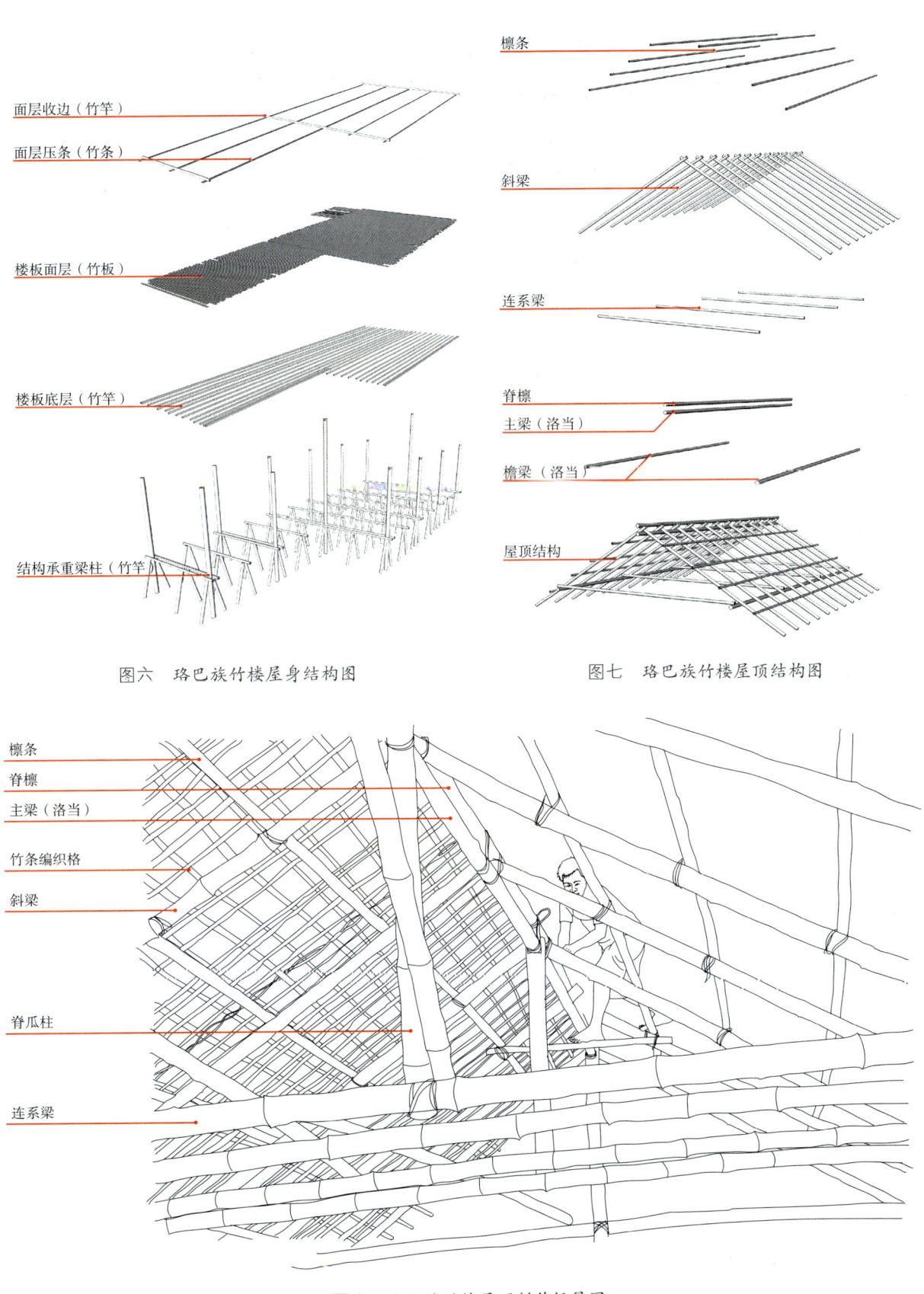

图六　珞巴族竹楼屋身结构图

图七　珞巴族竹楼屋顶结构图

图八　珞巴族竹楼屋顶制作场景图

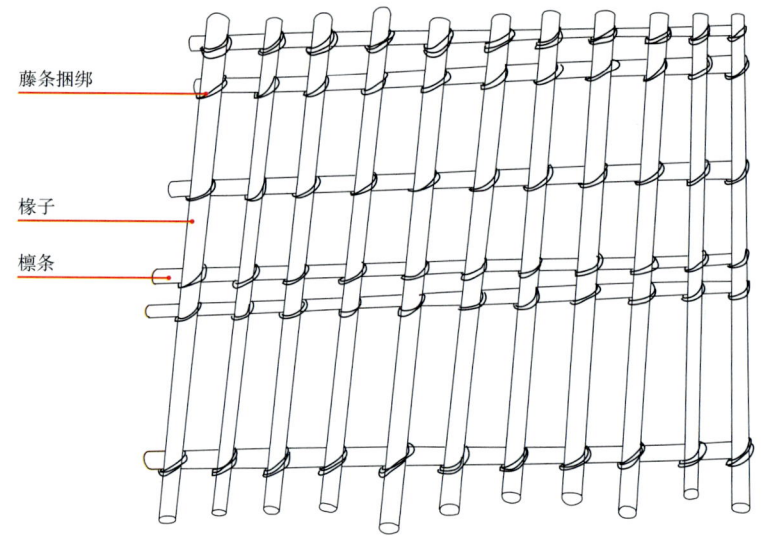

图九　珞巴族竹楼屋顶檩条与椽子排列图

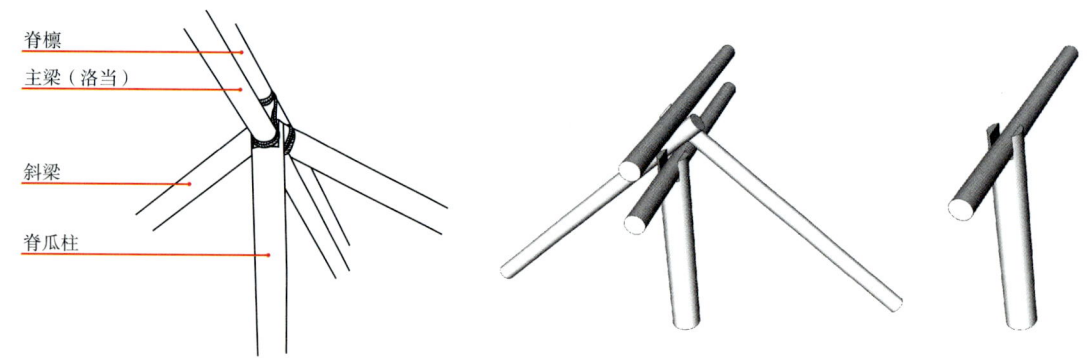

图十　珞巴族竹楼屋顶梁柱细部搭接图

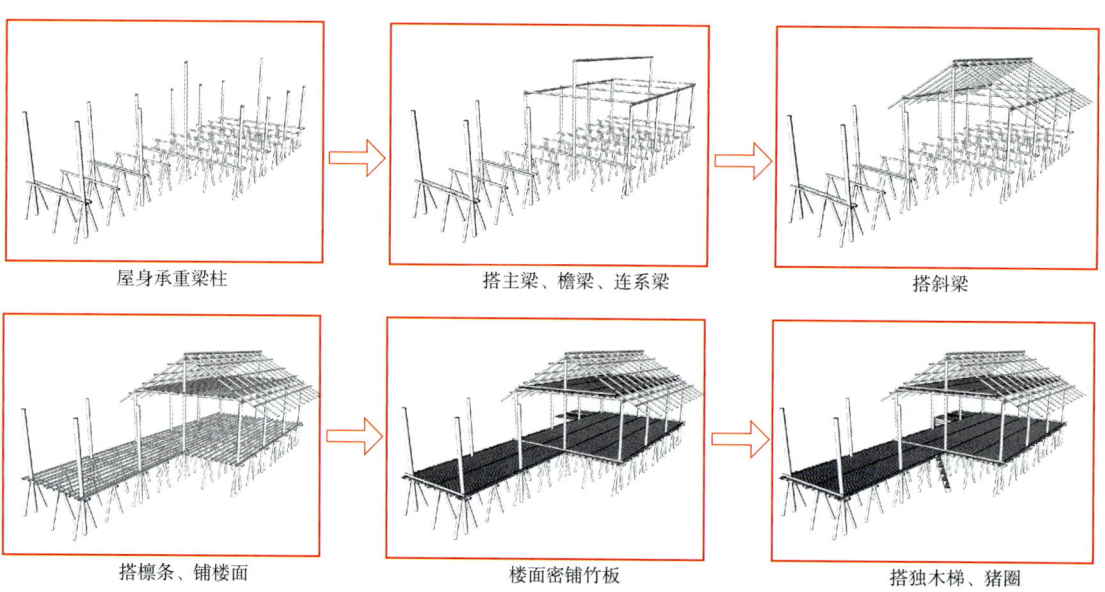

图十一　珞巴族竹楼房屋结构制作流程图

珞巴族竹楼·走廊

图一　珞巴族竹楼·走廊主图

　　珞巴族竹楼走廊是上有披檐或"人"字形坡屋顶遮盖的走道。走廊既是阴雨天人们休息、劳作的小范围活动空间，也是进入居室、通向厕所的水平交通空间。

　　珞巴族竹楼的走廊宽约1米，长度则依据居室的宽度及长度决定，一般搭建在居室的侧边或四周。走廊上方有披檐或屋檐，从而形成过渡的灰空间。走廊外围一般都设有约1米高的竹编围栏，由于围栏样式不同而形成不同的立面形态与空间感受。无围栏的走廊与无围栏的平台连接，少了原有的束缚，多了空间的自由，无形中将走廊的空间延伸至室外，体现出竹楼水平空间的延展性，但其缺点是存在一定的安全隐患。走廊横向围栏与竖向围栏均采用直径较小的细竹子捆绑于立柱之间，其中横向围栏将走廊的水平空间拉长，使走廊显得低矮；竖向围栏则将走廊的垂直空间拉长，使走廊显得高耸。由于走廊的宽度限制，珞巴族人在走廊里较少进行集体活动，更多的只是供通行或单人的劳作（如舂玉米、织布等）及休息。走廊还有一些隐性功能，如在走廊围栏上可挂置竹篓，走廊边伸出的竹竿可悬挂鸡笼，走廊下隐蔽的空间可养牛等。

珞巴族竹楼走廊是连接有顶居室与无顶平台间的水平过渡交通空间，同时在阴雨天可供单人休息、劳作。走廊围栏上挂置东西的隐性功能展示出珞巴族人合理使用空间的能力。

图片来源
图一、图八至图九　王瑛琦　制图
图二至图七　杨亚　制图

参考文献
（印）沙钦·罗伊著，李坚尚，丛晓明译.珞巴族阿迪人的文化.拉萨：西藏人民出版社，1991：56～66.

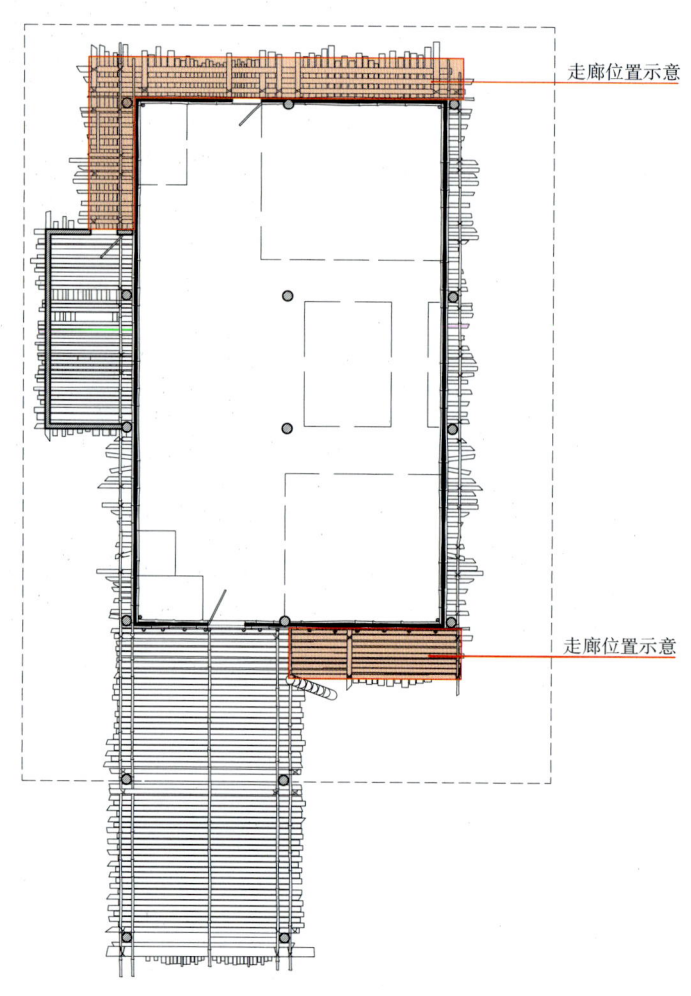

图二　珞巴族竹楼·走廊位置示意图

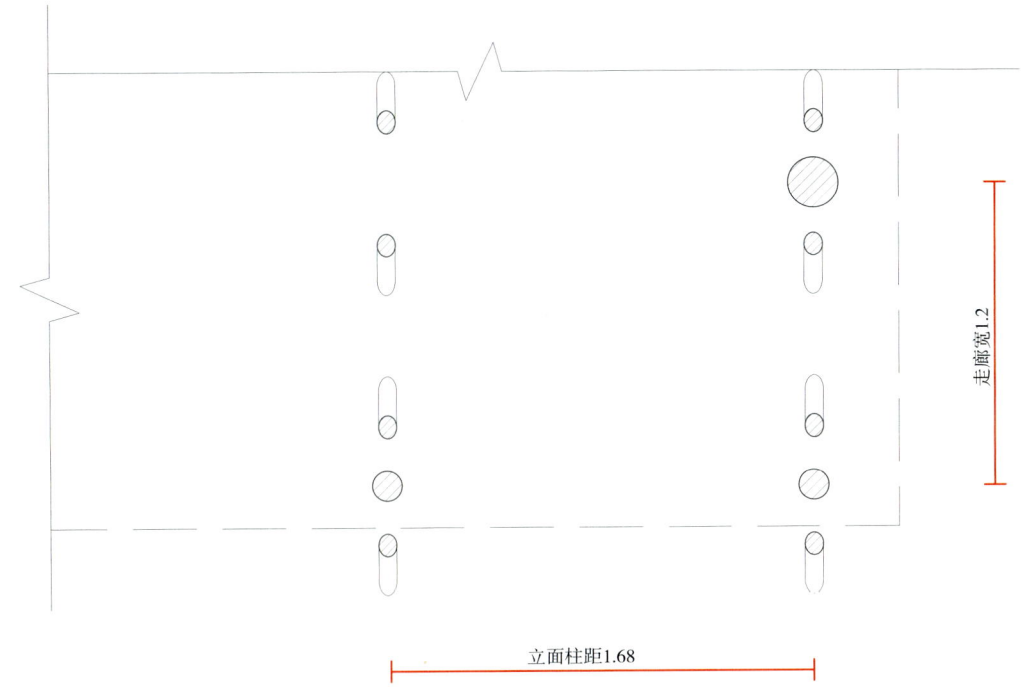

图三 珞巴族竹楼·走廊结构柱网布置示意图(单位:m)

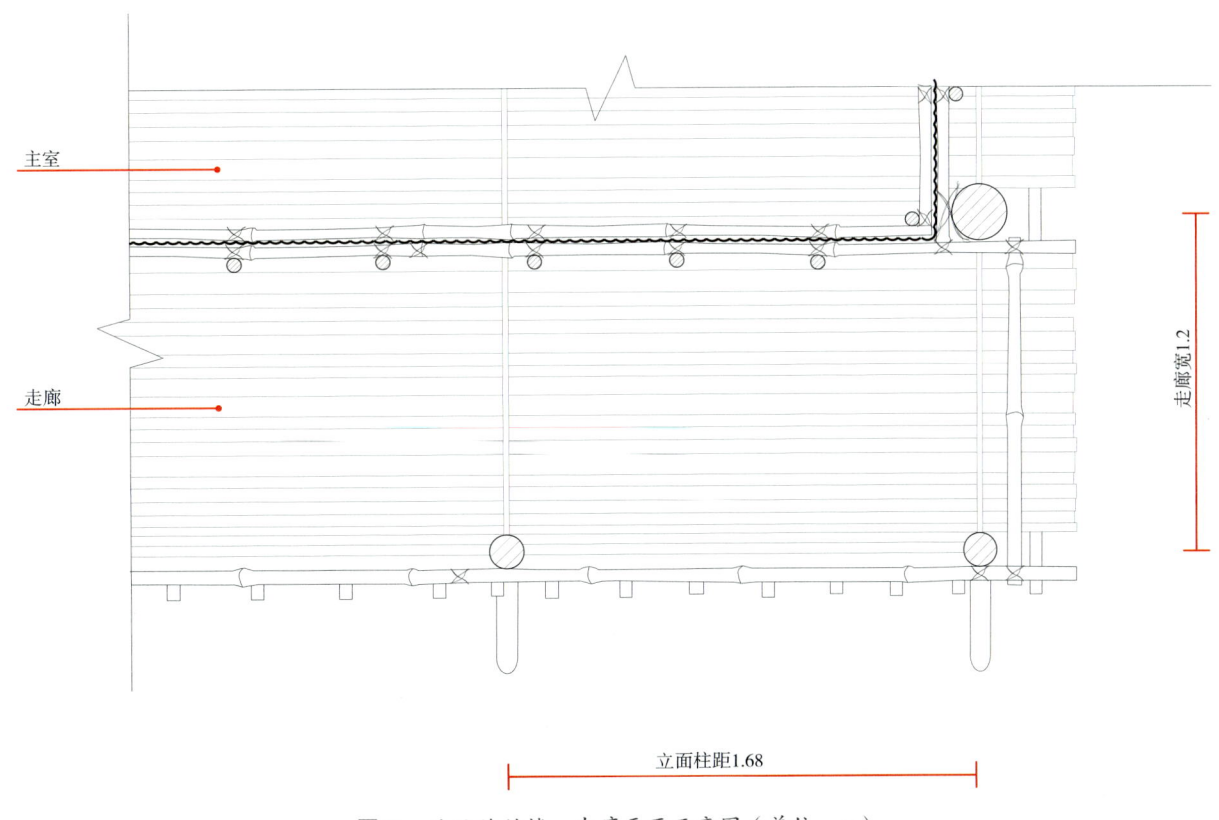

图四 珞巴族竹楼·走廊平面示意图(单位:m)

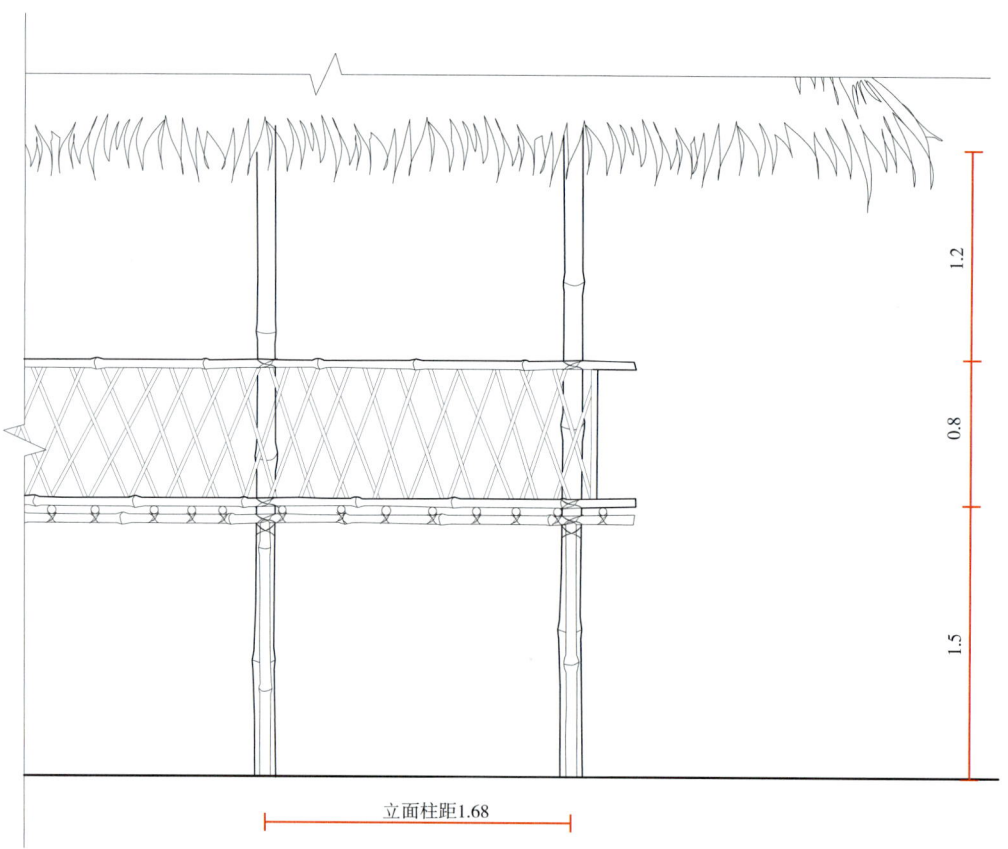

图五　珞巴族竹楼·走廊立面示意图（单位：m）

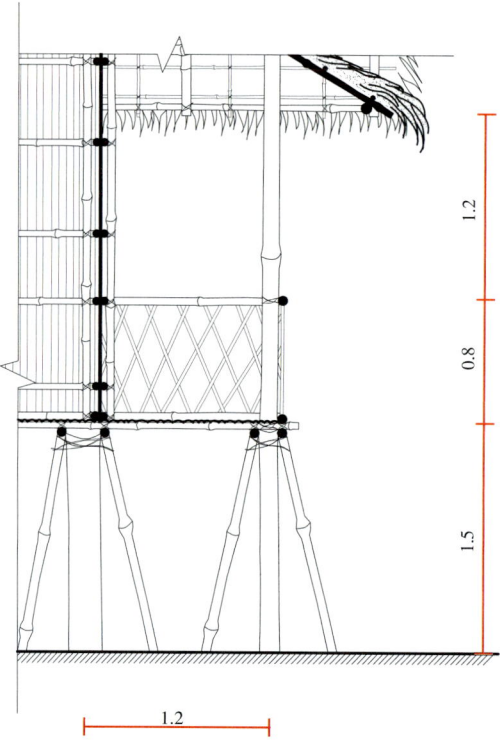

图六　珞巴族竹楼·走廊剖面图（单位：m）

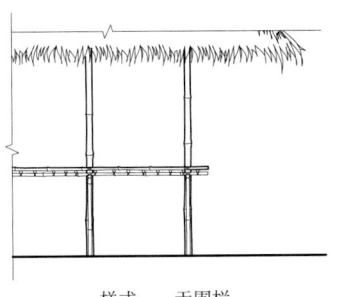 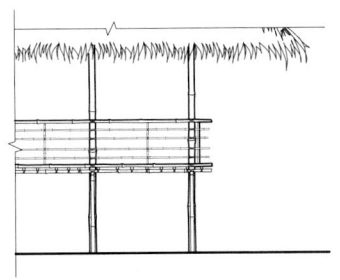 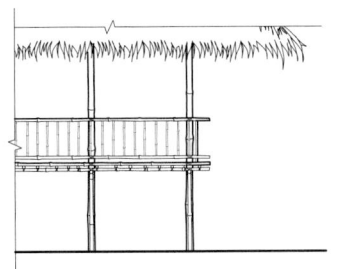

样式一：无围栏　　　　　　　　样式二：横向围栏　　　　　　　　样式三：竖向围栏

图七　珞巴族竹楼·走廊的几种不同样式

图八　珞巴族竹楼·走廊外部场景图（无围栏）

图九　珞巴族竹楼·走廊内部场景图

珞巴族竹楼·墙体

图一　珞巴族竹楼·墙体主图

珞巴族竹楼墙体是居室空间的围护结构，用以遮挡风雨，防御野兽。墙体一般由竹板、竹编或竹席编织而成，整体略微向外倾斜，外侧和内侧用竹架加固，竹板与竹板之间用藤条捆绑连接。

珞渝地区属亚热带山地季风性湿润气候，竹林遍布山野，竹子产量高、分布广、韧性好，且轻巧耐用，因此竹子成为珞巴族竹楼的主要建筑材料。珞巴族竹楼墙体按制作工艺主要分为三类：竹板墙体、竹编墙体以及复合竹席墙体。竹板墙体多由当地的能工巧匠制作，匠人们根据墙体高度，砍去原竹两头，然后用竹刀顺着竹的纹路将竹子砍为两半，然后再削成几厘米宽的竹板。一根竹子通常需要砍上约百刀，才能形成等宽的竹板材料，然后将其拼接成墙身围护结构。拼接时需将光滑的竹面朝外。竹编墙体通常由较细的连续竹条编织而成，一般将竹面一面朝外一面朝内交替编织，形成丰富的编织纹样。复合竹席墙体则是由两层竹篾夹芭蕉叶编织而成,类似竹席的工艺。不论是哪种类型的墙体,都是整面围护在屋身构架之上,在房屋四周围一圈(留出门的位置),并用藤条捆扎于立柱上。墙体外侧用横竖相交的竹架加固墙体,内侧用间距约 0.4 米的横向竹竿加固墙体,并在内侧墙体的顶部及底部用竹竿或竹条收边。竹楼外墙上常挂有兽骨等装饰物,一般为主人猎杀猎物的兽骨、兽角或心爱的家禽头骨等。走廊外墙上也常挂有其他的兽骨装饰,如鹿的头骨、野猪的下巴骨、家猪的下巴骨等。兽骨等装饰物不仅是墙体的装饰部件,也是主人财富和打猎能力的象征。

珞巴族竹楼墙体主要以竹材制成,竹结构不易传热,而且由竹板、竹编或复合竹席围成的墙体多有缝隙,利于通风,即使在炎热的夏季或雨季,身处室内也不会感到闷热,墙体也不易返潮,在当地建筑材料有限的情况下,竹材是良好的墙体围护材料。

图片来源
图一、图六至图七　王瑛琦　制图
图二至图五　杨亚　制图

参考文献
(印)沙钦·罗伊著,李坚尚,丛晓明译.珞巴族阿迪人的文化.拉萨:西藏人民出版社,1991:56～66.
罗洪忠.边陲墨脱西藏仅存的一神秘处女地.上海:学林出版社,2012:108～110.
陈立明.成都地区藏门珞民族关系研究.四川大学硕士论文.2003:108～109.

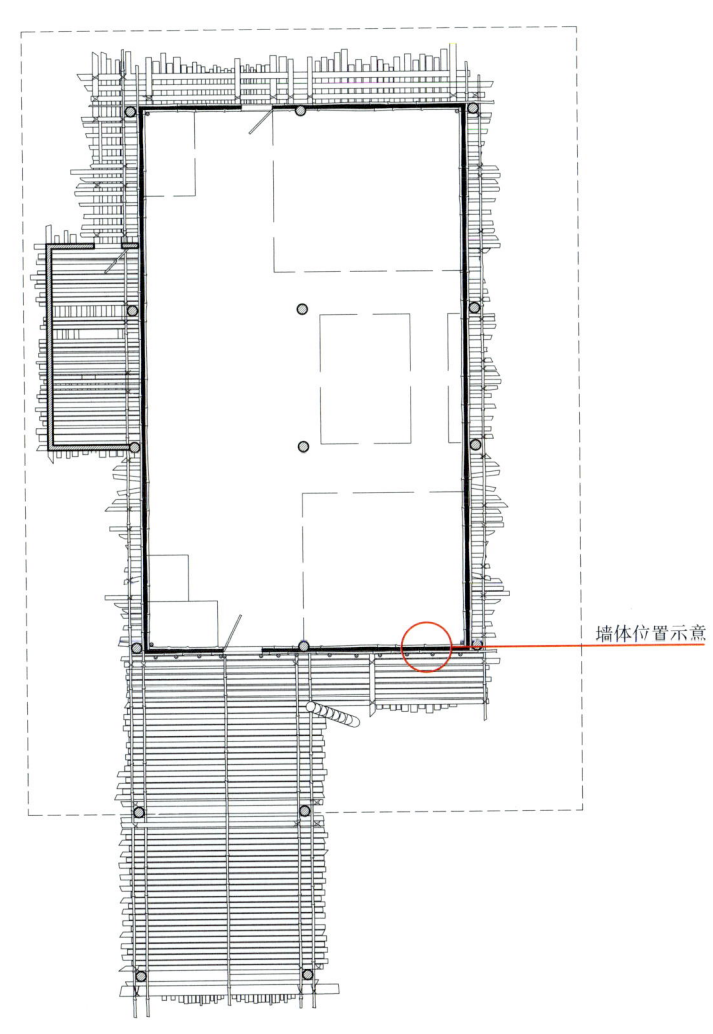

图二　珞巴族竹楼·墙体位置示意图

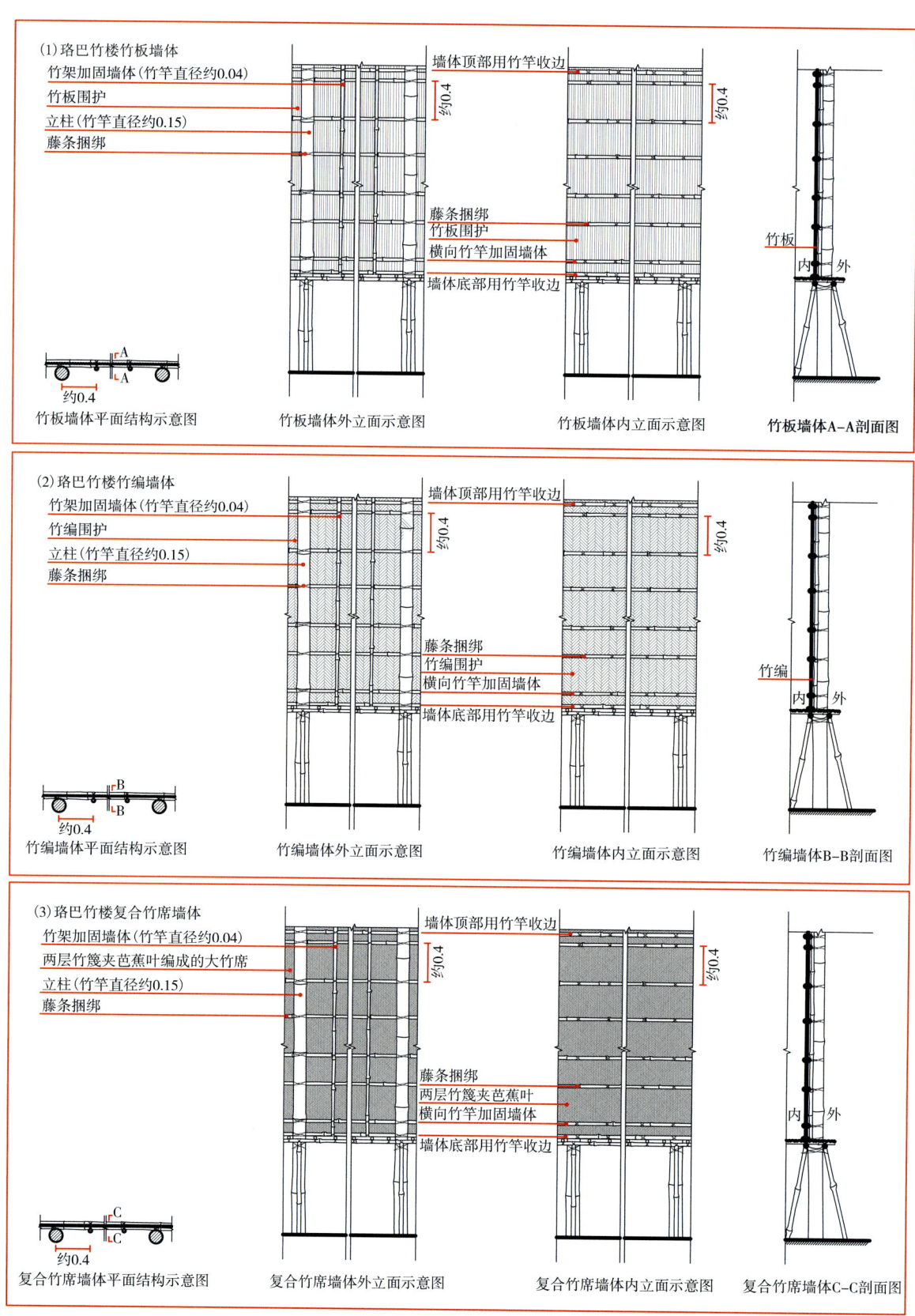

图三　珞巴族竹楼·墙体类型及尺寸示意图（单位：m）

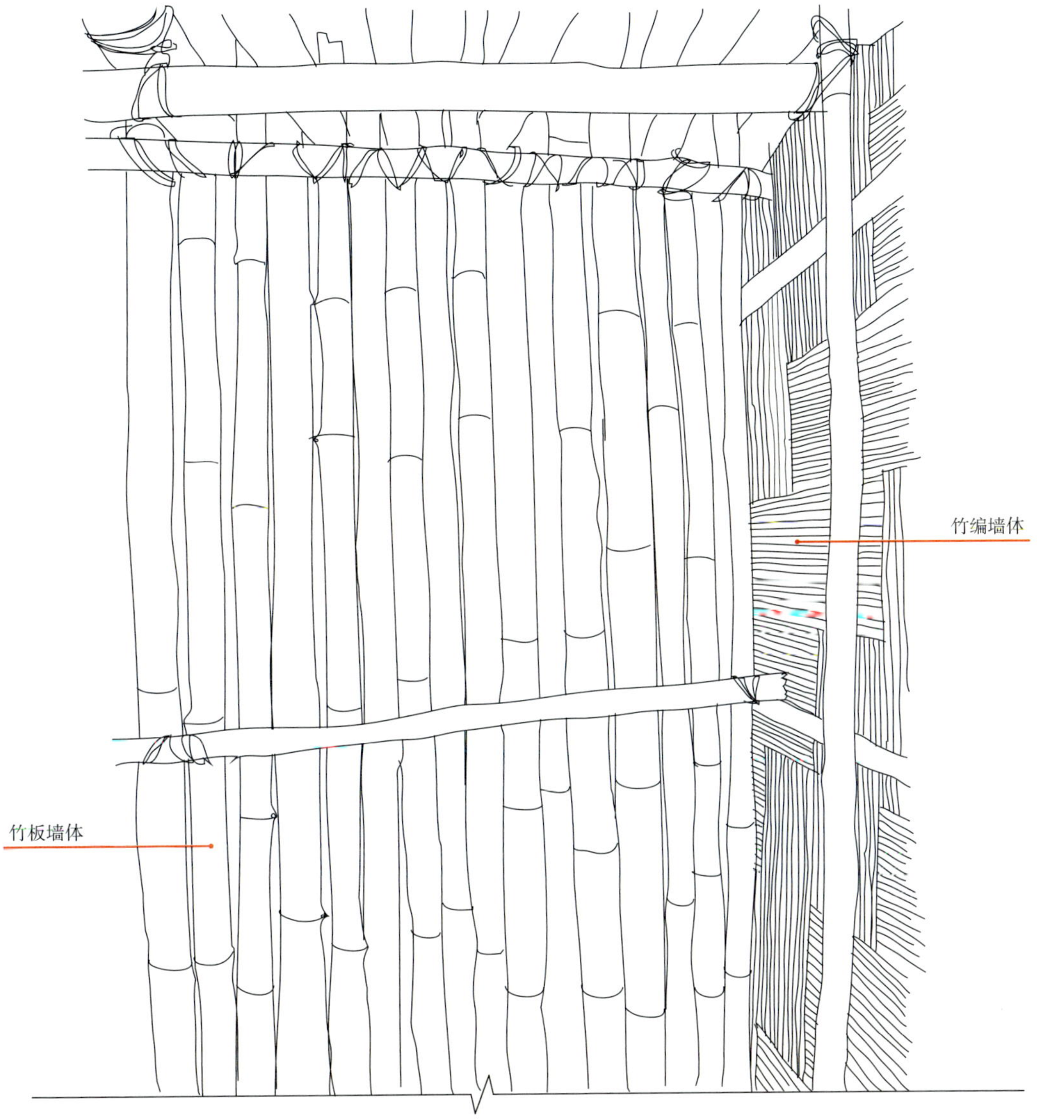

图四 珞巴族竹楼·室内墙体效果图

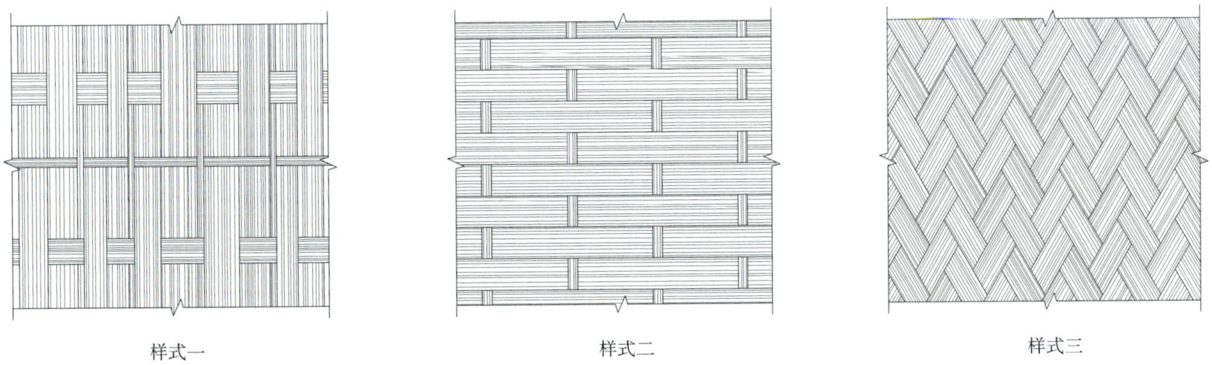

竹编墙体

竹板墙体

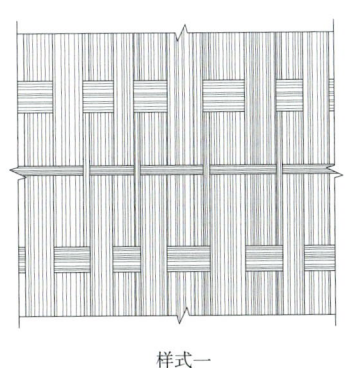

样式一

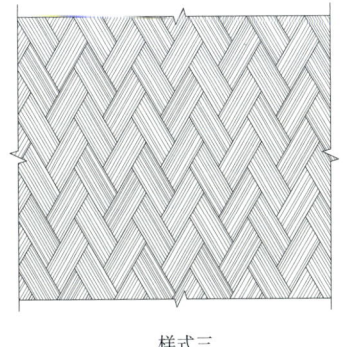

样式二

样式三

图五 珞巴族竹楼·墙体编织样式图

第一章 珞巴族传统建筑

图六 珞巴族竹楼·墙体制作场景

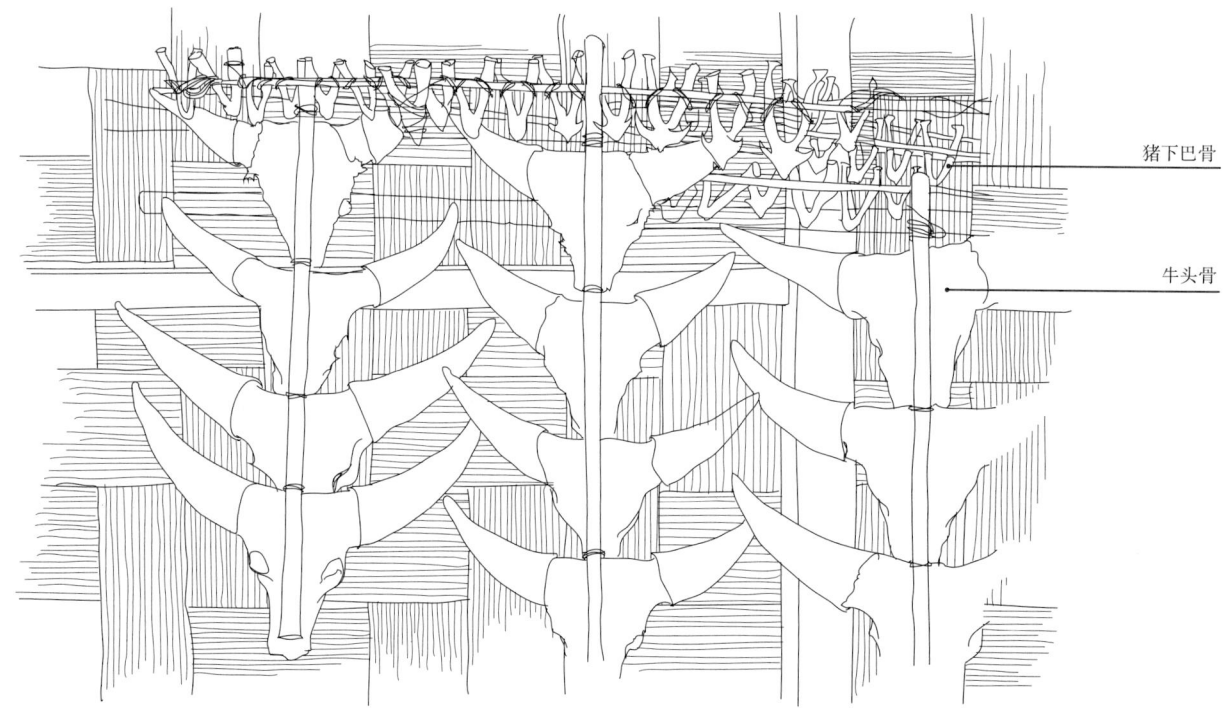

猪下巴骨

牛头骨

图七 珞巴族竹楼·墙体装饰图

珞巴族竹楼·畜棚与柴房

图一　珞巴族竹楼·畜棚与柴房主图

珞巴族竹楼的畜棚与柴房多位于竹楼架空底层的室外平台一侧，底层不住人，主要用于堆放散落的柴禾并圈养家禽。珞巴族人圈养的家禽主要有猪、牛、鸡等。

畜棚为珞巴族畜牧业的附属设施，珞巴语称"帕塘"。畜棚按家畜的种类大致分为猪圈、牛棚与鸡笼。猪圈多位于竹楼底层靠近路边的一侧。一般长约4米，宽约2米，高约1.2米。猪圈的结构和用材与竹楼略有不同，一般采用井干式结构，即是将木材叠层而上的承重形式。其用材多以削枝磨平的圆木为主要材料，四周用圆木交错叠置，中间围合的空间则用来圈养猪等家畜。一般在墙角处设有一个可闭合的小门，供猪等家畜进出。圆木转角的端头会处理成矩形的凹凸槽并相互垂直咬合，这样上下圆木间的缝隙就变小很多，衔接也更加牢固。居室内的平台有时会延伸至猪圈顶部，并在平台上设方口，作为厕所。这样猪圈既可以养猪又兼具了厕所的功能，方便实用。牛棚主要位于走廊下比较隐蔽的空间。相对于猪圈来说，牛棚较自由，一般直接将竹楼底层架空的空间作为圈养牛的场所。牛有时拴在立柱上，有时直接在室外放养。鸡多被关在一种有门的"鸡笼"里。鸡笼一般悬挂在走廊的围栏边或走廊下方，主要由竹条编织而成，其形态上窄下宽，高约0.5米，上宽约0.4米，下宽约0.48米，长约0.3米，形成一个袋状空间，其上部设有提手，方便移动和悬挂。在鸡笼的正面设有一个矩形的小口，供鸡进出，同时还悬挂有一块与出入口相应大小的木牌，当鸡进入笼子时，即可将牌子放下，以阻挡鸡出入。珞巴族竹楼柴房一般也设在竹楼底层架空的空间之内，柴禾在畜棚之外的空间均可堆放，主要分布在一层靠边的位置，这样可方便主人取用，部分柴禾可以围起来圈养家禽。柴禾一般按照粗细分类堆放，纵向堆积在一起。

珞巴族竹楼畜棚与柴房的布置合理运用了竹楼的底部架空空间，其中畜棚与柴房的空间界限分割不明显，易于灵活使用。猪圈的井干式圆木结构既是围护体系，又是坚固的承重体系，为竹楼增添了亮点。鸡笼独特的形态与手工编织为当代人研究竹编工艺提供了一定的参考。

图片来源

图一、图七至图八、图十　王瑛琦　制图
图二至图六、图九　杨亚　制图

参考文献

（印）沙钦·罗伊著，李坚尚，丛晓明译.珞巴族阿迪人的文化.拉萨：西藏人民出版社，1991：56～66.

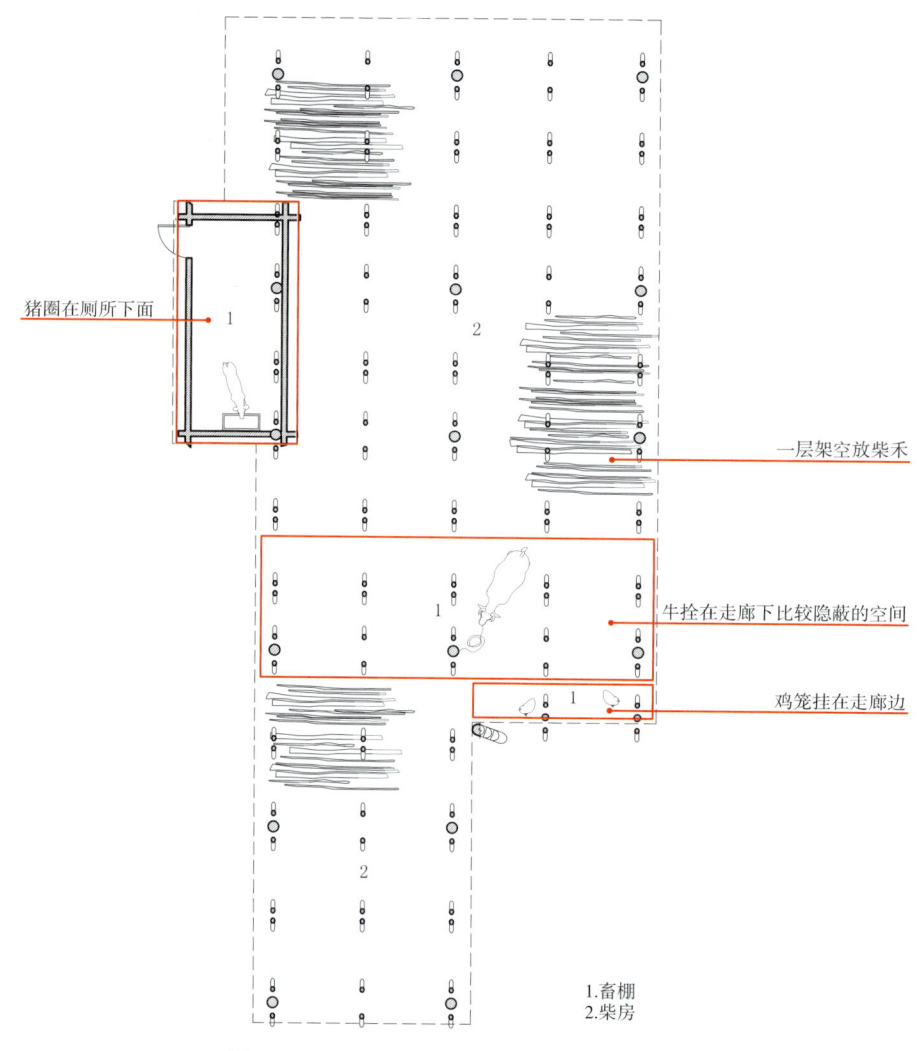

图二　珞巴族竹楼·畜棚与柴房位置示意图

图三　珞巴族竹楼·猪圈示意图

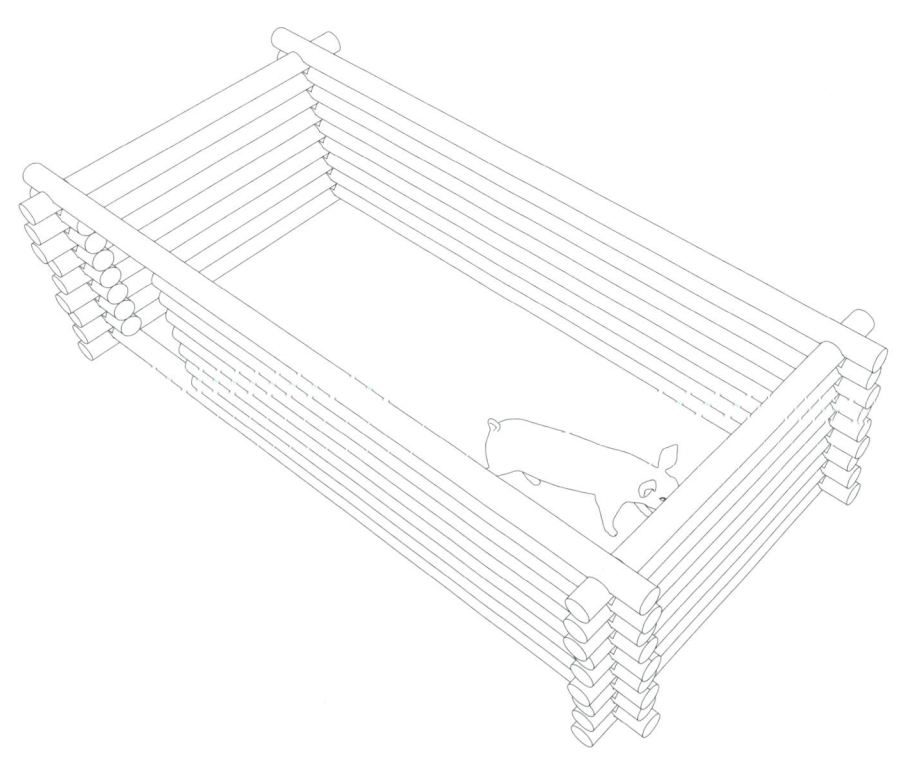

图四　珞巴族竹楼·猪圈侧视图

第一章　珞巴族传统建筑

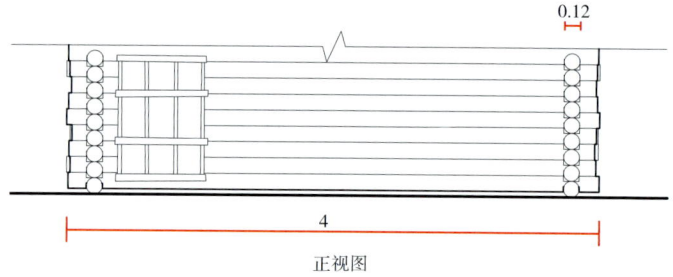
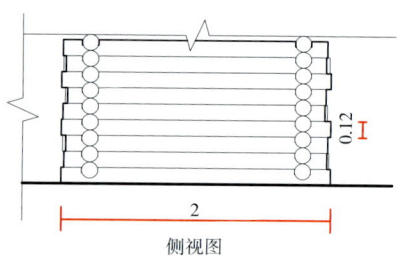
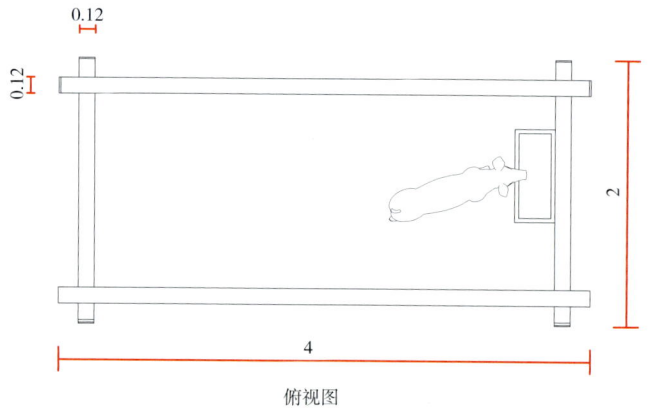

图五　珞巴族竹楼·猪圈三视尺寸图（单位：m）

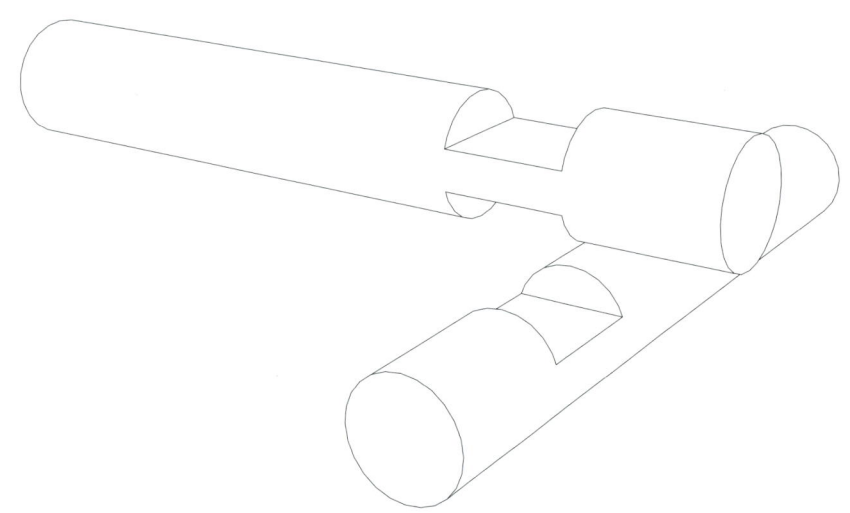

图六　珞巴族竹楼·猪圈圆木细部搭接示意图

图七　珞巴族竹楼·畜棚场景1

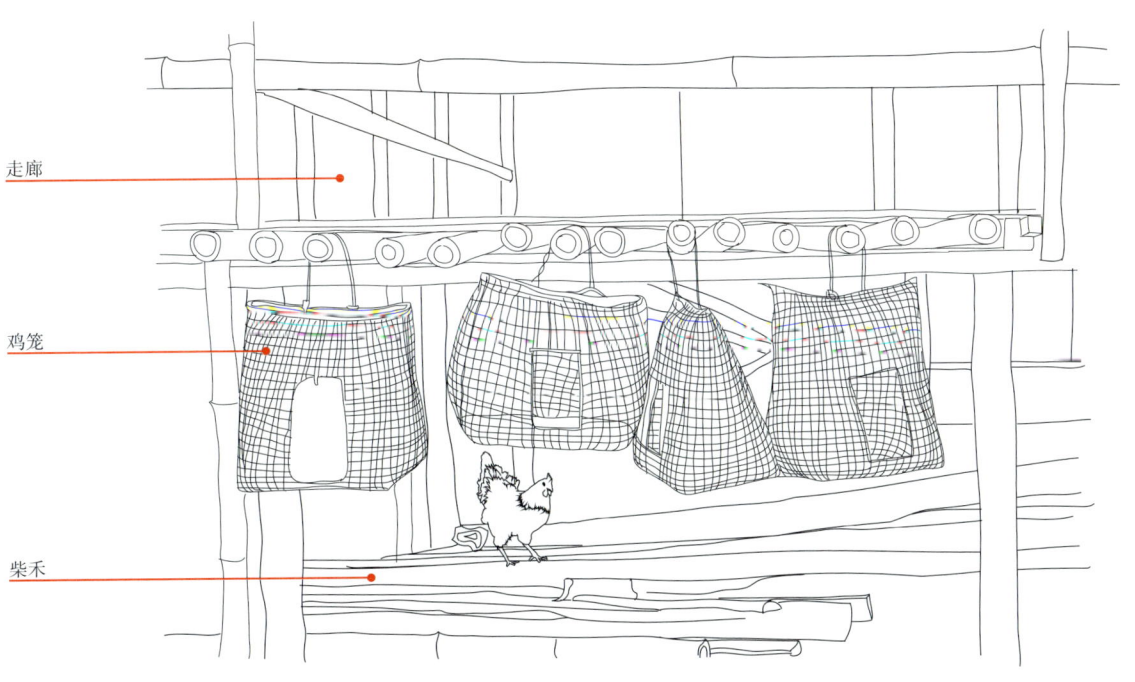

走廊

鸡笼

柴禾

图八　珞巴族竹楼·畜棚场景2

第一章　珞巴族传统建筑

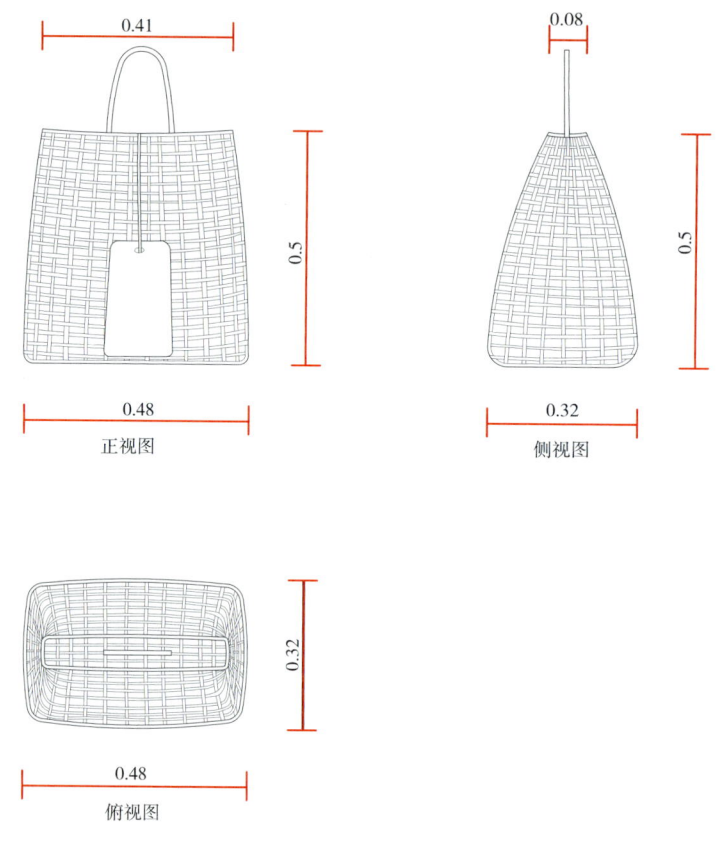

图九　珞巴族竹楼·鸡笼三视尺寸图（单位：m）

图十　珞巴族竹楼·柴禾堆放示意图

珞巴族藤网桥

图一　珞巴族藤网桥主图

藤网桥是一种由藤条搭建编织而成的，呈椭圆形管状的悬空网桥，它是珞巴族一种特殊的交通设施，珞巴语称"索月"。西藏米林、马尼岗和墨脱德兴等地均有此桥。藤网桥多架设在水深流急、河面宽阔、地形险峻的河道上，悬吊于两岸大树或木架之间。一般高出水面数十米，最短长度在五六十米，最长可达两百多米。

藤网桥的修造多选在冬春枯水季节。在搭建藤网桥之前，需要准备大量的藤。珞渝地区的原始森林里生长着多种藤本植物，其中以白藤较多。白藤是常绿藤本植物，茎蔓细长，高约 40 米，柔软而坚韧，一般一根藤条不能直接使用，需要用刀劈成两根使用。

由于藤的硬度较大，在使用前需要先将其软化，然后根据河道的宽度预算出藤条长度，横跨河道长度不够时还需打结加长。

建桥是珞巴族一项重要的建造活动，准备好材料后，还需请巫师杀鸡看肝进行占卜仪式，选择建桥动工日期，并杀牲祭祀水神。一般建桥需选用既有胆量又心灵手巧的男子，架桥前要选好桥址，要求两岸间跨度尽量短。其次要有牢靠的固定位置，最后要在风力较小的地方架设。建桥时，需要用弓箭将细藤射到对岸，往返多次拧成粗索，再用藤编成网状。当河道比较宽阔时，则需要借助对岸的高大乔木。首先，将人绑在主藤条的一端，另一端绑在高大乔木顶端，用荡秋千的原理，将主藤和人荡到对岸后，将主藤绑在对岸高大乔木上，形成一条藤索。然后人身背次藤沿主藤爬到对岸进行建桥工作。

据史料记载，最早藤网桥全长约220米，在河道两岸由8～10根直径约20厘米粗的圆木作为支架，以及直径约30厘米圆木做支柱。桥的两端约用30股由藤条编成的索子紧紧绑在大树、岩石或人工斜插的圆木支柱上。在江上架设数十根粗藤作为桥体主干，可看做桥的"经线"。然后用粗藤和细藤密集编织成桥的"纬线"。横竖编织的藤条形成"井"字，故称为"藤网"。底部经线一般为30～50根藤条，数量由桥的大小决定。每隔3～5米处，用4股藤条拧成圆圈，与桥身交织在一起，用来加固藤网并供人休息，藤圈约50多个。人们行走的桥面一般由藤条编织成席状。这样，一座藤网桥基本建造完成。过桥时，两手抓住上部横索即可通过。在刮风的天气，由于藤网桥的跨度较大，抗风能力较差，桥中央随风摆动的幅度可达数十米，此时则不宜过桥。墨脱地区常年阴雨连绵，空气湿润，因此藤网桥在每年枯水季节都要维修加固，3至5年整座桥需维修一遍。

藤网桥是一种构造特别、工艺繁杂的悬空网桥。其网状形态源于受蜘蛛网的启发，充分反映了珞巴族人民的聪明智慧和高超的建桥技艺。

图片来源
图一、图三至图八　宋春苑　制图
图二　蔡思穗　制图

参考文献
关东升.中国民族文化大观（藏族·门巴族·珞巴族）.北京：中国大百科全书出版社，1995：582.
（印）沙钦·罗伊著，李坚尚，丛晓明译.珞巴族阿迪人的文化.拉萨：西藏人民出版社，1991：20～23.
罗洪志.深峡淘金.成都：电子科技大学出版社，2012：53～54.

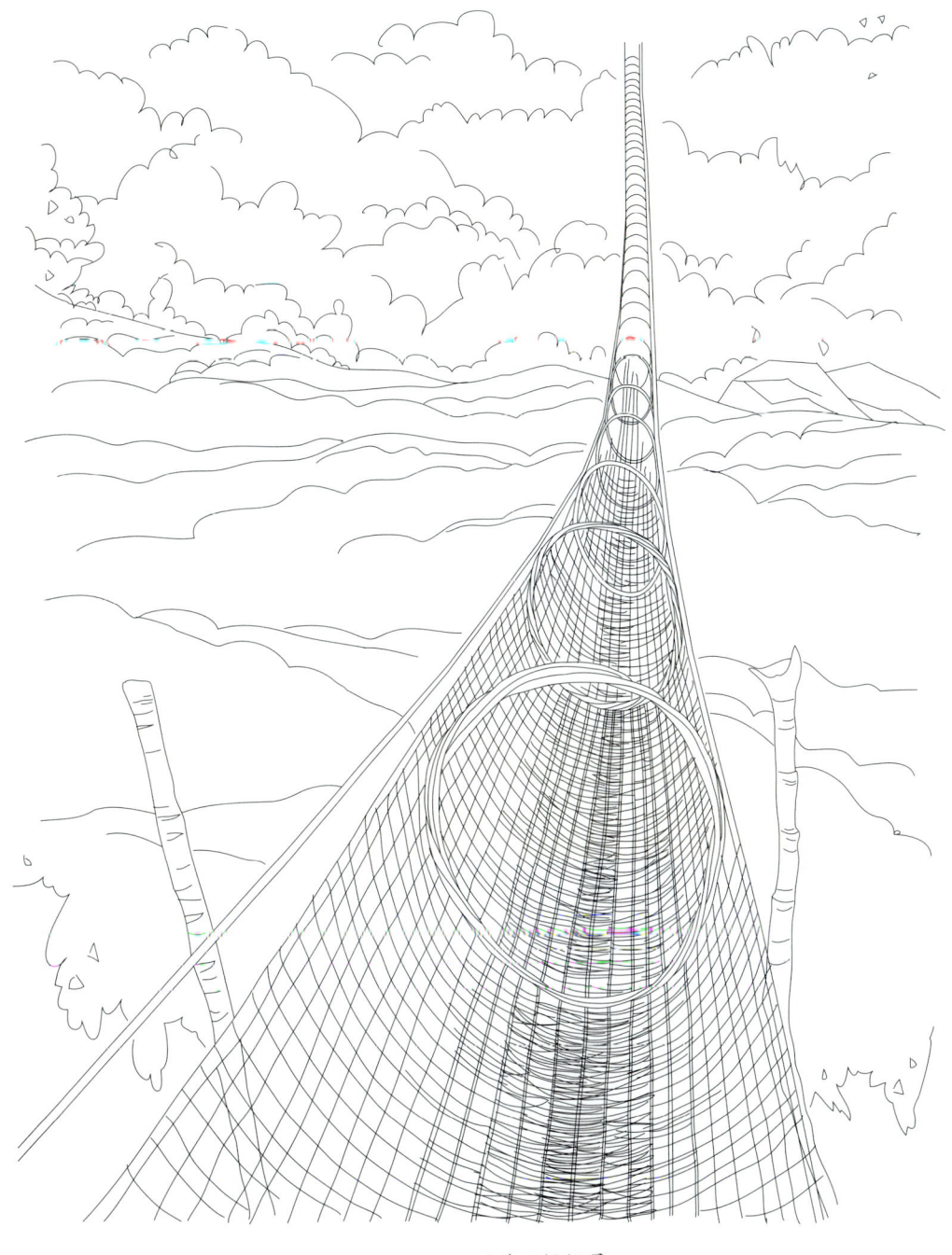

图二　珞巴族藤网桥场景

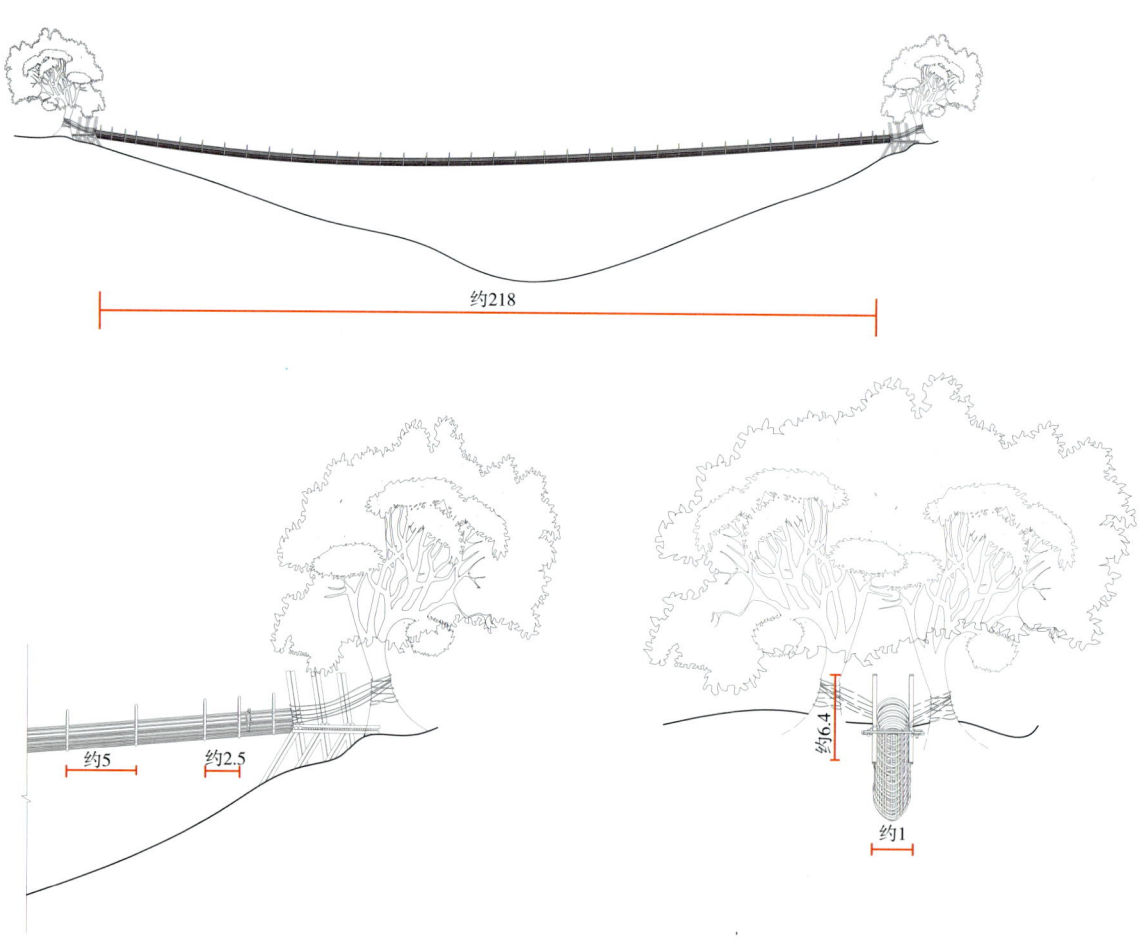

图三　珞巴族藤网桥尺寸示意图（单位：m）

图四　珞巴族藤网桥使用示意图

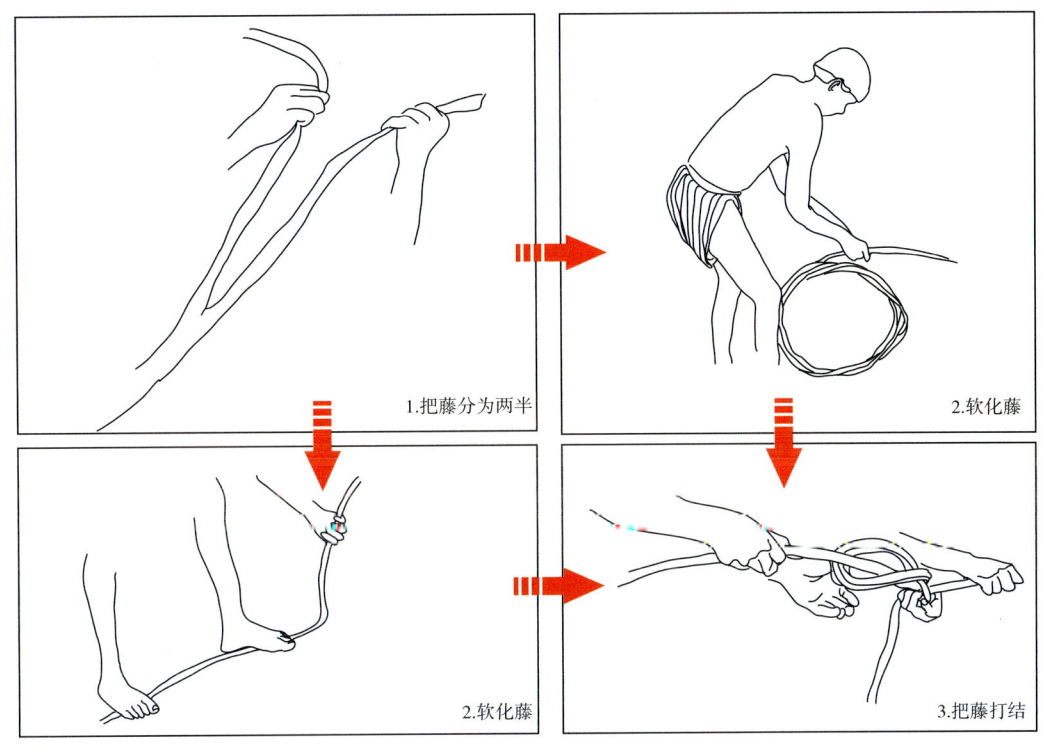

图五 珞巴族藤网桥藤材质使用分析示意图

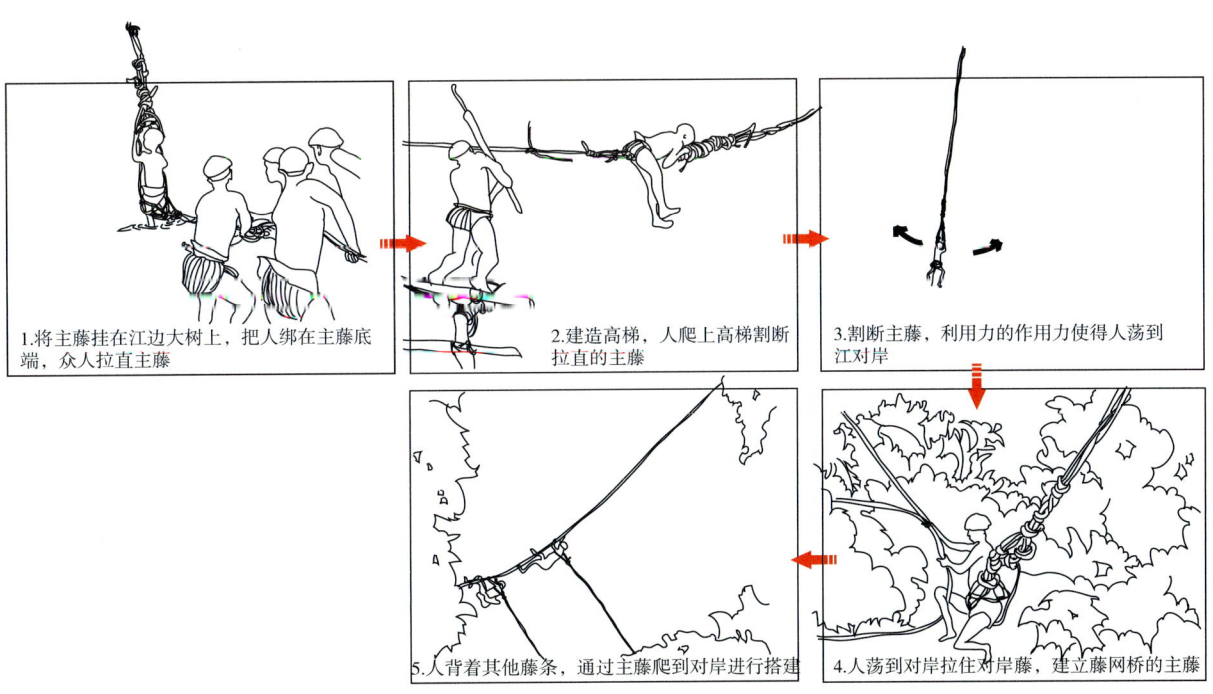

图六 珞巴族藤网桥搭建分析示意图

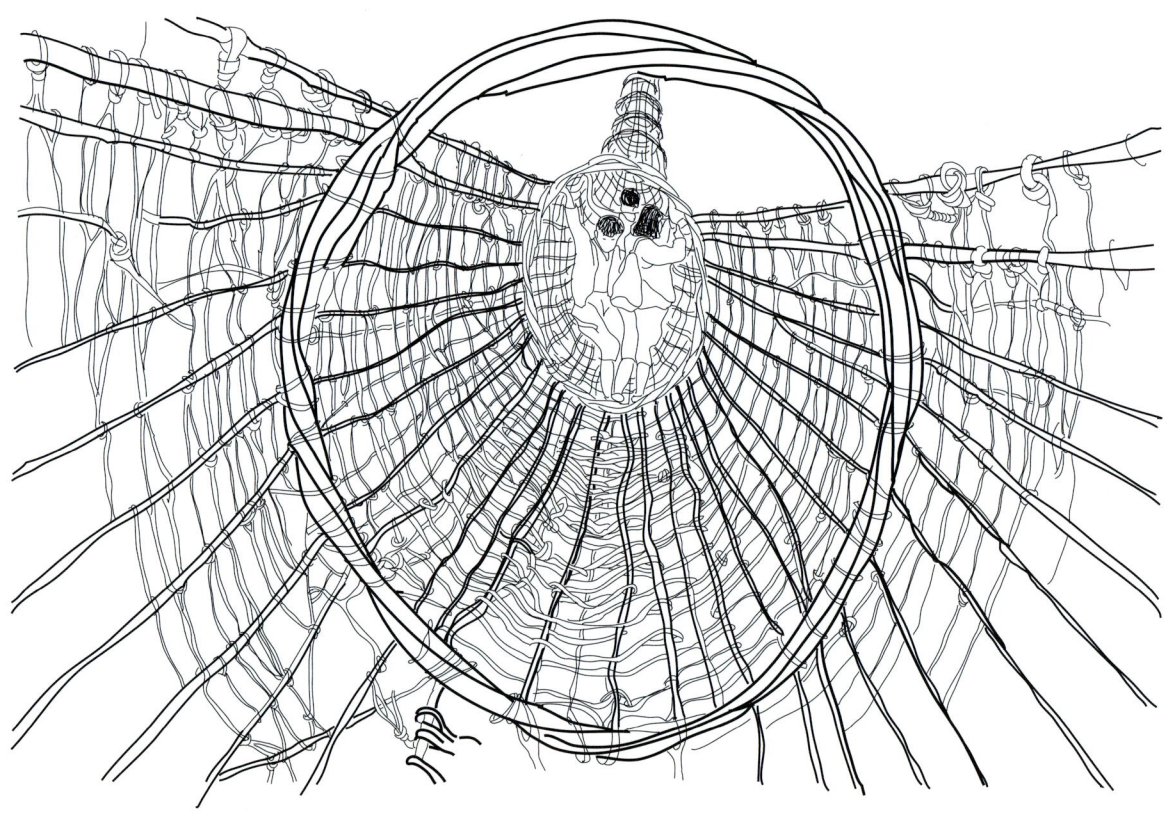

图七　珞巴族藤网桥编织场景

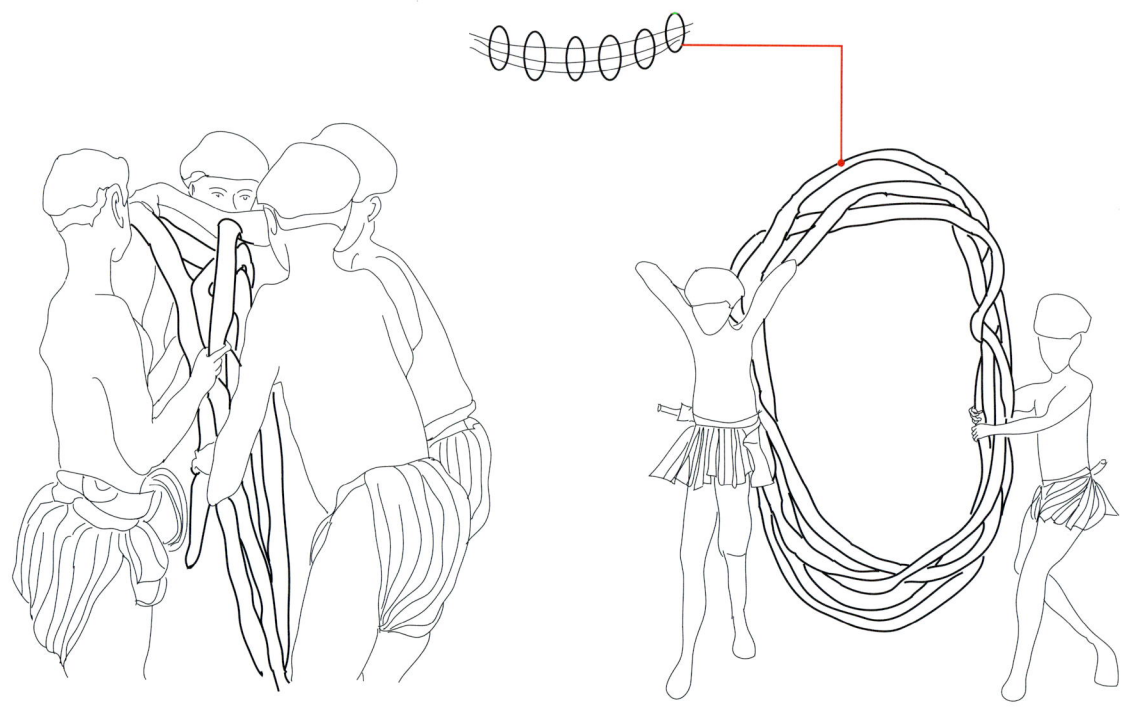

图八　珞巴族藤网桥编织主环藤分析示意图

珞巴族溜索

图一　珞巴族溜索主图

溜索是珞巴族较为原始的渡河工具，亦称"溜筒桥"，俗称"溜壳桥"，珞巴族称"索洛"。珞巴族人大多生活在我国喜马拉雅山脉南麓的雅鲁藏布江河谷地区，崇山峻岭之间道路艰险难行，河流宽阔湍急，水中大石暗礁密布，交通极为不便。因此，珞巴族人出行渡河就需要借助飞架在河流两岸陡峭岩壁上的溜索。

山南的河谷地区气候较为温和湿润，植物葱郁茂盛，因此早期的溜索多用当地森林中的白藤制成，4根白藤劈成8根，对接成所需要的长度。但是藤索不耐腐蚀，需要经常更换，所以后来多以钢索更换代替，更加安全耐用。架设溜索之时，珞巴族人先用弓箭将连接着粗绳的细绳射到河的对岸，然后用细绳引导粗绳将藤索或钢索拖至对岸，溜索垂在水面形成一定的弧度。在森林茂密树木高大之处将溜索固定在树木上，在树木较少的地方则将溜索固定在大石或木桩上。溜索分为平溜和陡溜两种。平溜所架设的溜索与水面大致平行，而陡溜则是溜索的一端较高而另一端较低。在渡河的时候需要将一种套在溜索上的由数根藤条制作而成的藤圈套在腰间，并将连在藤圈上的一条宽约8厘米的布带套在头上，双手双脚交叉攀住溜索，面向溜索，背向水面溜索过河。溜平溜的时候，先从高处顺溜索向低处滑，到达中间之后则需要双手双脚同时用力向上攀援，直至到达对岸。溜陡溜的时候，从较高一端向较低一端前进时，可较为轻松地到达对岸，但是有一定的危险性，需要凭借经验控制溜索的速度。从较低的一端向较高一端前进时则较为困难，需要有足够的力量和毅力才能到达对岸。溜索除了可以渡人过河之外，还可以运送货物和牲畜。在珞巴族人溜索过河的同时可将货物或牲畜放在竹筐内用钩子挂在溜索上，同时把竹筐连在藤圈上将其运过河。

溜索在我国历史悠久，结构简单而巧妙，但是也有一定的缺点，即不够牢固平稳，变形和振动都很大。在风大的水面上使用溜索时犹如荡秋千一般摇晃不止，有一定的危险性。珞巴族溜索是珞巴族人在特定的艰苦环境中长期生活探索的产物，相较于其他少数民族的溜索有着自身的特点，体现了珞巴族人的智慧和毅力。

图片来源
图一至图十二　蔡思穗 制图
参考文献
茅以升.中国古桥技术史.北京:北京出版社，1986：115～143.

图二　珞巴族溜索过河图

图二　珞巴族溜索使用方式示意图1　　　　　　　　图四　珞巴族溜索使用方式示意图2

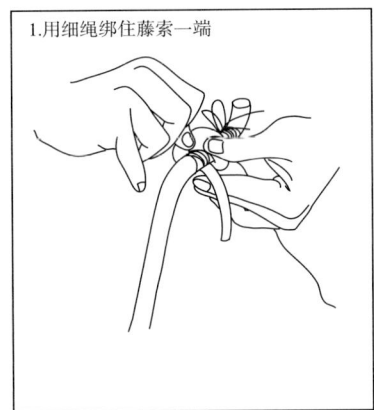

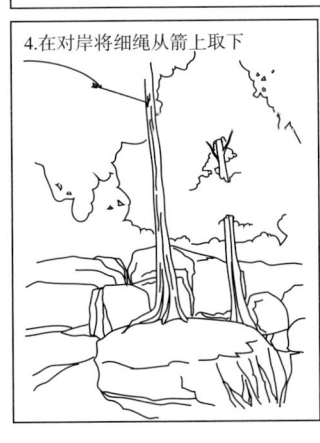

图五　珞巴族溜索架设过程示意图

图六　珞巴族溜索场景1

图七　珞巴族溜索场景2

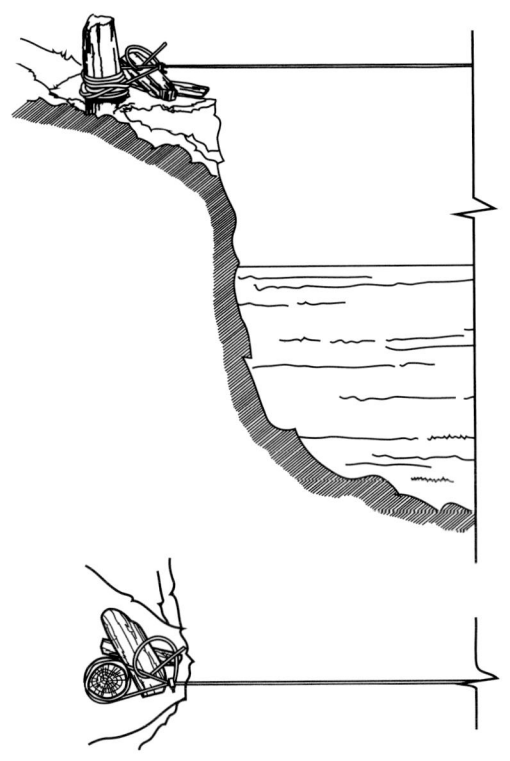
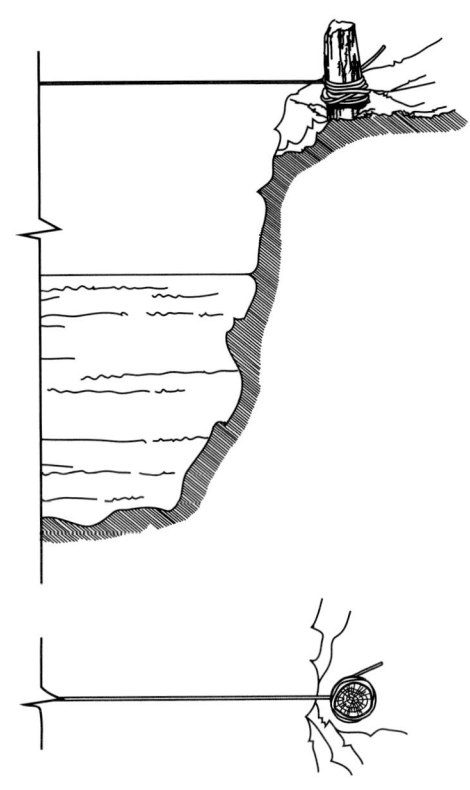

图八　珞巴族溜索剖面示意图

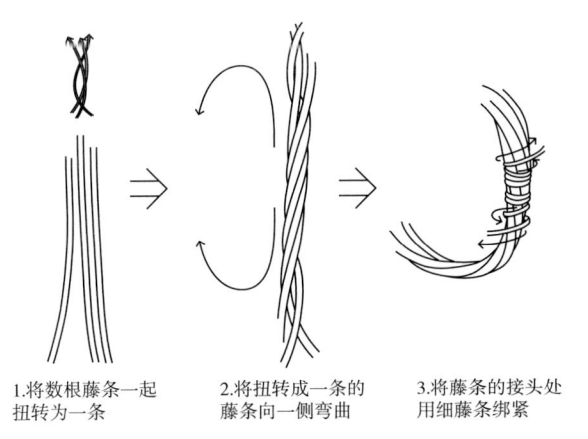

1.将数根藤条一起扭转为一条　2.将扭转成一条的藤条向一侧弯曲　3.将藤条的接头处用细藤条绑紧

图九　珞巴族溜索藤圈制作示意图

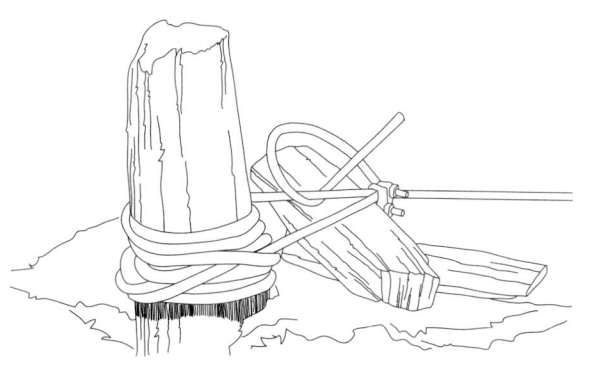

图十　珞巴族溜索固定示意图

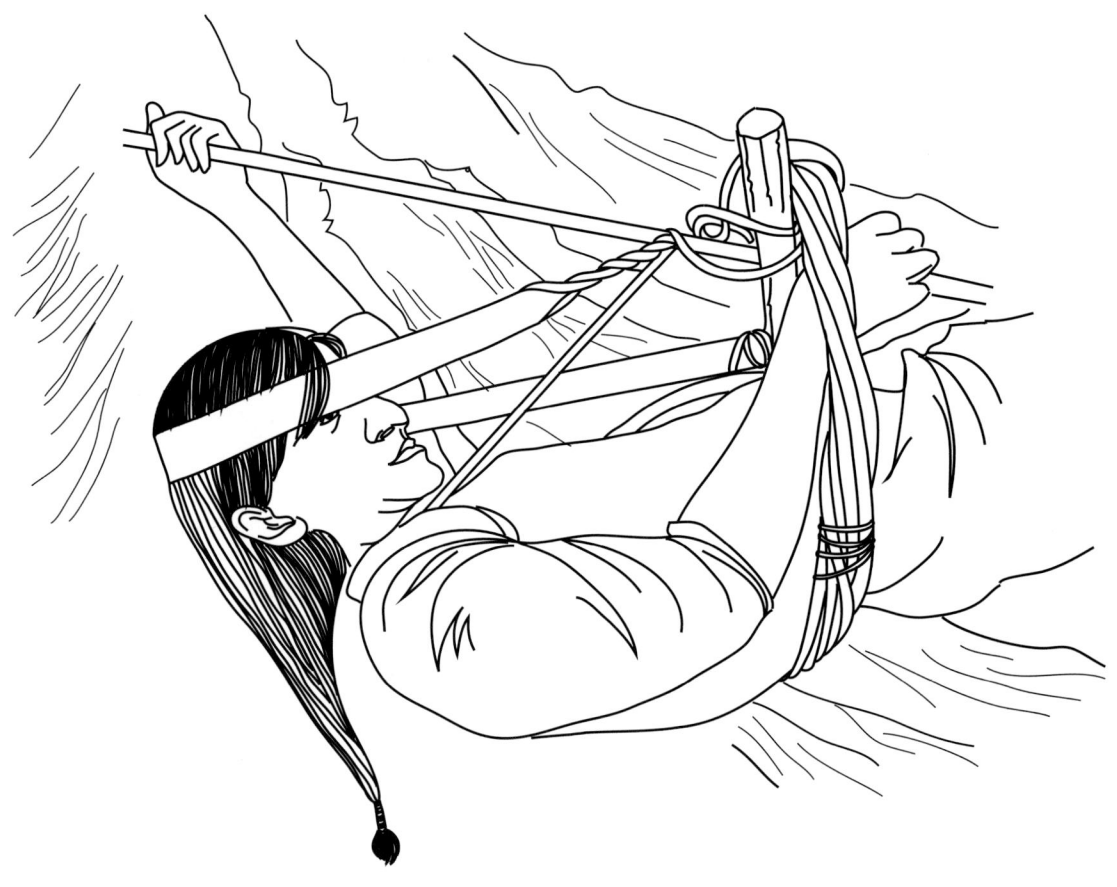

图十一　珞巴族溜索使用场景图

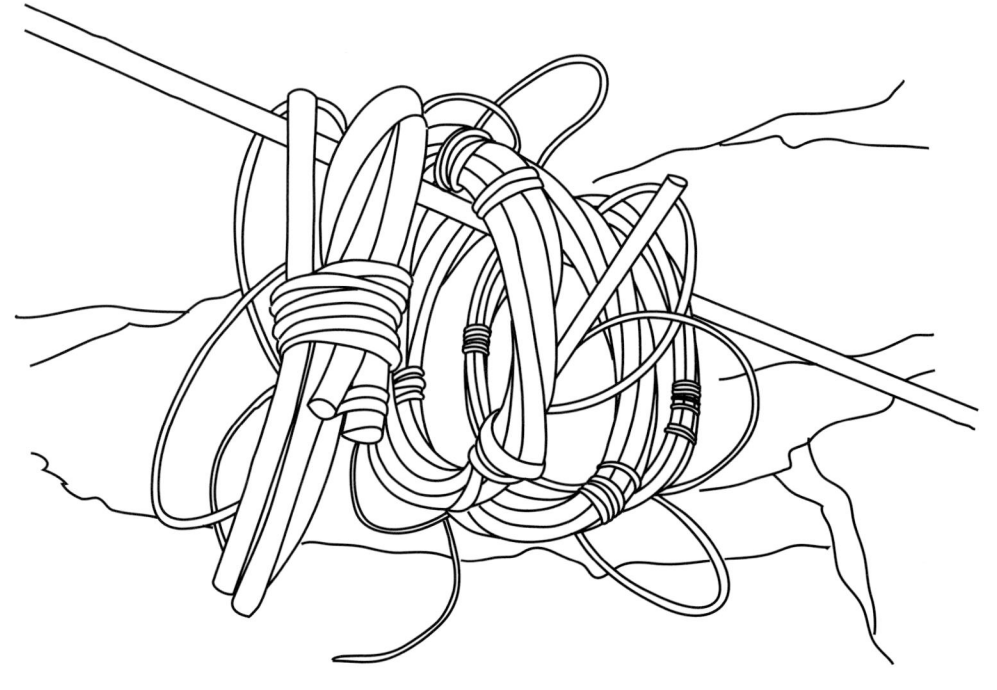

图十二　珞巴族溜索藤圈示意图

珞巴族高脚粮仓

图一 珞巴族高脚粮仓主图

　　高脚粮仓是珞巴族人存放粮食的干栏式仓储类建筑，珞巴族的村寨中差不多家家户户都建有高脚粮仓。为了防止火灾发生时烧毁粮食，珞巴族人将高脚粮仓都集体建在离住房距离较远的村寨边缘地区。珞巴族人居住的珞渝地区的河谷地带海拔较低，气候较为温暖，地处迎风面，雨量充沛，河流众多，因此高脚粮仓底层架空通常离地面约一人高，如此既可以防止粮食受潮，也可以防止牲畜偷食粮食。

　　珞渝北部高山区雪峰连绵，层峦叠嶂。自然环境的多样性形成了从寒带到热带的立体气候，为动物和植物的生长、繁衍提供了优越的条件。珞巴族人种植的主要作物有青稞、小麦、鸡爪谷、玉米、水稻、荞麦、高粱等，主要是自给自足，粮食收获后珞巴族人就将其贮藏在高脚粮仓内。高脚粮仓底部由数根立柱支撑，高度比一般的住房略高，立柱的整体形态下大上小，底部和顶部都带有圆盘，上部的圆盘主要辅助立柱承托上面的仓体；下部的圆盘则是为了隔断湿气，以便立柱坚固耐用，其功能与柱础类似。在平坦的地区各支撑立柱的高度基本一致，但在有坡度的地区则通过调整立柱间的高差来适应地形。在立柱之上是平台，在圆盘上纵向架上数根木头或者竹子，然后再在其上横向架上数根木头或竹子，最后才可以铺上厚木板。厚木板的铺设尽量做到没有缝隙，以防止老鼠进入偷食粮食。高脚粮仓的墙身由木头或者竹子围合而成，只在正面开一扇门。屋顶多为"人"字坡二面顶或四面坡屋顶，在木头或者竹子搭成的椽子上铺上茅草或芭蕉叶，再用长木条或者石头压住。传统的高脚粮仓几乎见不到钉子，一般由绳索或者藤条将各部分固定。高脚粮仓通常除了可以储存粮食之外，也会用来存放家中的一些贵重物品。珞巴族人取用粮食或物品的时候需要搬来梯子架在平台上，才能进入高脚粮仓内部，使用完之后则需将梯子挪走。

高脚粮仓是珞巴族特有的仓储类建筑形式，是珞巴族人根据当地特有的气候环境和地理环境所创造出来的。建筑材料取自当地，结构和形态简洁，但是在功能上很好地满足了珞巴族人的需要，既可以防潮防火，也可以防止牲畜偷食粮食，是珞巴族人智慧的体现。

图片来源
图一至图九　蔡思穗　制图

参考文献
（印）沙钦·罗伊著，李坚尚，丛晓明译.珞巴族阿迪人的文化.拉萨：西藏人民出版社，1991：55.

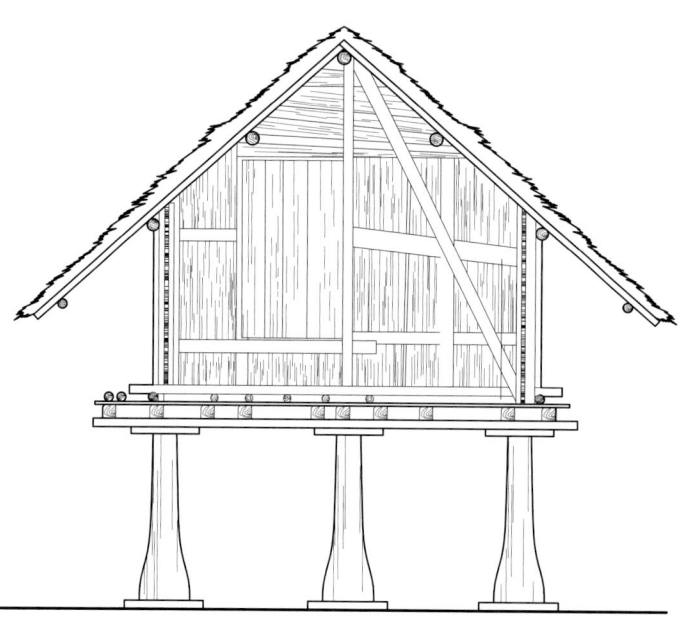

图二　珞巴族高脚粮仓立面图

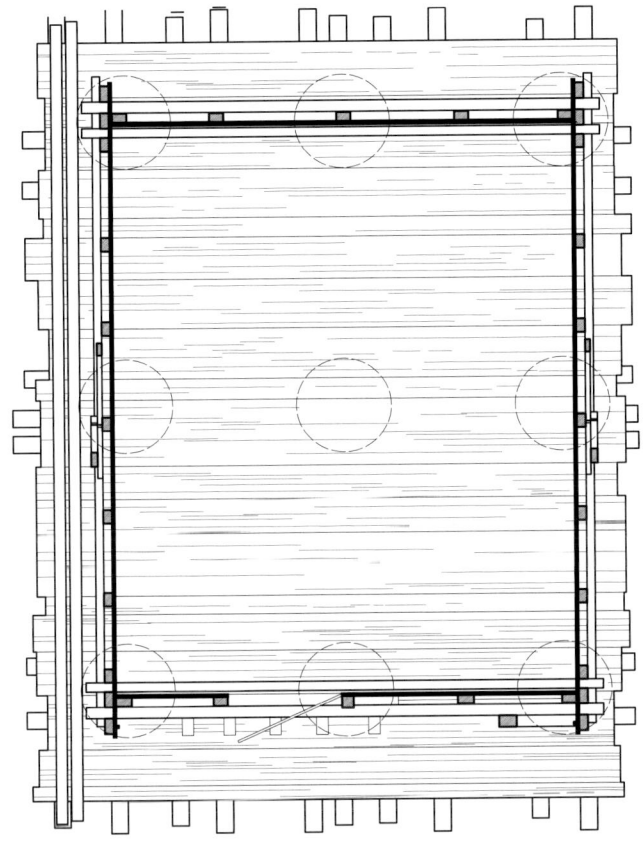

图三 珞巴族高脚粮仓平面图

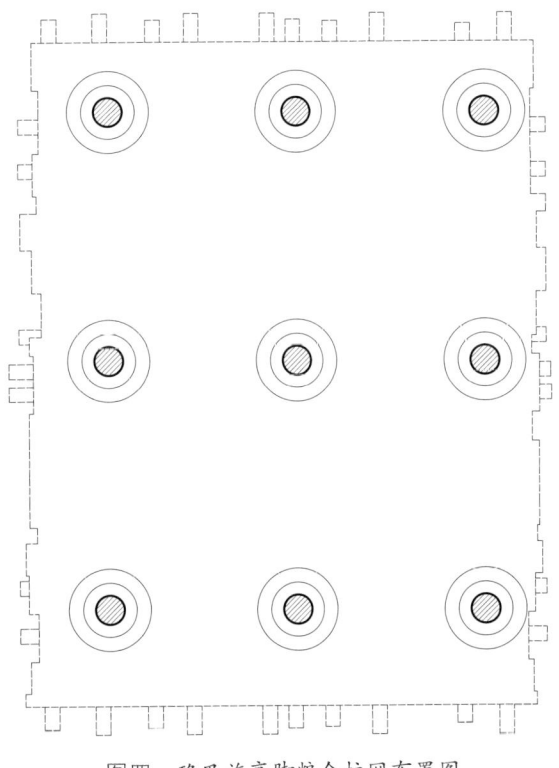

图四 珞巴族高脚粮仓柱网布置图

第一章 珞巴族传统建筑

063

图五　珞巴族高脚粮仓场景图 1

图六　珞巴族高脚粮仓场景图 2

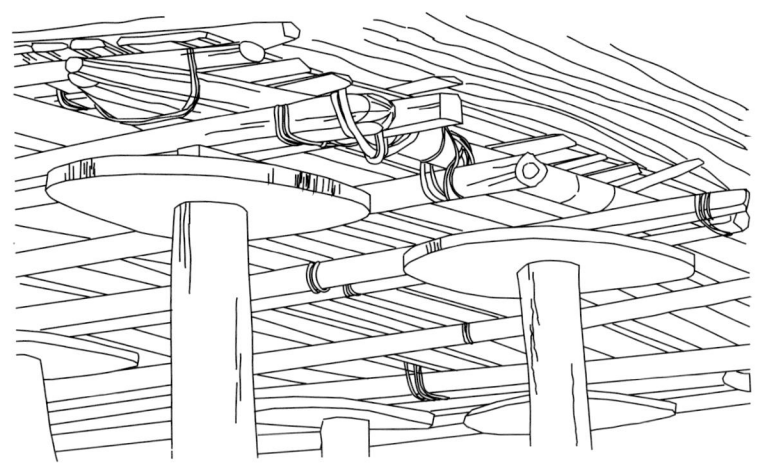

图七 珞巴族高脚粮仓底部结构示意图

图八 珞巴族高脚粮仓披檐局部

图九 珞巴族高脚粮仓场景图

第二章 珞巴族传统服饰

珞巴族男子羊毛织无袖套头坎肩

图一　珞巴族男子羊毛织无袖套头坎肩主图

珞巴族人常利用野生植物纤维、棉花和羊毛等天然原料制作衣物，羊毛织套头坎肩是珞巴族传统服装的典型代表之一，珞巴语称其为"纳木"。由于地域和气候因素的差异，珞巴族各部落之间服装的原料也略有不同，比如在珞渝地区北部，尤其是邻近藏族的部落，因为海拔较高，冬天有霜雪，男子里面穿的衣服原料多为野牛皮、山羊皮或藏式氆氇，外面罩山羊毛编织而成的长及腹部的黑色套头大坎肩，背上还披一块野牛皮。由于自然和历史的原因，珞渝地区的珞巴族人长期居住在崇山峻岭之中，交通阻塞，与外界交往比较困难，因此服装样式亦较为保守。总的来说，珞巴族服装的图案与色彩风格质朴，其材质的运用突显了珞巴族男子久居山林、以狩猎为生的原始农业的特色。

珞巴族博嘎尔部落男子的传统服饰羊毛织无袖套头坎肩，是将两块窄幅黑色山羊毛长条氆氇从中间对折后拼缝在一起制作而成的，前后两片呈长方形。氆氇单幅宽约20厘米，两片宽约40厘米，长约220厘米，不挖领；中间留一个约32厘米的缝口不缝，作为领口，穿时从头套下来，用藤条或皮腰带将坎肩束于腰间。腰饰常使用金属链条和缀满贝壳的腰带，颈上挂松石项链，形成无袖、无领、前襟和后幅不缝合的上衣，造型式样较为简单，穿着较为贴身，具有良好的保暖性。

博嘎尔部落男子无袖套头坎肩造型式样简约而不简单，充分利用当地野生植物纤维和兽皮为原料，是其衣着织造的一个重要特点，也是珞巴族服饰中具有高识别度的设计案例。由于珞巴族人长期生活在高原峡谷，这种具有地域特色的衣着配饰能够充分表现出他们粗犷豪放的性格，显示出珞巴族狩猎民族的个性特征。同时，传统羊毛织造的无袖套头坎肩的地域适应性和实用性，及原始制作工艺的朴素审美观，对现代服饰的加工、织造和设计具有一定的借鉴和学习价值。

图片来源
图一　刘佳　制图
图二至图八　王云川　制图
图九　刘佳、鲁玥池　制图

参考文献
王玉平.珞巴族.北京：民族出版社.1997：65.
金开诚，崔华洋.中国文化知识读本——珞巴族.长春：吉林文史出版社，2010：23.

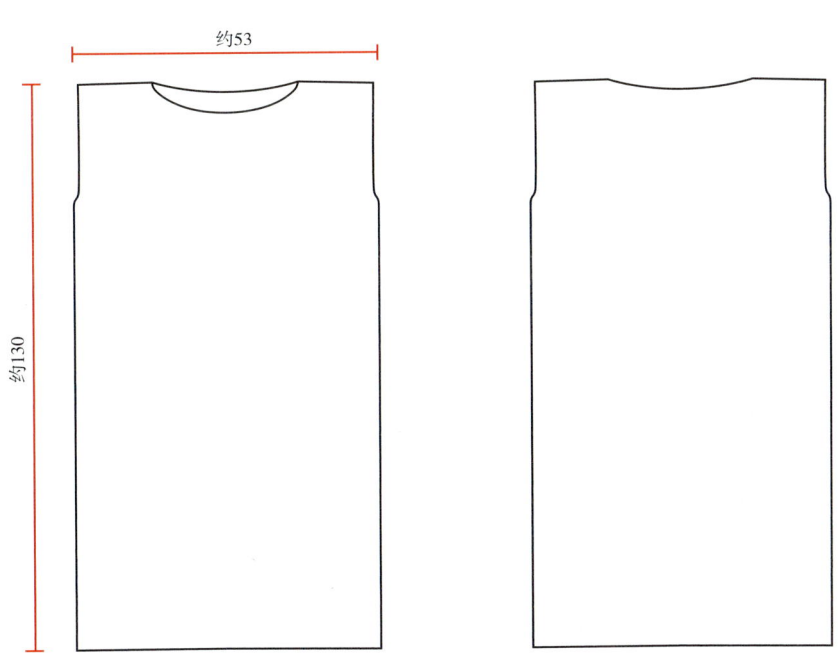

图二　珞巴族男子羊毛织无袖套头坎肩尺寸图（单位：cm）

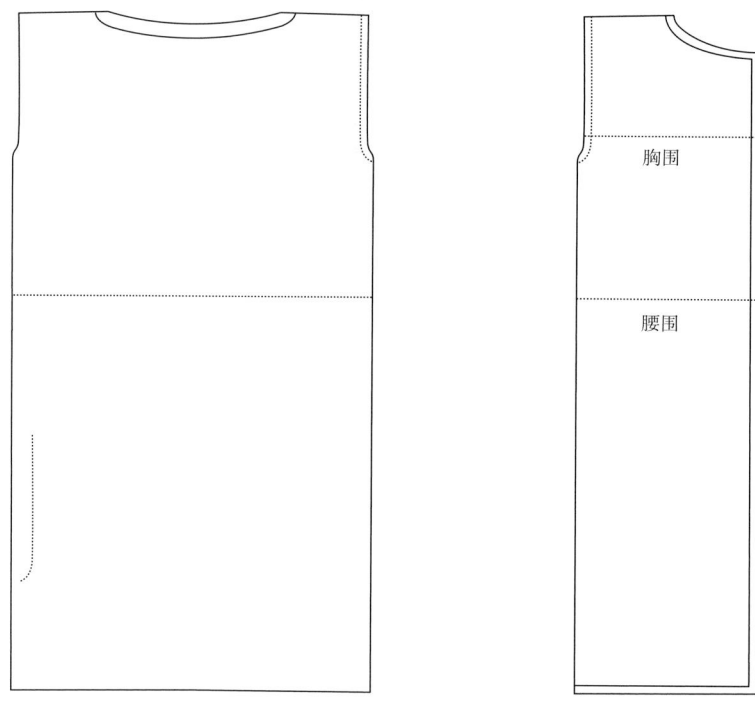

图三 珞巴族男子羊毛织无袖套头坎肩开片图

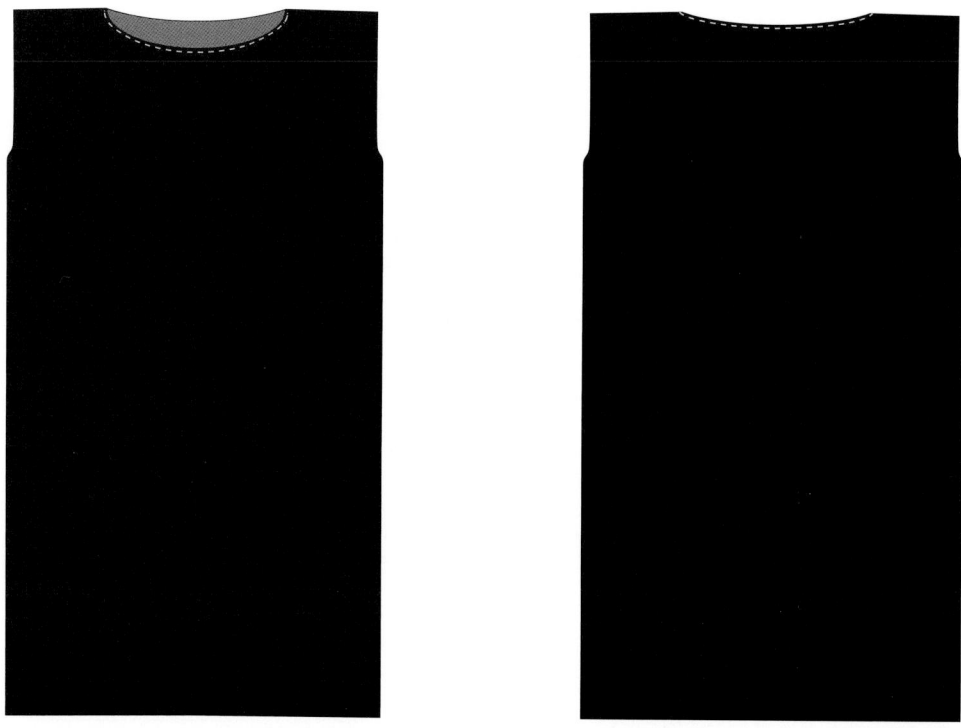

图四 珞巴族男子羊毛织无袖套头坎肩复原图1

图五　珞巴族男子羊毛织无袖套头坎肩复原图 2

	坎肩样式一	坎肩样式二	坎肩样式三
结构图			
领口部位	 圆弧型领	 圆弧浅V型领	 圆弧深V型领
腰部及下摆	 直筒式	 收腰式	 展开式

图六　珞巴族男子羊毛织无袖套头坎肩式样图

第二章　珞巴族传统服饰

071

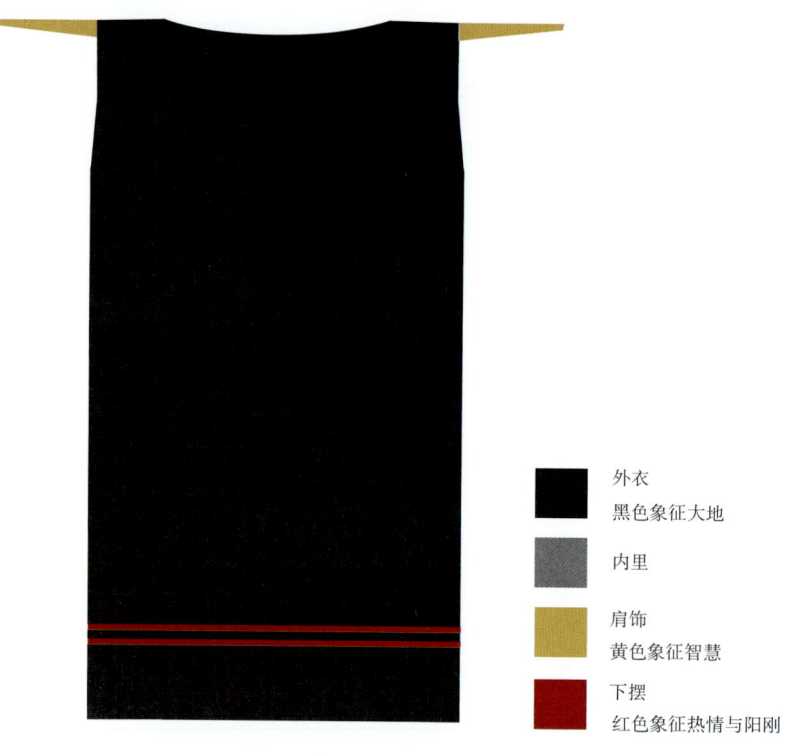

	外衣 黑色象征大地
	内里
	肩饰 黄色象征智慧
	下摆 红色象征热情与阳刚

图七　珞巴族男子羊毛织无袖套头坎肩色彩分析图

图八　珞巴族男子羊毛织无袖套头坎肩穿戴示意图1

图九　珞巴族男子羊毛织无袖套头坎肩穿戴示意图 2

珞巴族熊皮盔帽

图一　珞巴族熊皮盔帽主图

熊皮盔帽，珞巴族博嘎尔人称为"冬巴达宫"，是博嘎尔部落男子服饰中的典型代表，一般与羊毛织套头坎肩搭配穿着。熊皮盔帽是采用熊皮压制的带檐的圆形皮盔，通常用藤或竹编制帽檐，编制手法采用珞巴族传统手工编织，质地坚韧、细密，在帽檐上圈套一条带毛的熊皮圈，约6厘米的长毛向四周伸展，别具一格。帽后则缀一块长约30厘米、上宽约15厘米、下宽约34厘米带眼窝的熊头皮，垂落至颈部。熊皮盔帽质地坚硬，戴上它除了可以御寒之外，也可以在狩猎和械斗时加强保护，更易接近猎物。博嘎尔男子蓄有长发，又喜行猎，在打猎时帽子还可以起到迷惑猎物的作用。他们头戴熊皮盔帽，身着羊毛织套头坎肩，高大的身躯上常背有长弓，挎上腰刀佩饰，整体造型显得格外英武、勇敢、彪悍。

因为已生长1~4年的竹子的柔软度、粗细长短最适合编制，所以熊皮盔帽常选其作为原材料。所需原材料的数量通常根据盔帽的大小而定。制作时先用长刀去除枝叶，然后将已分开的竹子用长刀或小刀削皮，再把竹皮卷成圈或捆绑在一起，以备编制使用。若竹皮太干，则需将竹皮浸泡于水中直至使其柔软性达到编制的要求。所有的编制品都由横条"并"和竖条"就"编制而成，根据成品的不同样式来选择不同的经条，即竹皮编制盔帽。将剥下的熊皮铺平，使用竹竿晾晒，然后用石头、铲子或两人拉平兽皮在木头上来回摩擦，将皮削薄，去除油脂后，涂抹熊油将皮子拉直风干，即可用环形缝制在竹编檐头盔上形成熊皮圈，最后使用竹签或兽皮条将带眼窝的熊头皮缀至帽后。

熊皮盔帽是珞巴族穿戴服饰中的重要组成部分。珞巴族人民利用当地野生植物纤维和兽皮为原料制作衣物，成为珞巴族衣着穿戴较突出的特点，其衣着佩戴上也能充分表现出他们粗犷豪放的性格。熊皮盔帽将传统的兽皮与当地特色的竹、藤编相结合，蕴含着珞巴族的传统地域文化和珞巴族人民在长期生活实践中形成的审美观和价值观，对现代服饰设计具有一定参考价值。

图片来源
图一、图六　徐晓娴　制图
图二至图五　王云川　制图
图七　刘佳　制图

参考文献
金开诚，崔华洋.中国文化知识读本——珞巴族.长春：吉林文史出版社，2010：22.

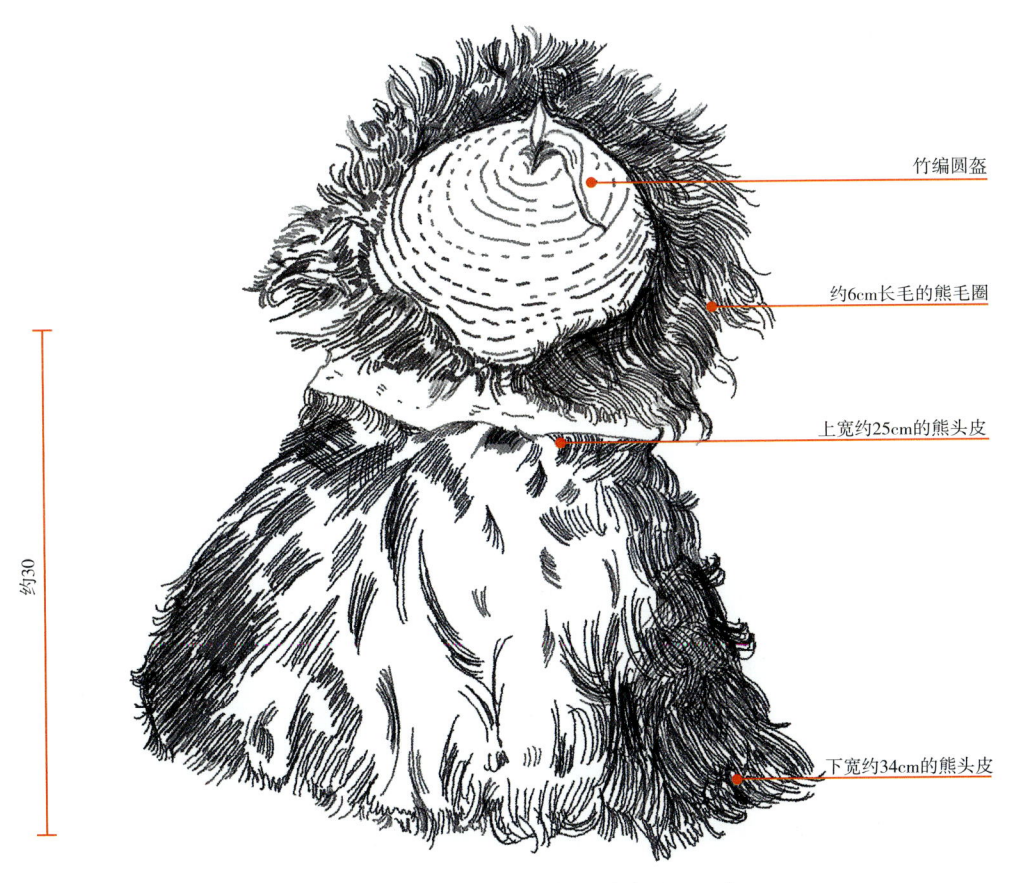

图二　珞巴族熊皮盔帽尺寸图（单位：cm）

图三　珞巴族熊皮盔帽熊皮制作步骤分析图

图四　珞巴族熊皮盔帽盔顶制作分析图

图五　珞巴族熊皮盔帽材料及色彩构成图

图六 珞巴族熊皮盔帽正面、侧面、后面效果图

图七 珞巴族熊皮盔帽穿戴场景图

第二章 珞巴族传统服饰

珞巴族男子藤帽

图一　珞巴族男子藤帽主图

　　珞巴族生产力水平不高，族人长期以狩猎为生，珞巴族男子头戴各种式样的帽子，可以在狩猎和械斗的过程中保护其头部的安全，同时又凸显男子的英勇彪悍。帽子的制作材料主要有两种，一种是用熊皮制作的，另一种则是用藤条编制而成的。帽子的形状各异，有圆形帽、菱形帽和熊皮压制的带檐盔帽等。

　　珞巴族主要聚居在珞渝地区，部落众多，各部落在帽子的设计上既有共同之处又各具特色。其中以山南地区隆子县男子藤帽的设计与制作工艺较具特点。隆子县男子通常头戴一种藤编的帽子，珞巴语称"保巴"，其外形酷似花瓣，帽子主体部分似半球状，有帽檐，帽檐前后长，两侧窄，帽子长度约45厘米，宽度约30厘米。另外，隆子县男子藤帽还具有区分社会地位的功能，社会地位较高的人，所戴的帽子上有稀有的鸟嘴作为装饰，鸟嘴的嘴尖部伸向帽尾，鸟嘴根部面向帽头。从侧面看，鸟嘴形状呈弧形，色彩总体以黄色为主，嘴头为红色，并逐渐向黄色过渡，在鸟嘴的局部还涂有黑色。从正面看，鸟嘴的正截面上宽下窄，拥有帽子的人通常会在鸟嘴的正截面重点装饰，装饰的内容并无统一的标准。案例中一连串金属圆珠沿鸟嘴截面边缘镶嵌，并将截面分成9个格子，在上段左右两格，中段中间一格，下段中间一格中分别有红色和蓝色的球形装饰物。在鸟嘴根部钻两个小孔，将细绳沿孔穿入将其与藤帽连接。除了鸟嘴外，隆子县的珞巴族人会用细绳将猎获的鸟类羽毛系在帽尾装饰帽子。鸟羽通常来自于雉鸡的羽翎，色彩艳丽。帽子主体部分用藤条编织，形状似球形，颜色为偏土黄色，在帽子的前端和尾部分别有一小块突出的部分，并向上翘起。帽子前端用有色的布料和毛发装饰，布料的颜色有红色、黄色或蓝色等，布料将毛发分成两个部分，前段毛发盘起来，盘发上插有发簪，后段毛发松散。对于深山里打猎的珞巴族人来说，这样的帽子具有很好的隐蔽作用。

长期的采集、狩猎生产活动使得珞巴族对各种植物的物理特性有了深入的了解，也懂得利用天然的植物资源制作生产生活用具，以满足使用需求。藤帽既避免及减轻了珞巴族人在采集、狩猎过程中对身体的伤害，还能用鸟嘴、鸟羽、毛发等装饰来区分社会地位，其传统编制方法又体现出珞巴族劳动人民纯熟、精巧的编结艺术，可谓一物多用，一物多义。

图片来源
图一　刘仕　制图
图二至图六、图八、图九　褚宏枫　制图
图七　刘宝艳　制图

参考文献
宋兆麟，高可，张建新.中国民族民俗文物辞典.太原：山西人民出版社，2004：51～52.
关东升.中国民族文化大观（藏族·门巴族·珞巴族）.北京：中国大百科全书出版社，1995：608～609.

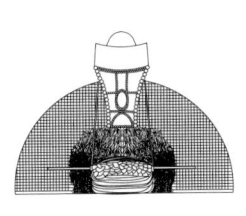 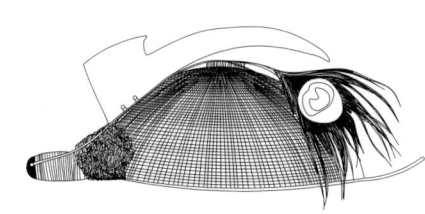 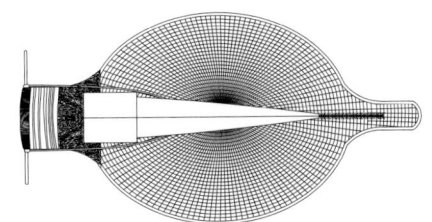

前视图　　　　　　　侧视图　　　　　　　俯视图

图二　珞巴族藤帽三视图

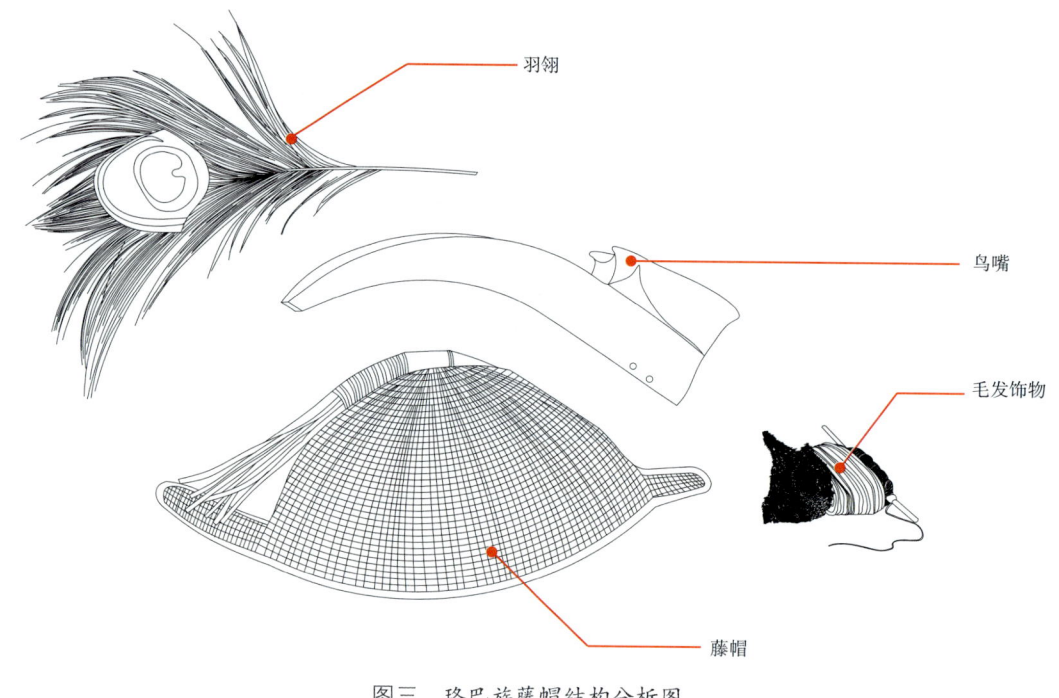

图三　珞巴族藤帽结构分析图

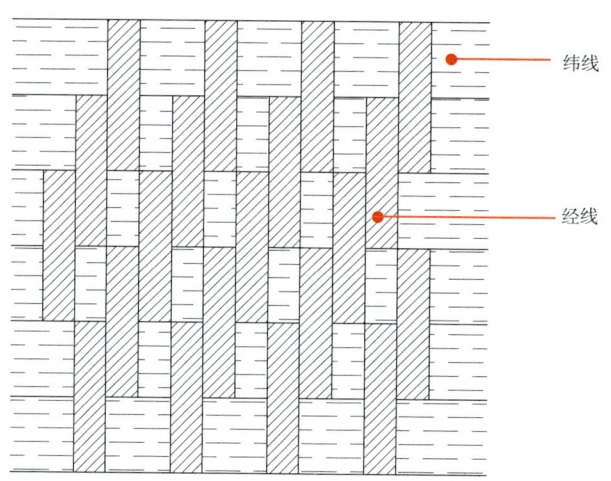

图四　珞巴族藤帽编织纹样图

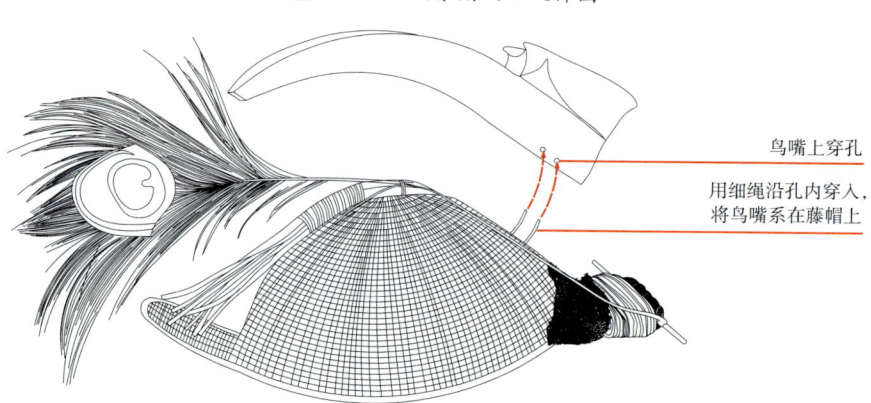

图五　珞巴族藤帽连接方式分析图

图六　珞巴族藤帽穿戴效果图

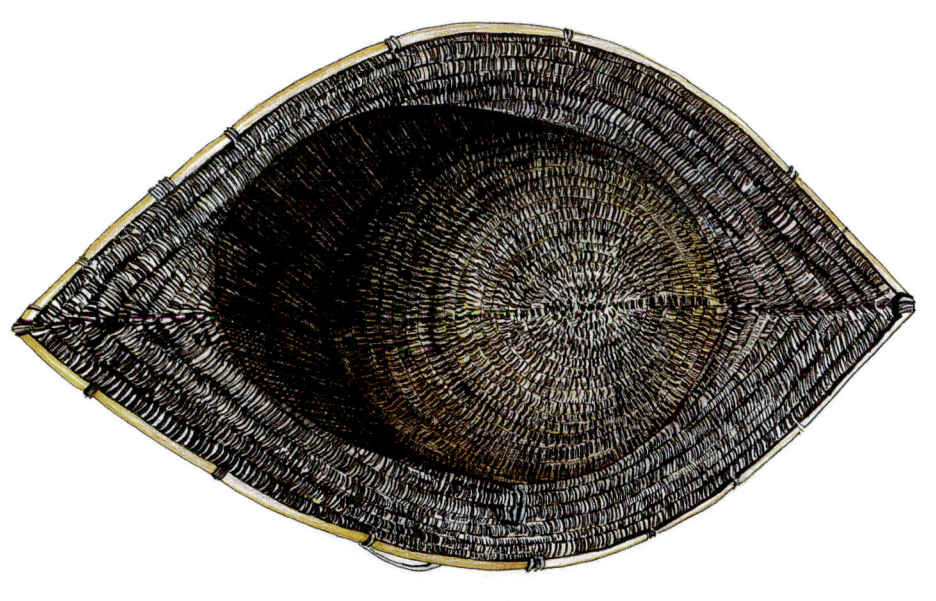

图十　珞巴族藤帽式样二

第二章　珞巴族传统服饰

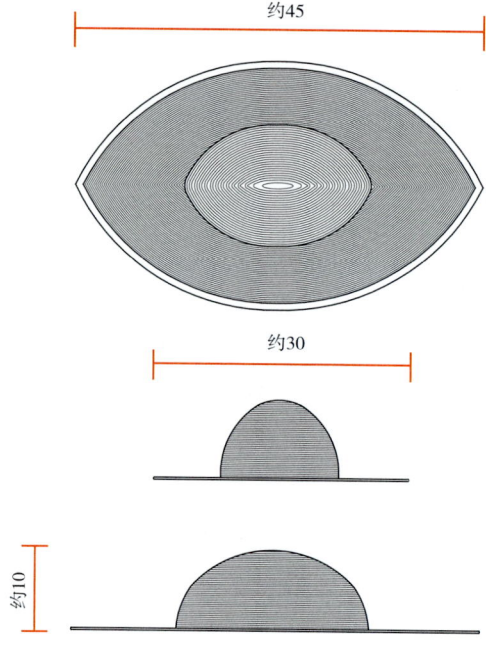

图八 珞巴族藤帽式样二尺寸图（单位：cm）

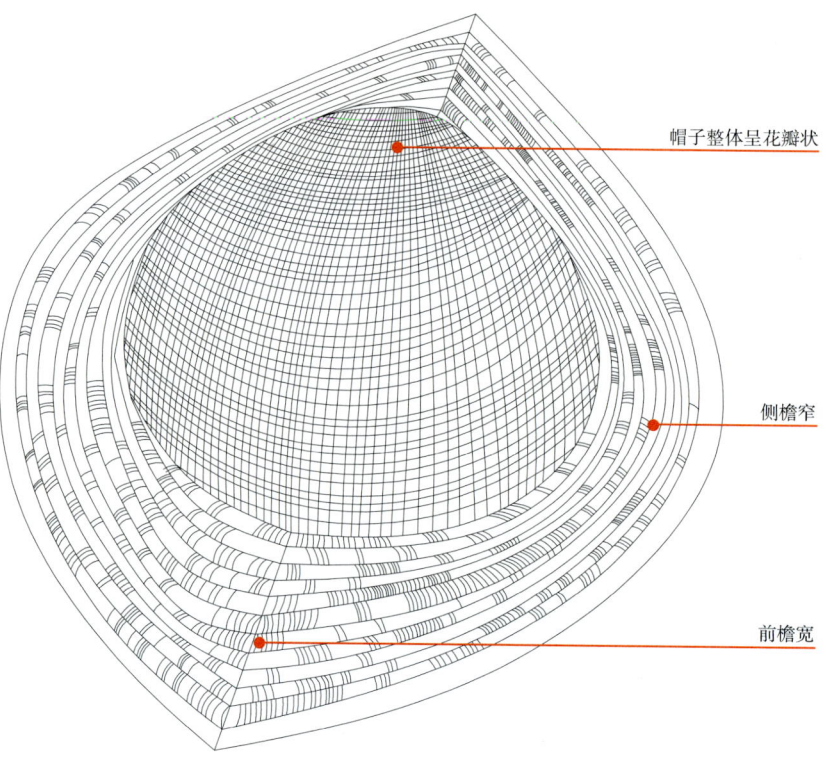

图九 珞巴族藤帽式样二分析图

帽子整体呈花瓣状

侧檐窄

前檐宽

珞巴族女子筒裙

图一　珞巴族女子筒裙主图

筒裙为珞巴族女子传统服装，古代珞巴族女子一般下穿花格毛织及膝筒裙。早期的珞巴族不具备纺织技术，人们采集植物茎叶、加工兽皮来御寒遮羞。随着长期的采集活动，珞巴族人了解了各种植物的特性，懂得了从中提取纤维的方法，制造出了简易的纺织工具，并开始使用纺织土布来缝制衣服。

筒裙的原材料为羊毛，需先清除羊毛中的毛结、杂质和纤维疵点后方可用其纺线。纺线时一般将须条牵伸后进行捻回，令其具有韧力，捻回过的细纱通常卷绕在长度适中的木棒上。珞巴族衣饰色彩较为丰富，故原材料经纺捻后还需浸染。其染料多从植物以及有色矿泥中提取：有"搭麦"（藤类植物，出自珞渝地区，可染红色）、沙棘果实和大叶草（可染黄色）、"索多"（矿泥，可染黄色）等。染色时需先将染色原材料置于水中煮沸，再将纺好的细纱完全浸入其中，并且反复搅拌直至染色均匀，最后将其取出后晾干，打成线包即可。其后，使用珞巴族自制的纺织工具"腰机"将色彩艳丽的纺线织成完整布料。使用腰机时，先用两根等长橡子木以斜45度搭于墙上、3个崩达（经轴）分别横拴于橡子木顶端、中部和末端的织布机（其中，顶端的经轴为织男装所用，中部经轴为织女装所用）。然后将两根线包上下引出，组成一幅纱片，使经纱具有均匀的张力，相互平行地紧密绕在经轴上，为形成织轴做好初步准备。织者在末端的经轴两旁套上腰笸盘居于中央。在中部与末端经轴两边各搭一细竹条，用于固定经纱的宽幅。整经时，经纱须具有适当的张力，同时尽可能保持经纱的弹性和张力，同时检查经轴表面，需平整，无凹凸不平现象。其后进行穿经，根据织物的要求将织轴上的经纱按一定的规律穿过停经片、综丝和筘，以便织造时形成梭口，引入纬纱织成所需的织物，最终将这些纺织成型的布料缝制加工成筒裙。

珞巴族女子筒裙作为珞巴族传统服饰的重要组成部分，反映了珞巴族人在织布技术、印染和服饰设计上的特点，具有较高的艺术价值。女子筒裙在设计、制作工艺中体现的诸如图案变化、组合节律等方面的形式设计法则，在很大程度上也体现了珞巴族人的审美意识和信仰习俗。

图片来源
图一　龚滢　制图
图二至图八　王云川　制图

参考文献
金开诚，崔华洋.中国文化知识读本——珞巴族.长春：吉林文史出版社，2010：22.
西藏林芝地区文化广播电影电视局，福建省第五批援藏队.藏东南文化探秘.福州：福建省新闻出版局，2011：33.

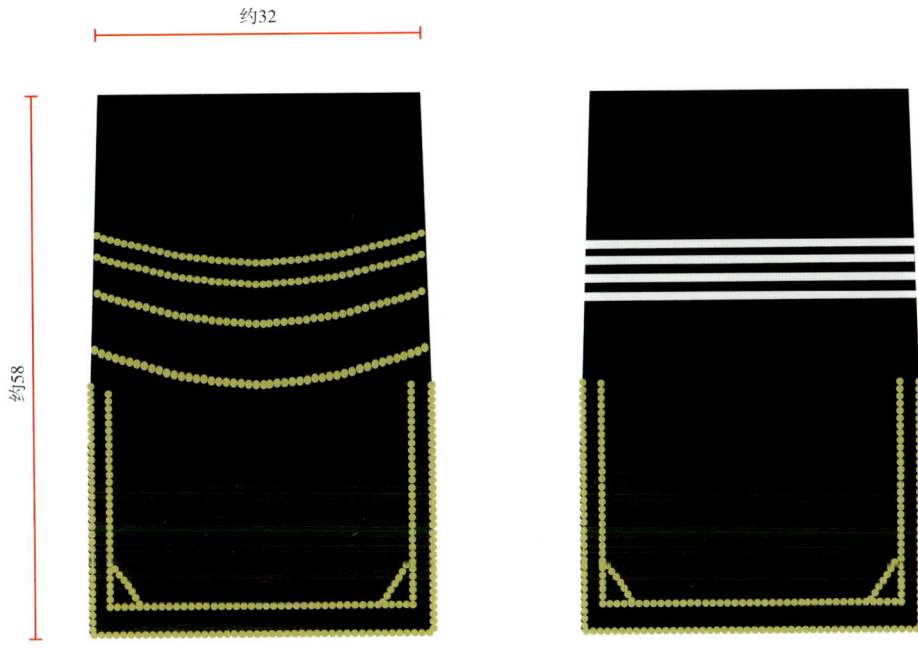

图二 珞巴族女子筒裙尺寸图（一）（单位：cm）

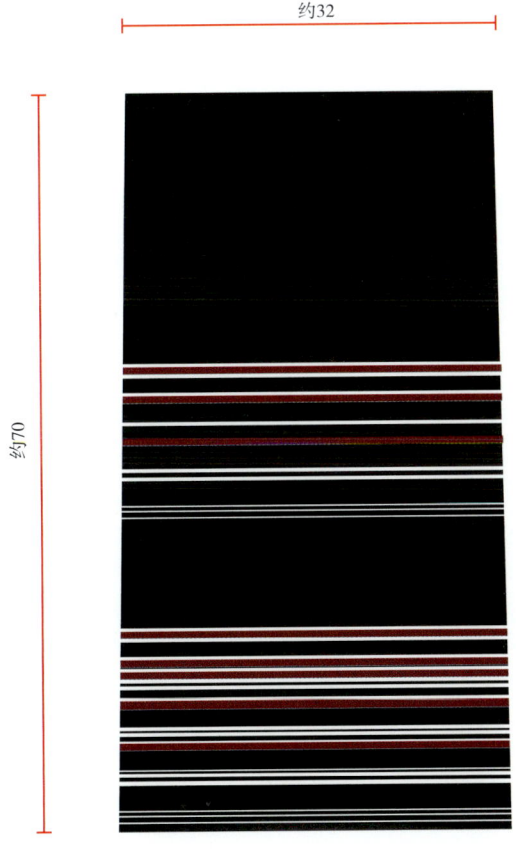

图三 珞巴族女子筒裙尺寸图（二）（单位：cm）

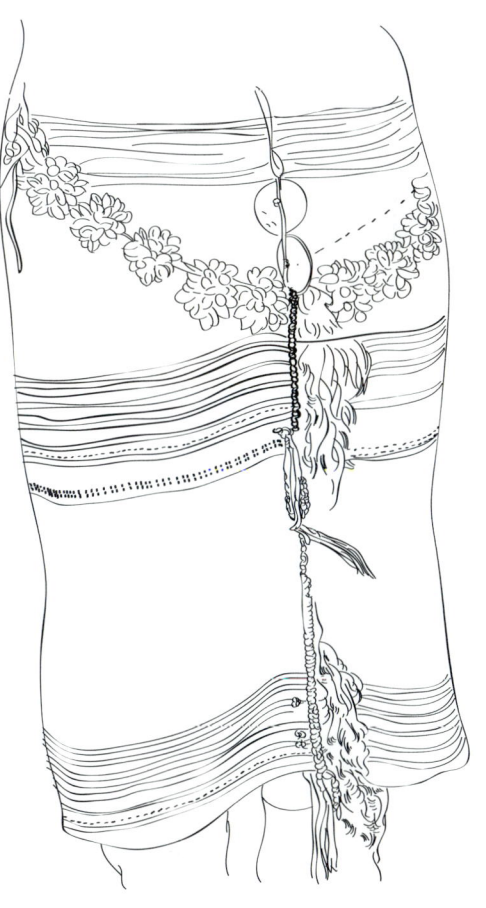

图四 珞巴族女子筒裙效果图

第二章 珞巴族传统服饰

图五 珞巴族女子筒裙纹样构成图

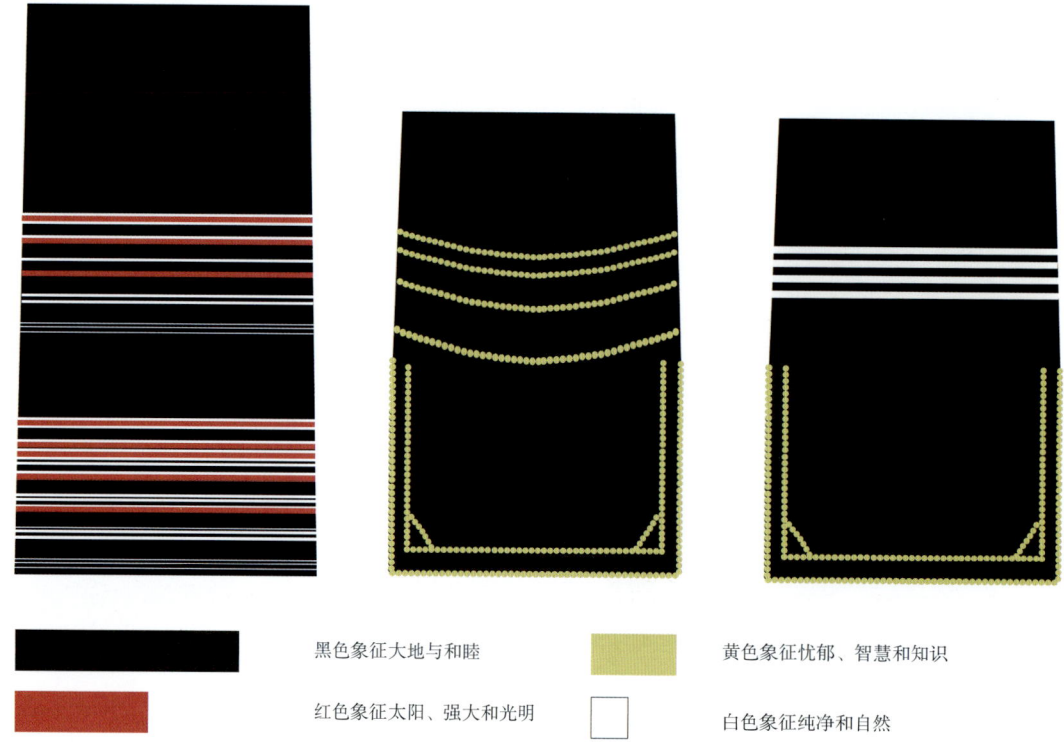

黑色象征大地与和睦　　黄色象征忧郁、智慧和知识

红色象征太阳、强大和光明　　白色象征纯净和自然

图六 珞巴族女子筒裙色彩分析图

图七　珞巴族女子筒裙编织工艺图

图八　珞巴族女子筒裙穿戴效果图

珞巴族女子绑腿

图一　珞巴族女子绑腿主图

绑腿为珞巴族女子传统服装佩饰，即整块裹于小腿上的裹腿布，一般在两端用带子扎紧。高原峡谷藤蔓交织，阴天蔽日，在有的路段，草丛里、树上布满了旱蚂蟥，有了绑腿的保护，就能够在险恶的森林环境中免受毒虫的侵害。此外，天冷时亦可御寒，同时还具有美观作用。时至今日，每逢珞巴族节庆之时，女子都要佩戴绑腿，盛装打扮，互相媲美。

女子绑腿通常采用珞巴族传统织物编织技艺"纳布"制成，纳布一般为长方形，一块长约30厘米，宽约35厘米的长方形布料。将长方形纳布缠裹住小腿后，使用藤条分别固定住上下两端即可。女子绑腿色彩对比强烈：一般以黑色为主调，搭配一定比例的红、绿、黄与白等颜色，并利用吉祥图案巧妙地组合成二方连续纹样。由于现代新型布料的引入，如今珞巴族女子绑腿的加工制作显得更加多元化，然而传统女子绑腿则更具古代造物之美。珞巴族女子绑腿是珞巴族传统服饰的重要配饰，集艺术性和实用性为一体，其采用的图案符号体现了珞巴族人对美好生活的向往，反映出了珞巴族独特的配饰设计理念和巧妙的设计构思。

图片来源
图一　龚滢　制图
图二至图七　王云川　制图

参考文献
王玉平.珞巴族.北京：民族出版社，1997：65.
金开诚，崔华洋.中国文化知识读本——珞巴族.长春：吉林文史出版社，2010：22.
西藏林芝地区文化广播电影电视局，福建省第五批援藏队.藏东南文化探秘.福州：福建省新闻出版局，2011：33.

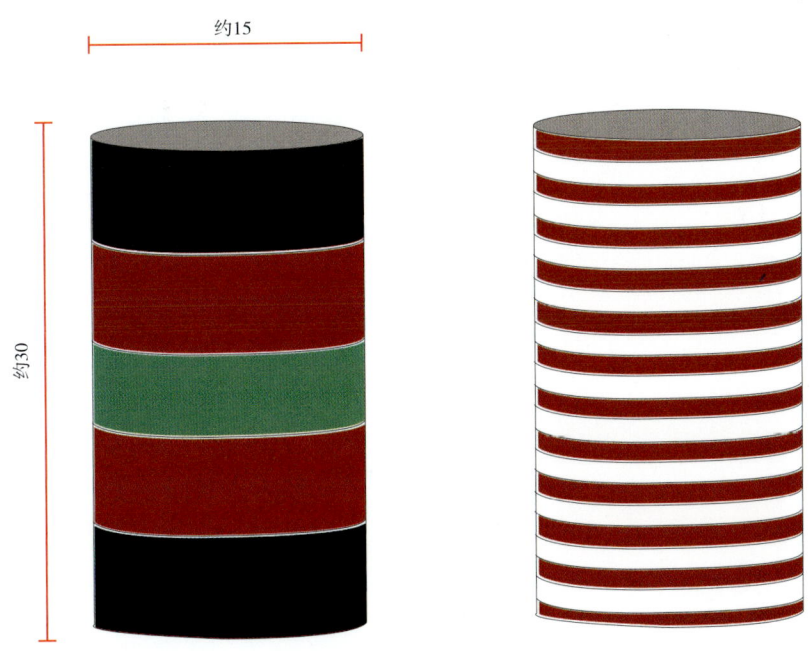

图二　珞巴族女子绑腿尺寸图（单位：cm）

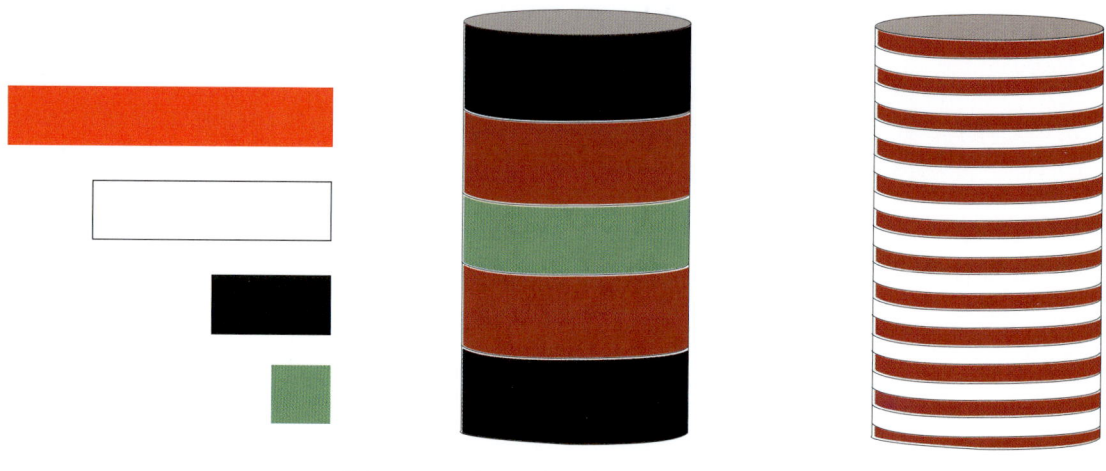

图三 珞巴族女子绑腿色彩构成图(一)

黑色象征大地与和睦

红色象征太阳、强大和光明

黄色象征忧郁、智慧和知识

蓝色象征自由、广阔、天空和水

图四 珞巴族女子绑腿色彩构成图(二)

图五　珞巴族女子绑腿纹样分析图

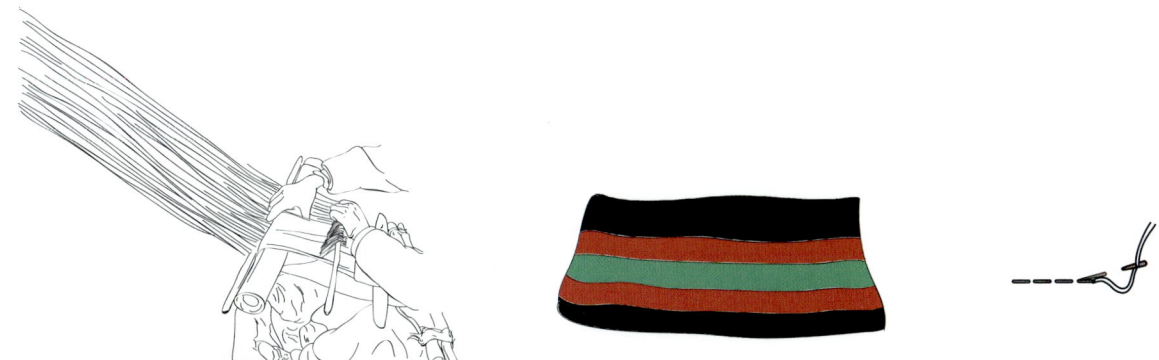

图六　珞巴族女子绑腿工艺流程图

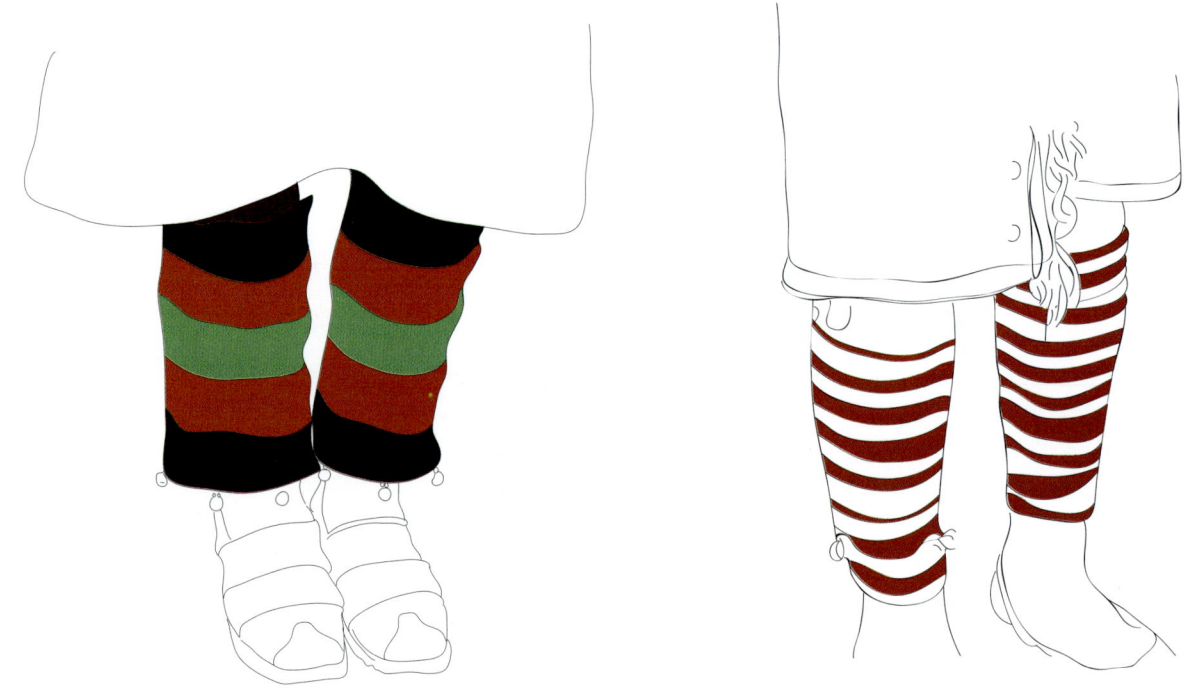

图七　珞巴族女子绑腿穿戴效果图

珞巴族女子对襟窄袖上衣

图一　珞巴族女子对襟窄袖上衣主图

由于早期的珞巴族没有纺织技术，因此兽皮、植物茎叶等被人们用来当作御寒遮羞的衣物。珞巴族的祖先在长期的生产生活实践过程中，创造了简易的纺织工具和纺织技术，此后，珞巴族人开始了利用纺织工具缝制衣服的历史。珞巴族人居住的珞渝地区，植被丰富，他们的许多生产生活资料都是取自大自然。在长期的采集活动中，珞巴族人了解了许多植物的特性，懂得了从天然植物和有色矿物中提取染料，并利用野生植物中的纤维作为制作衣服的原料。珞巴族织土布的原料就是从"达诺"、"郎蒂"中提取的。发展至近代，一些珞巴族部落学会了种植棉花，并开始利用棉花纺纱织布。相比较于珞巴族男子的服饰，珞巴族女子服饰比较秀气和华丽。

受到地域环境因素的影响，珞巴族与外界联系较少，珞巴族女性服饰在不同部落表现出一定的差异。博嘎尔部落妇女穿的上衣称为"基都"，其基本式样特征为对襟、短袖、无领，下身穿用羊毛织成的紧身筒裙。通常，博嘎尔部落妇女都会在小腿上绑扎裹腿，经济条件好的妇女身上还会披披肩。本案例所选博嘎尔部落妇女穿的对襟窄袖上衣，以麻布为原料，衣身长至腰部，在色彩搭配上主要由黑色和红色的布料拼接而成，局部采用绿色等其他色彩搭配。在衣袖中部装饰有红绿两色的条纹，领口用绿色镶边，盘扣为鲜艳的黄色。服装采用对襟的形式，用自制的盘扣连接，领口采用立领式样，袖子为长袖。博嘎尔人制作衣服的方法非常简单，衣服采用刀裁和竹针缝合的方式制作。将约60厘米长的竹子削至0.3～0.5厘米粗细，用火烤温后，削细一端，尖端长约5厘米，其余部位削成丝绒状，并将竹绒与线撮合在一起，便可缝衣。珞巴族妇女非常重视佩戴装饰品，手镯、戒指、耳环、松耳石项链、铜铃等等都是常用的装饰品，这些饰物多达数公斤重，是家庭财富的象征。

女子对襟窄袖上衣是珞巴族女子服饰中常见的类型，其功能已不仅仅是御寒遮羞，衣服上点缀的彩色布条纹还体现出珞巴族人对美的追求。

图片来源
图一至图八　褚宏枫　制图

参考文献
米林县地方编纂委员会.米林县志.北京：中国藏学出版社，2009：667.
宋兆麟，高可，张建新主编.中国民族民俗文物辞典.太原：山西人民出版社，2004：51.
关东升.中国民族文化大观（藏族·门巴族·珞巴族）.北京：中国大百科全书出版社，1995：608～609.

图二 珞巴族对襟窄袖上衣正面尺寸图（单位：cm）

图三 珞巴族对襟窄袖上衣背面尺寸图（单位：cm）

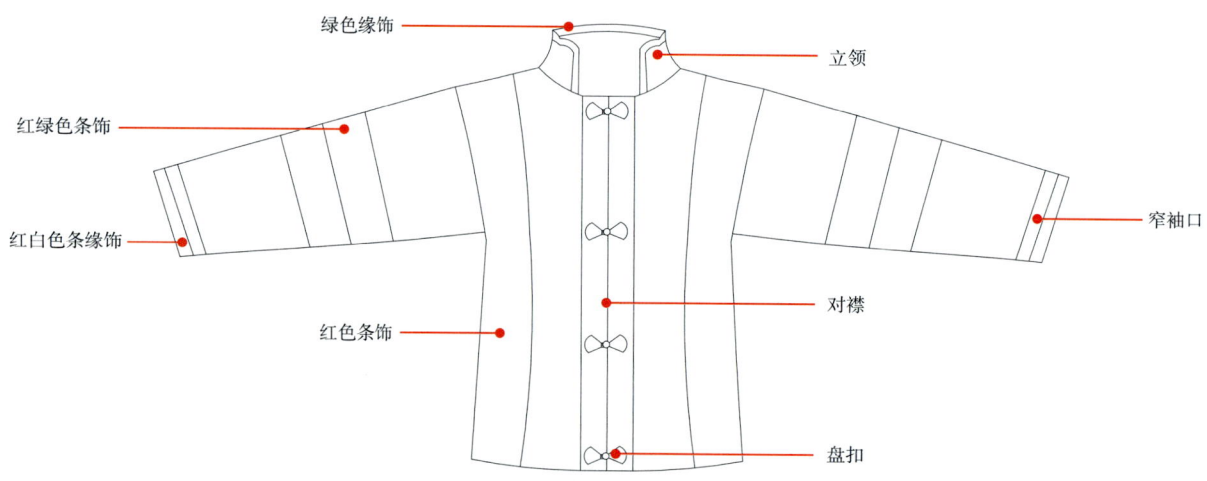

图四　珞巴族对襟窄袖上衣正面结构名称图

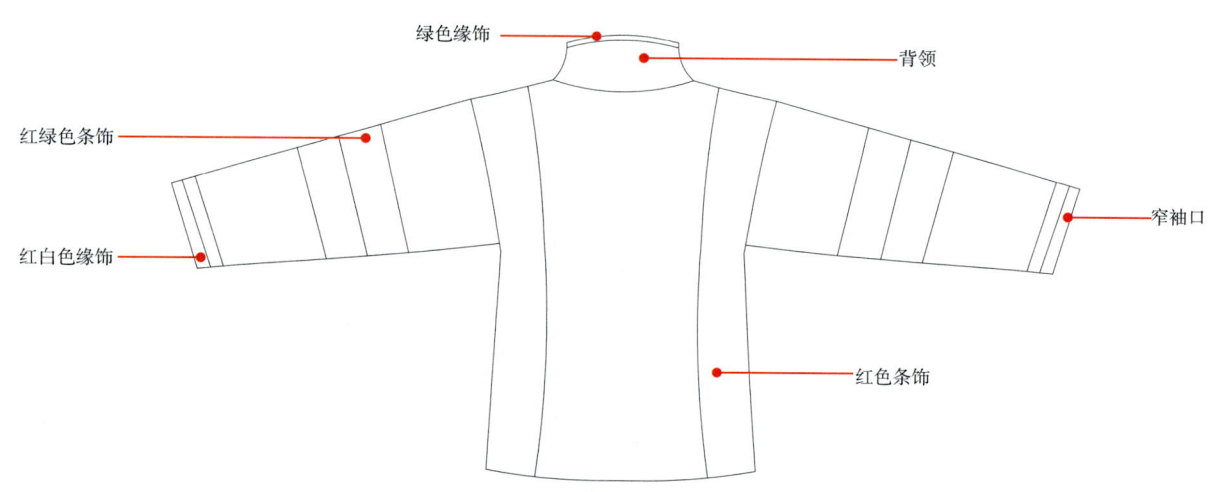

图五　珞巴族对襟窄袖上衣背面结构名称图

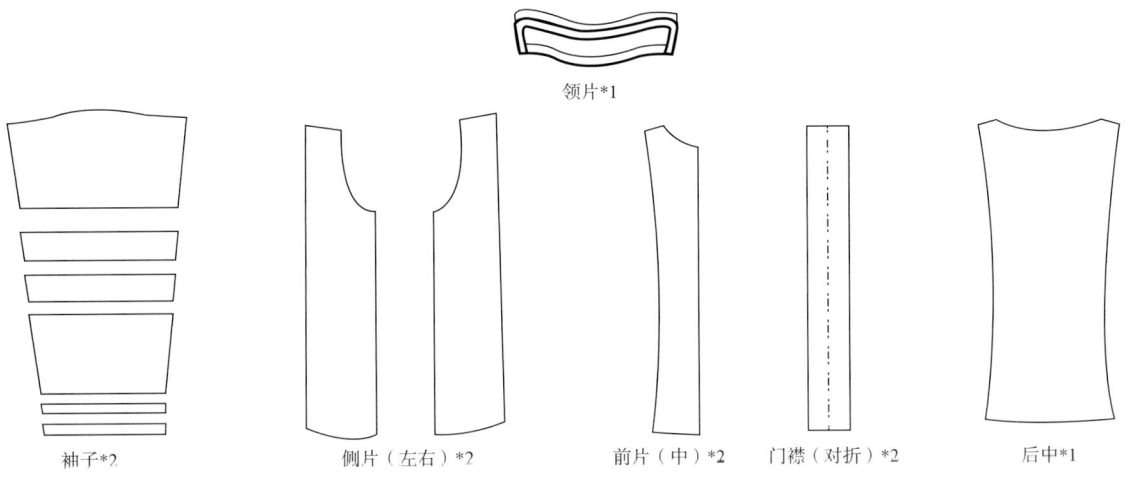

图六 珞巴族对襟窄袖上衣开片图

袖子*2　　侧片（左右）*2　　前片（中）*2　　门襟（对折）*2　　后中*1

领片*1

图七 珞巴族妇女编织图

图八 珞巴族对襟窄袖上衣穿着效果图

珞巴族腰带

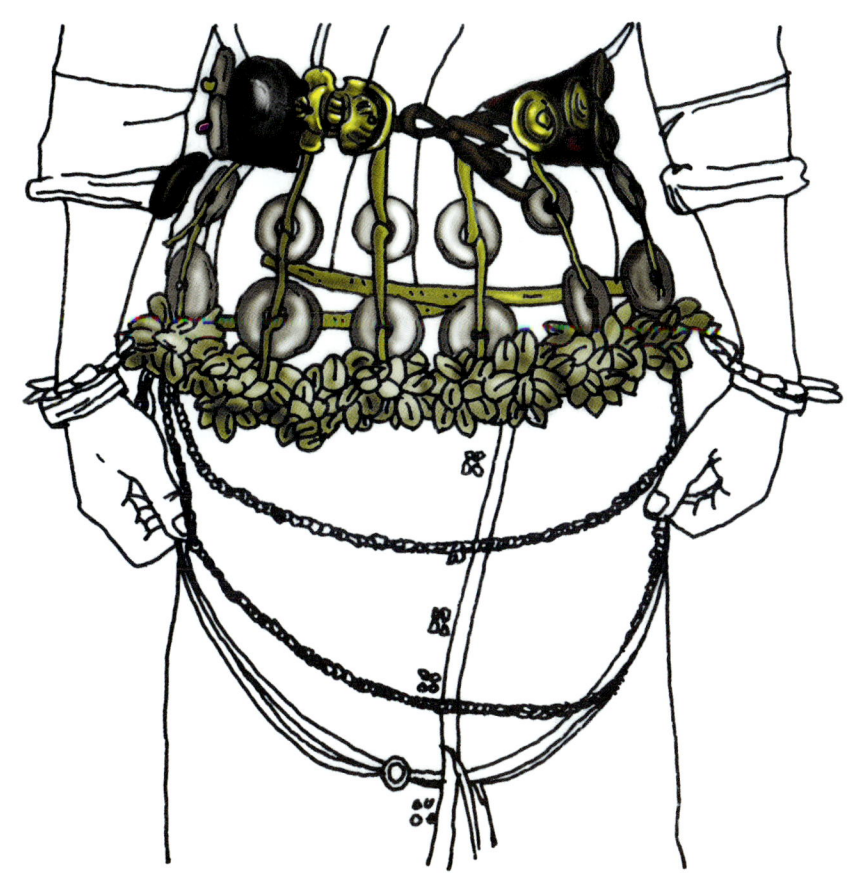

图一　珞巴族腰带主图

　　珞巴族男女均系一条考究别致的腰带，相对而言，女性腰带的装饰品比较多，珞巴族人称其为"布怒"。西藏喜马拉雅地区在与印度板块连接前属于沿海地区，遗存着丰富的海洋珍宝，珞巴族人在雅鲁藏布江畔寻觅海贝，再将兽骨、兽牙及海贝缀至兽皮带上制成腰带等衣饰。

　　珞巴族各部落基本生活在雅鲁藏布江大拐弯处以西的高原峡谷中，或是山高林密的地带，刀耕火种兼营狩猎是至今还在沿袭的食物获取方式。珞巴族衣饰腰带一般使用多种自然原始材料制成，腰带样式丰富多样。使用柔韧性相对较高的兽皮或野生植物纤维作为原材料，然后在皮带或编织带上缀以直径3到4厘米的铜制圆扣22个，两端铜扣直径稍大，中间两排稍小。该种腰带一端为铜制带花纹的花瓣形带扣，一端有细皮条，系时把皮条套在扣上即可。此外，还有皮质腰带上缀满海贝或兽牙兽骨的样式，也有藤编及用羊毛氆氇编织彩色图案的等。通常在腰带两端缀接打磨成近似方形的大螺壳。系佩腰带时，端口于脐部系扣，带下悬勾多条金属链，每根链条的一端系勾于脐部，另一端则系勾于腰部两侧。珞巴族腰带除了系扎衣袍，其上还可饰佩火镰、鼻烟壶和珞巴族弯刀等生活用具。珞巴族妇女则多在腰带上佩戴若干小铜铃、红石串珠及大铜勺等装饰配件。其中铜铃悬挂于腰带中段横系的六、七根链条之上，行动时叮当作响。背部腰带也就是臀部上方的位置上也缀有数个铜铃，每个铜铃都用红色料珠在腰带上固定。后背处悬有一个类似铜勺样式的装饰物，当地人称为"阿育"，直径约有18厘米。

珞巴族腰带采用原生态的制作材料，以兽皮、藤草作带，将海贝按照一定秩序缝制于带面，腰带形态生动而又独特，与金属链条搭配组合系于腰间，装饰性较强，对于现代服饰设计中自然性、原生意识的发掘有着重要的借鉴价值。

图片来源
图一　龚滢　制图
图二至图七　王云川　制图

参考文献
关东升.中国民族文化大观.北京：中国大百科全书出版社，1995：52～53.
宋兆麟，高可，张建新.中国民族民俗文物辞典.太原：山西人民出版社，2004：609.

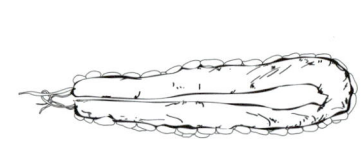  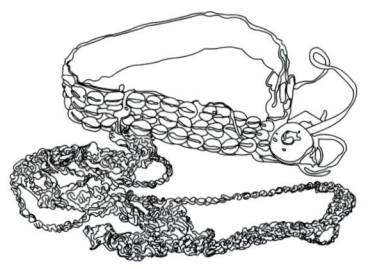

图二　珞巴族各式腰带

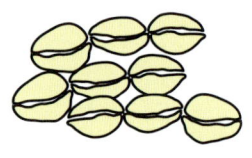

贝壳紧凑构成，连续排列

贝壳三角形构成，连续排列

铜铃连续排列构成

小铜铃两组连续排列构成

图三　珞巴族腰带构成分析图

图四　珞巴族腰带具体穿戴图

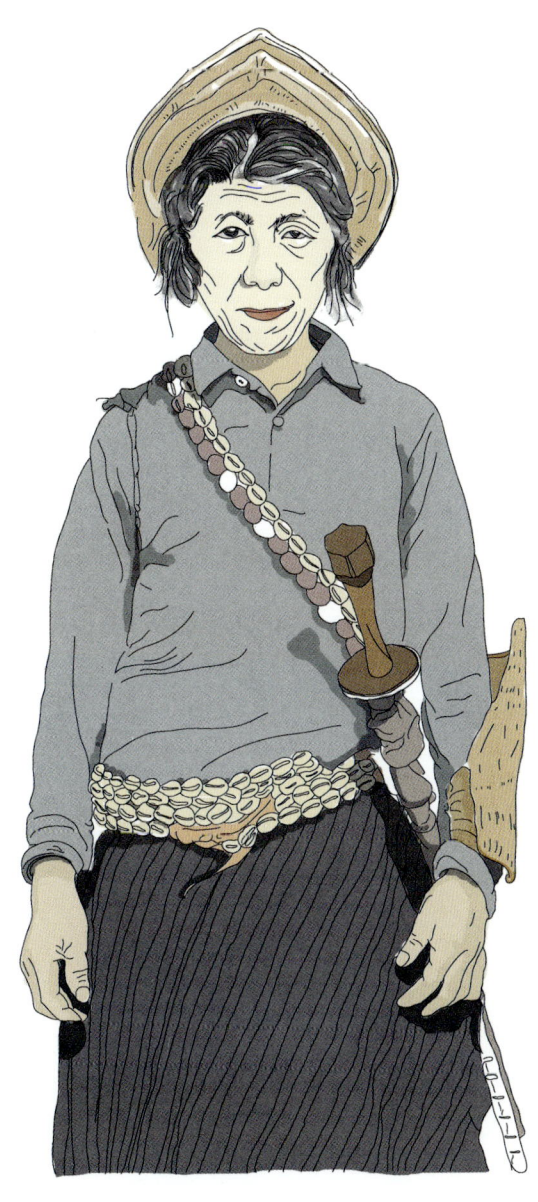

图五　珞巴族腰带穿戴效果图

第二章　珞巴族传统服饰

101

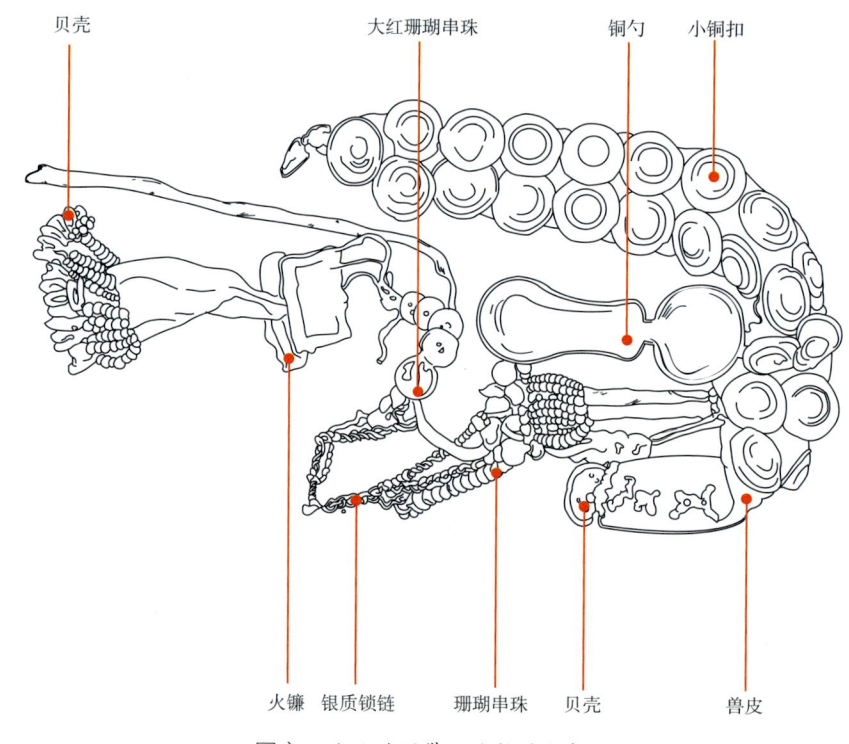

图六　珞巴族腰带具体构造分析图

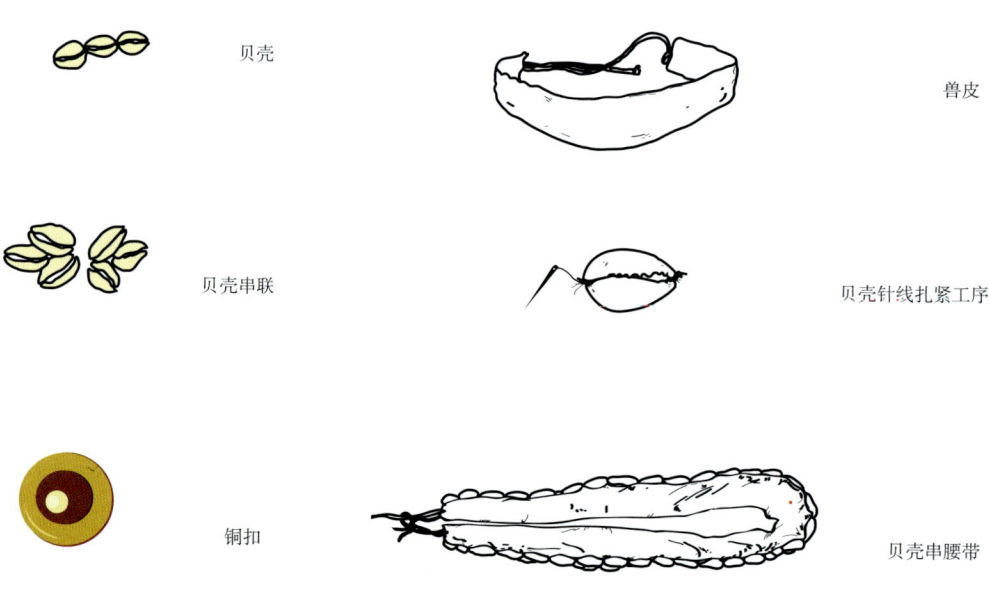

图七　珞巴族腰带工艺分析图

珞巴族铜质手镯

图一 珞巴族铜质手镯主图

珞巴族人均喜佩戴腕饰，其材质有铜、铁、银、藤等多种。其中，铜质手镯（珞巴语称为"拉得"）是珞巴族人最为常见的一类腕饰，不论男女，皆喜佩戴。由于珞巴族男子常外出劳作、打猎，因此一般仅佩戴一至两只手镯，或仅在逢年过节时佩戴。而珞巴族女子平时也喜好将2至5只手镯佩戴于左右手腕之上，突出其装饰效果。

从手镯的款式造型、工艺制作上看，珞巴族铜质手镯主要有两种样式：一类为纯铜质的腕式手镯，多以黄铜为原材料，手镯圈口多为椭圆（蛋圆形）、圆（正圆形），内圈口与外圈一致，呈同心状。圈条断面多为扁条、方条、圆条等形状。手镯侧面留有3.5厘米左右的开口，佩戴时手腕从开口处戴入。手镯外圈常雕刻以三角形、椭圆等二方连续几何图样，纹饰简洁且具有韵律之美。这类手镯因刻饰纹样的不同而千差万别，也是珞巴族人经常佩戴的一类手镯。另一类为镶嵌兽牙或兽骨的铜质或皮条手镯。由于珞巴族人常以捕获的猛兽为食物，且将兽牙、兽骨作为配饰的主要材料，因此将兽牙、兽骨镶嵌于手镯之上也是常用的一种装饰手法。其制作工艺较纯铜质的腕式手镯复杂，一般先将兽牙、兽骨打磨平滑，嵌入锤锻后的黄铜或湿皮条之上，再在手镯外沿裹上毛皮，最后稍加打磨即制作完毕。此类手镯外圈呈不规则状，加上呈放射状的兽牙、兽骨镶嵌，散发着浓郁的野性之美。

珞巴族铜质手镯造型设计讲究、纹样别致精美，是珞巴族审美情趣的物化体现。其对黄铜、兽牙、兽骨、皮条等材料的使用，反映了珞巴族质朴的民族风情和独特的艺术创造力，具有较高的审美价值与文化价值。

图片来源

图一　刘佳　制图

图二至图六　王云川、管宁彤　制图

图七　彭晓晶　制图

参考文献

关东升.中国民族文化大观（藏族·门巴族·珞巴族）.北京：中国大百科全书出版社，1995：52.

宋兆麟，高可，张建新.中国民族民俗文物辞典.太原：山西人民出版社，2004：609.

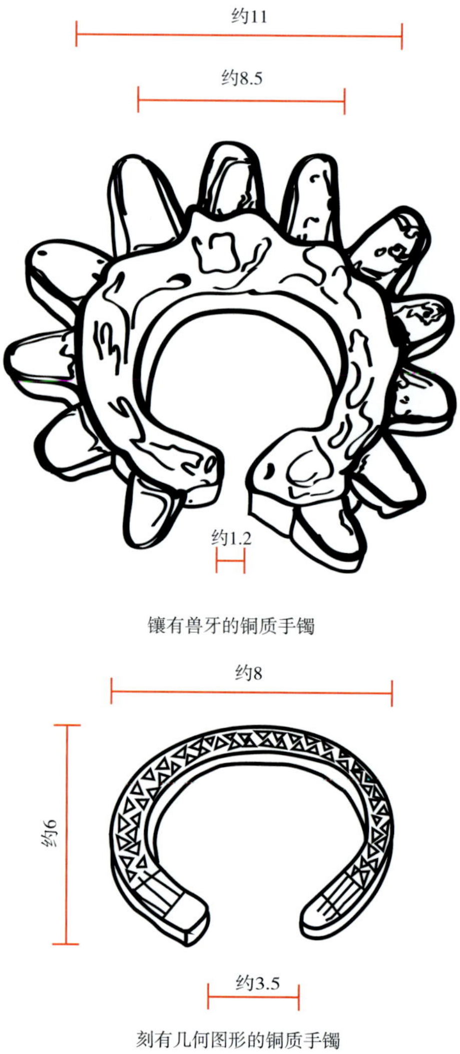

镶有兽牙的铜质手镯

刻有几何图形的铜质手镯

图二　珞巴族手镯尺寸图（单位：cm）

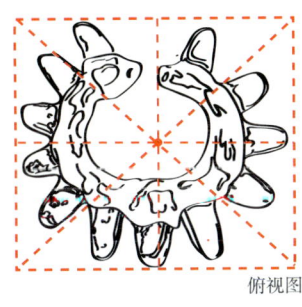

1. 近乎圆形的外轮廓具有稳定感
2. 发散形构图具有力量感，象征着珞巴族的野性美
3. 非对称的构图体现了纯手工的制作工艺

俯视图　　　　　　　　　　　　　　　　　　　　　　　　　　侧视图

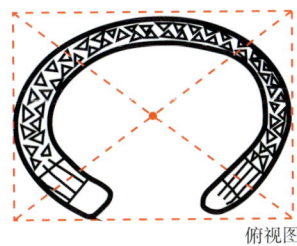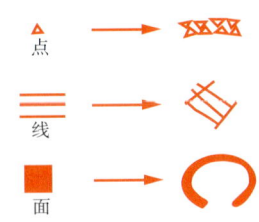

点　线　面

1. 若干大小相近的正三角与倒三角的点规律排列，视觉上使人觉得平稳
2. 不受角度限制的任意直线丰富视觉元素，给人自由、简洁之感
3. 圆弧形的面在视觉上给人柔美、流动的感觉

俯视图　　　　　　　　　　　　　　　　　　　　　　　　　　侧视图

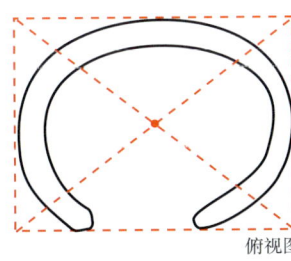

1. 圆弧形的面给人柔美、流动的感觉
2. 该手镯俯视面无装饰纹样，侧视图纹样由有规律的三角形组成，是珞巴族铜质手镯中装饰较为简单的一种

俯视图　　　　　　　　　　　　　　　　　　　　　　　　　　侧视图

图三　珞巴族手镯视觉分析图

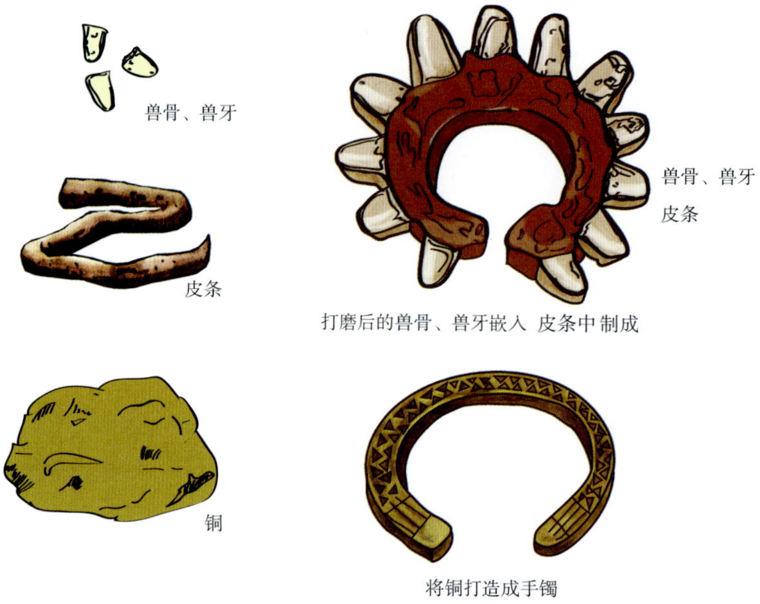

图四 珞巴族手镯构造材料分析图

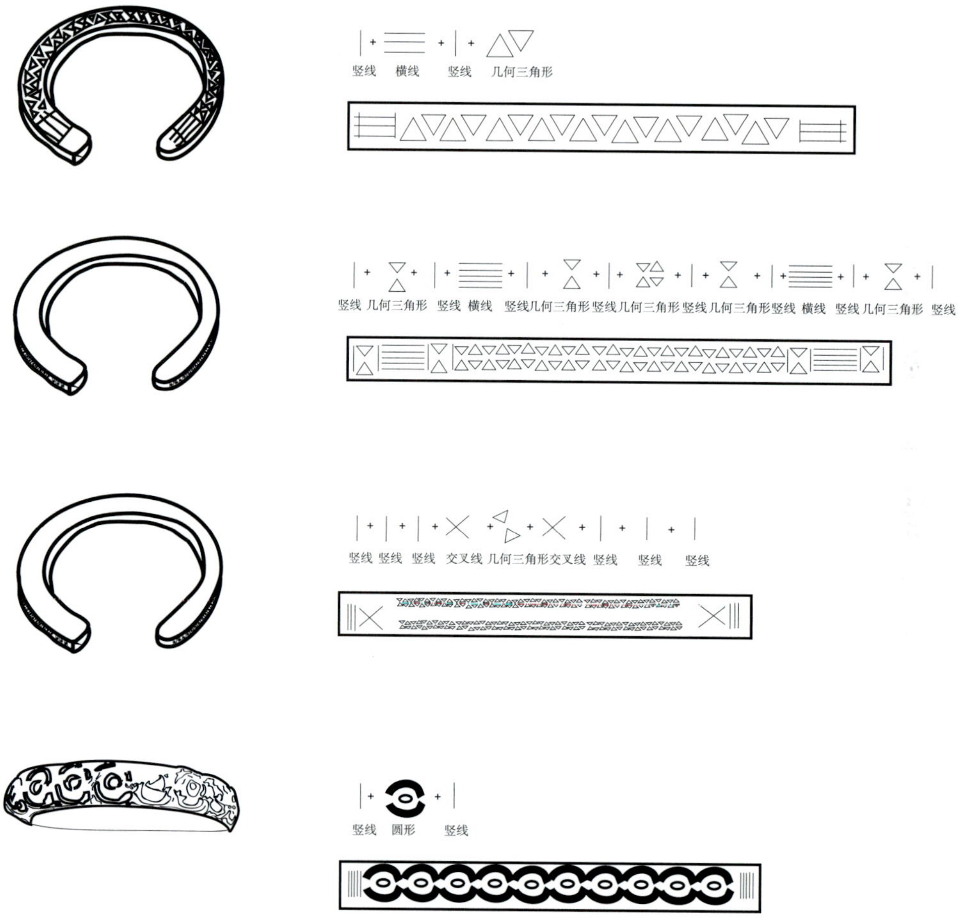

图五 珞巴族手镯纹样分析图

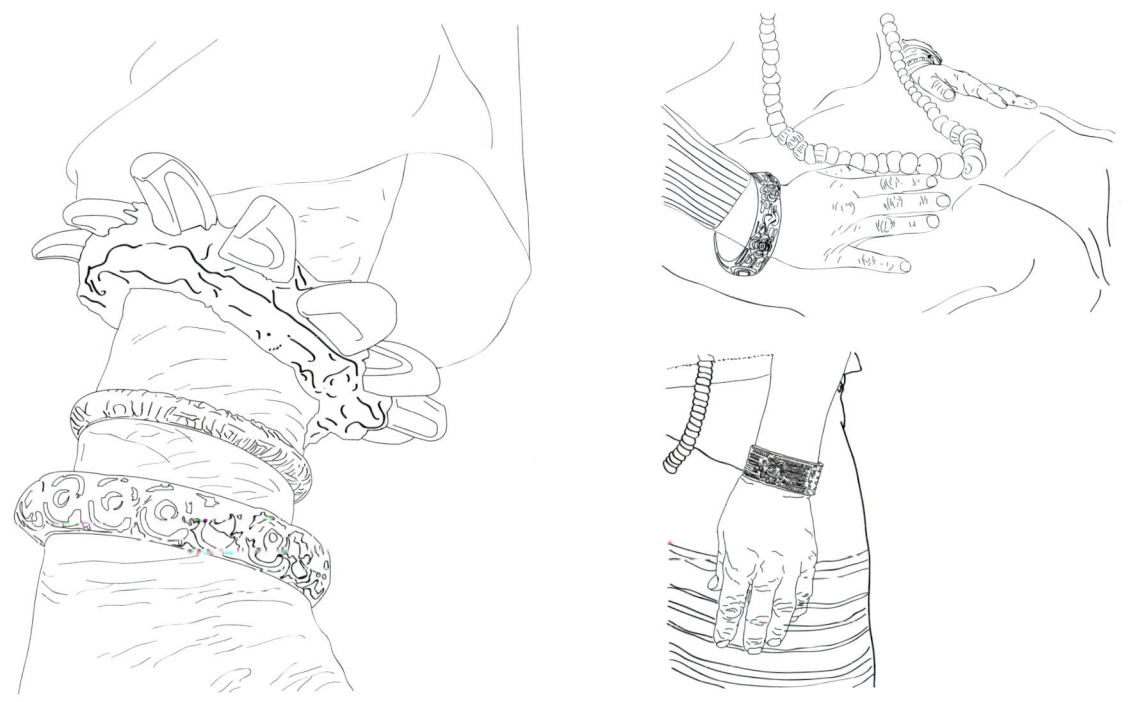

图六　珞巴族手镯穿戴效果图1

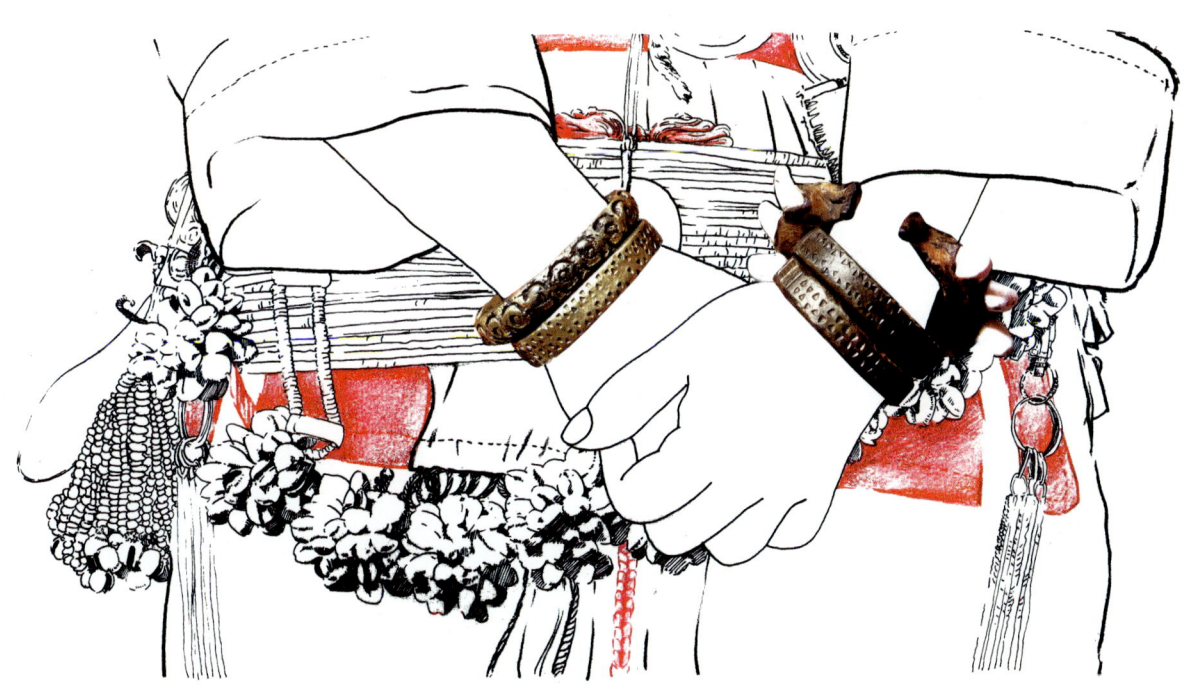

图七　珞巴族手镯穿戴效果图2

第二章　珞巴族传统服饰

107

珞巴族绿松石串珠项链

图一　珞巴族绿松石串珠项链主图

珞巴族人民对颈部装饰尤为重视，项链（珞巴语称为"波阶"）是珞巴族传统服饰的重要组成部分，一般将海贝、玉石、兽骨或兽牙等加工成串饰佩戴于颈项之上。其中，绿松石串珠项链是珞巴族项饰中最为常见的一类。珞巴族男女皆喜欢佩戴这类色泽艳丽的石质串珠项链，有的珞巴族妇女少则佩戴三五串，多则佩戴二三十串，项链的多寡成为珞巴族女子家庭贫富的象征。

从绿松石串珠项链的造型来看，虽然每一串绿松石项链所用的石珠样式不甚相同，有的为圆珠，有的为扁圆珠，有的为柱形珠，有的为瓣形珠等，但总体以绿松石珠为主材，并点缀以黑曜石、红珊瑚、玛瑙、白松石、海贝、兽骨、铜牌等饰物，每一串串珠颗粒的形体大小大致相同。本案例中选取的绿松石串珠项链为多圈组合链，其主体由9圈柱形绿松石珠链、2圈柱形白松石珠链组成，而柱形绿松石珠链中又间隔以瓣形珠、扁圆珠等不同形式的石珠，并点缀有黑曜石、玛瑙、白松石等串珠。珠链的下部还连缀着三串由柱形绿松石珠、银管、海贝及皮绳穿制成的垂饰和一个圆形铜牌饰物。这类绿松石串珠项链磨制得圆滑精美，珠、管搭配，分切成不同形状，构思巧妙。每逢节庆之时，珞巴族女子盛装佩戴绿松石项链出席，男子也常佩戴一二串，以彰显服饰的隆重。

珞巴族串珠项链材料原始，质料丰富，配色考究，是珞巴族传统服饰文化构成的精华所在。其构造、设计是珞巴族传统工艺美术和装饰技法的展示，反映了珞巴族人较高的艺术造诣和精湛的手工打磨、穿孔等饰品加工技术。与现代项链纤巧细致的风格相比，珞巴族串珠项链造型大气粗犷，装饰精美巧妙，具有浓郁的民族风情。

图片来源

图一　彭晓晶、刘佳　制图
图二至图五　俞志成　制图
图六　王云川　制图
图七　阮姿霖、刘佳　制图
图八、图九　刘佳　制图

参考文献

关东升.中国民族文化大观（藏族·门巴族·珞巴族）.北京：中国大百科全书出版社，1995：52.

宋兆麟，高可，张建新.中国民族民俗文物辞典.太原：山西人民出版社，2004：609.

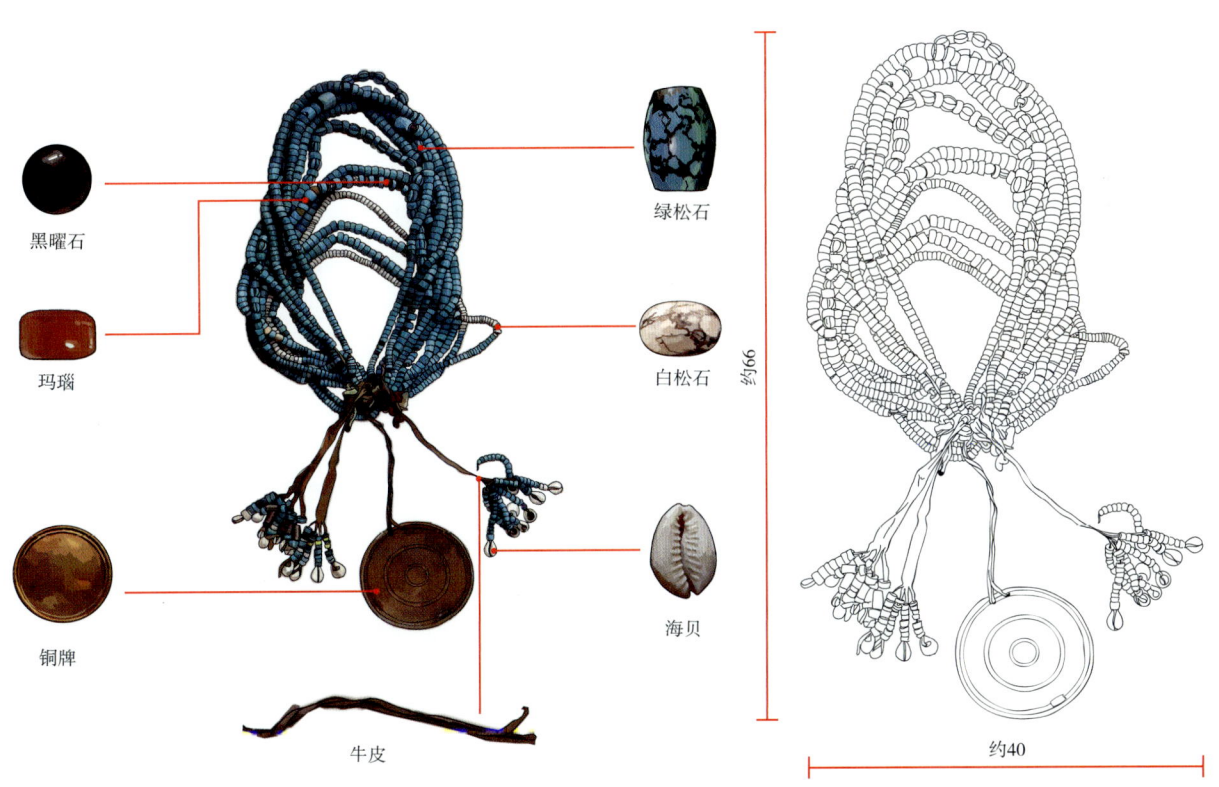

图二　珞巴族绿松石串珠项链材料分析图　　图三　珞巴族绿松石串珠项链尺寸图（单位：cm）

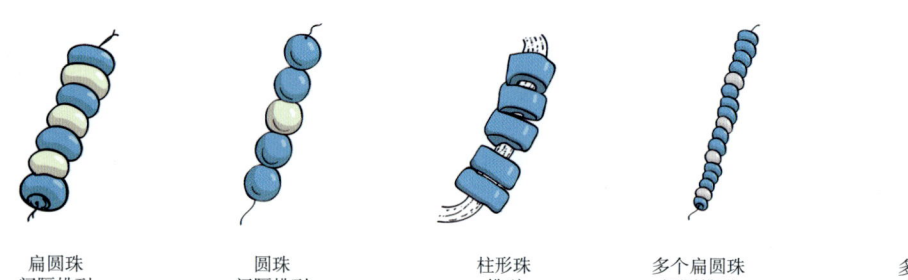

| 扁圆珠 | 圆珠 | 柱形珠 | 多个扁圆珠 | 多个柱形珠 | 瓣形珠 |
| 间隔排列 | 间隔排列 | 排列 | 间隔排列 | 间隔排列 | 间隔排列 |

图四　珞巴族不同形状的绿松石串珠

图五　珞巴族绿松石串珠项链色彩分析图

图六　珞巴族其他不同样式的绿松石串珠项链

图七　珞巴族绿松石串珠项链局部效果图

图八　珞巴族穿戴绿松石项链的女子

图九　珞巴族穿戴绿松石项链的老人

第二章　珞巴族传统服饰

111

珞巴族海贝圆球串腰饰

图一　珞巴族海贝圆球串腰饰主图

在珞巴族传统腰饰中，海贝圆球串是珞巴族女子经常佩戴的一类饰件。作为传统服饰中的重要组成部分，珞巴族女子多将其系于牛皮腰带之上，垂于腰部，以展现出独特的民俗魅力和艺术表征。

海贝圆球串主要以海贝制成。由于珞巴族人生活在曾是汪洋大海的喜马拉雅山和雅鲁藏布江地区，色泽洁白、天然无修饰的海贝较易获取。因此，珞巴族人发挥才智，将其作为传统首饰的主要用材。海贝圆球串腰饰的制作较精致，一般先将海贝精心地琢磨、打孔，再以手工编织的草藤或细牛皮绳将二三十个打磨好的海贝穿成球状，最后将若干个海贝圆球饰串联在一起。有的海贝圆球串还在每一串圆球饰的上部加上两片环形贝壳片，大小类似的环形贝壳片使用细牛皮绳扎紧成串，均匀地分布挂于腰带上，或是大小不一、随性零星地点缀着，以增强腰饰的华丽程度。佩戴时，先将海贝圆球串两端分别系于腰带两侧，再将串有环形贝壳片的牛皮绳系于腰带之上。正面看去，就是一条左右对称、悬于腰间的白色半圆弧饰带，造型生动活泼，动态把握恰到好处，极富装饰效果。行走时，海贝之间轻微地摩擦、碰撞，发出悦耳的响声，突出表现了珞巴族女子的灵动婉约。

海贝圆球串腰饰是珞巴族人审美意识、文化信仰等在装饰艺术上的体现。从材料的选择可以看出珞巴族人对自然的热爱，而海贝圆球串的形态也反映出珞巴族人具有将具象、简单的现实材料加工、组合，再进行艺术创造的能力，这种造型方式体现出珞巴族人对美的向往。

图片来源
图一、图七　刘佳　制图
图二至图六　潘馨兰　制图

参考文献
关东升.中国民族文化大观（藏族·门巴族·珞巴族）.北京：中国大百科全书出版社，1994：52.
宋兆麟，高可，张建新.中国民族民俗文物辞典.太原：山西人民出版社，2004：609.

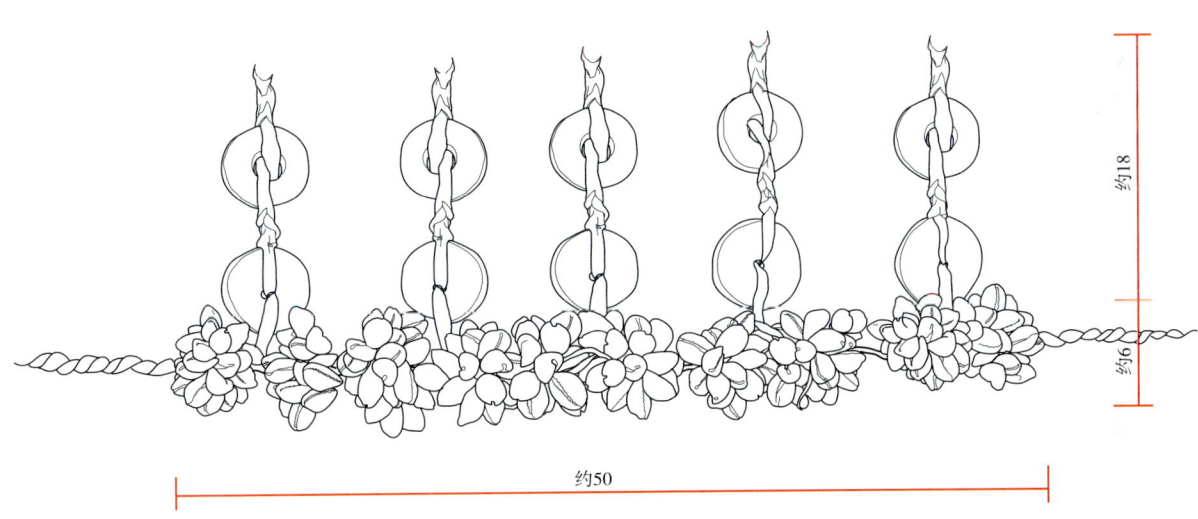

图二　珞巴族海贝圆球串腰饰尺寸图（单位：cm）

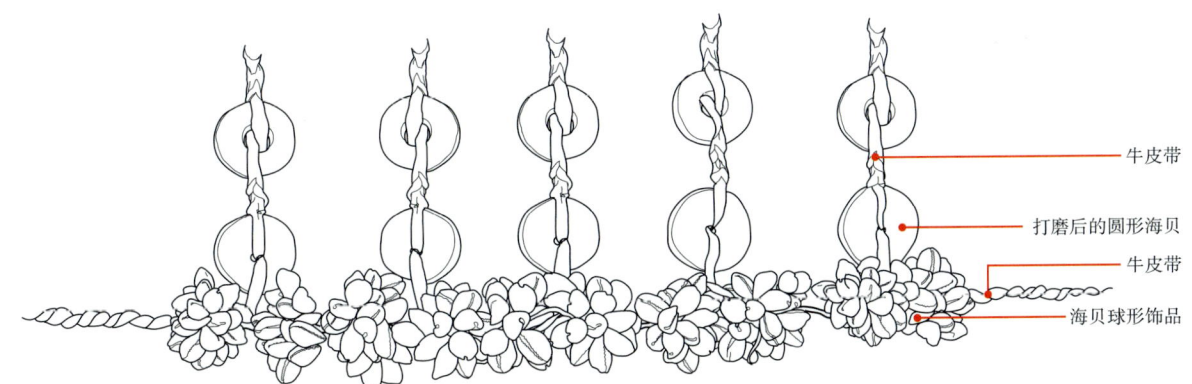

图三　珞巴族海贝圆球串腰饰结构名称示意图

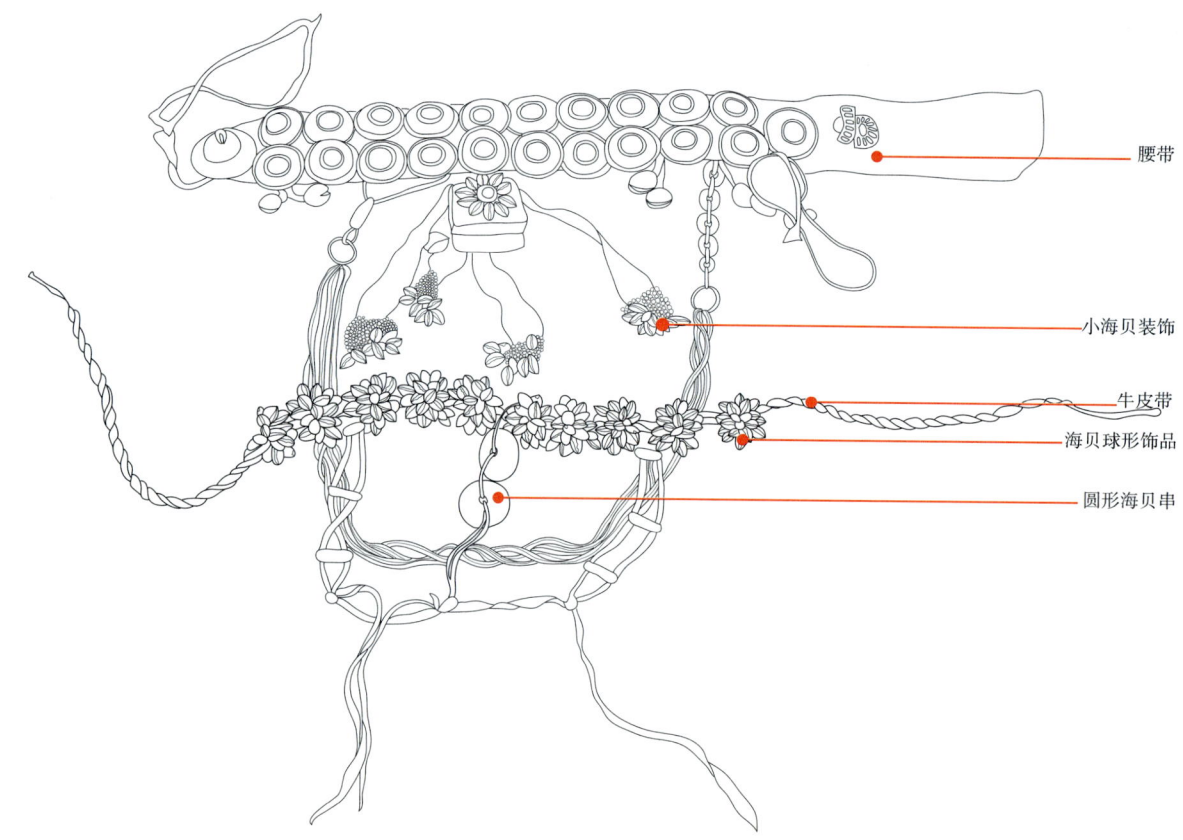

图四 珞巴族海贝圆球串腰饰整体展开图

图五 珞巴族海贝圆球串腰饰色彩分析图

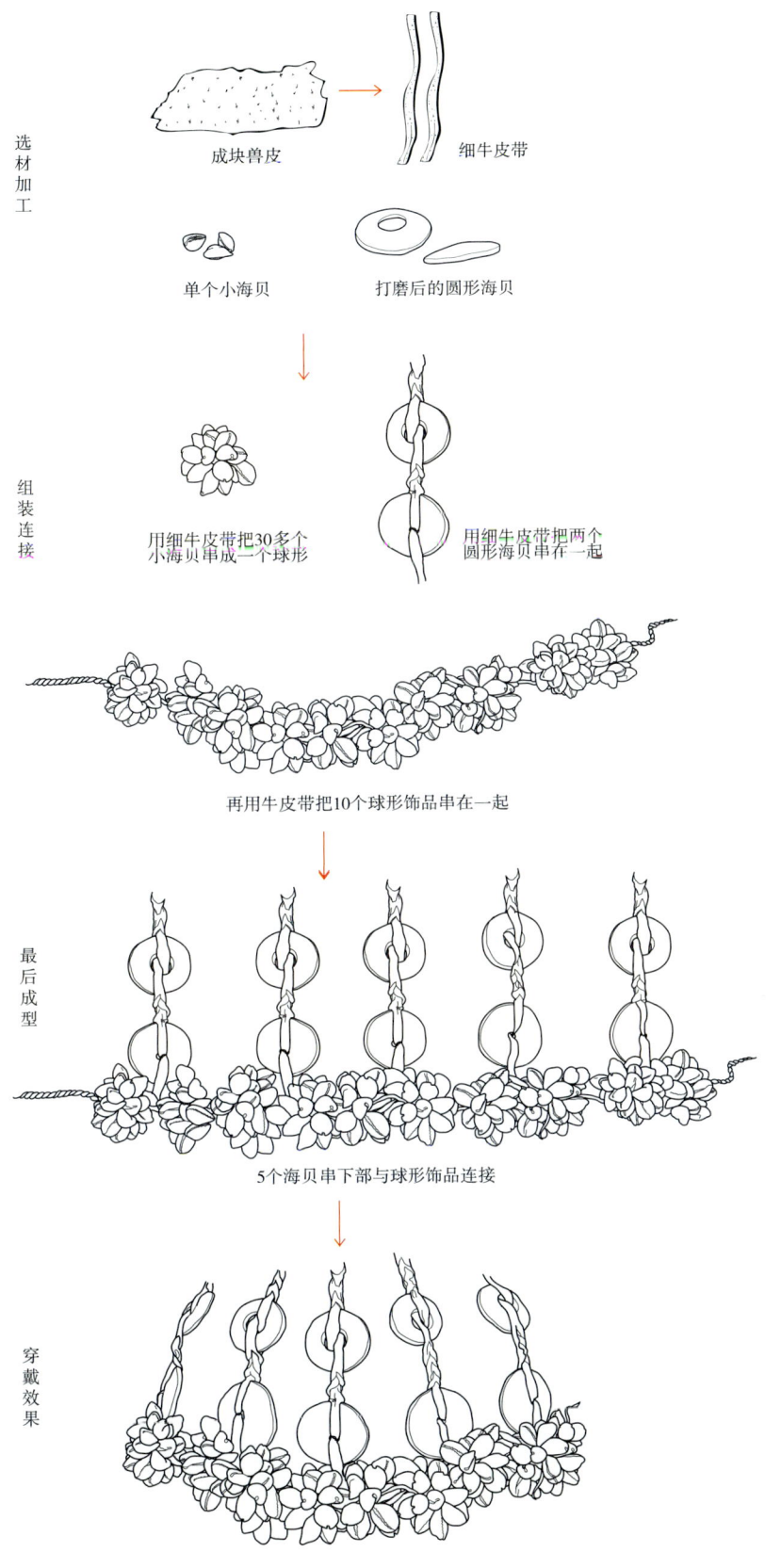

图六 珞巴族海贝圆球串腰饰工艺分析图

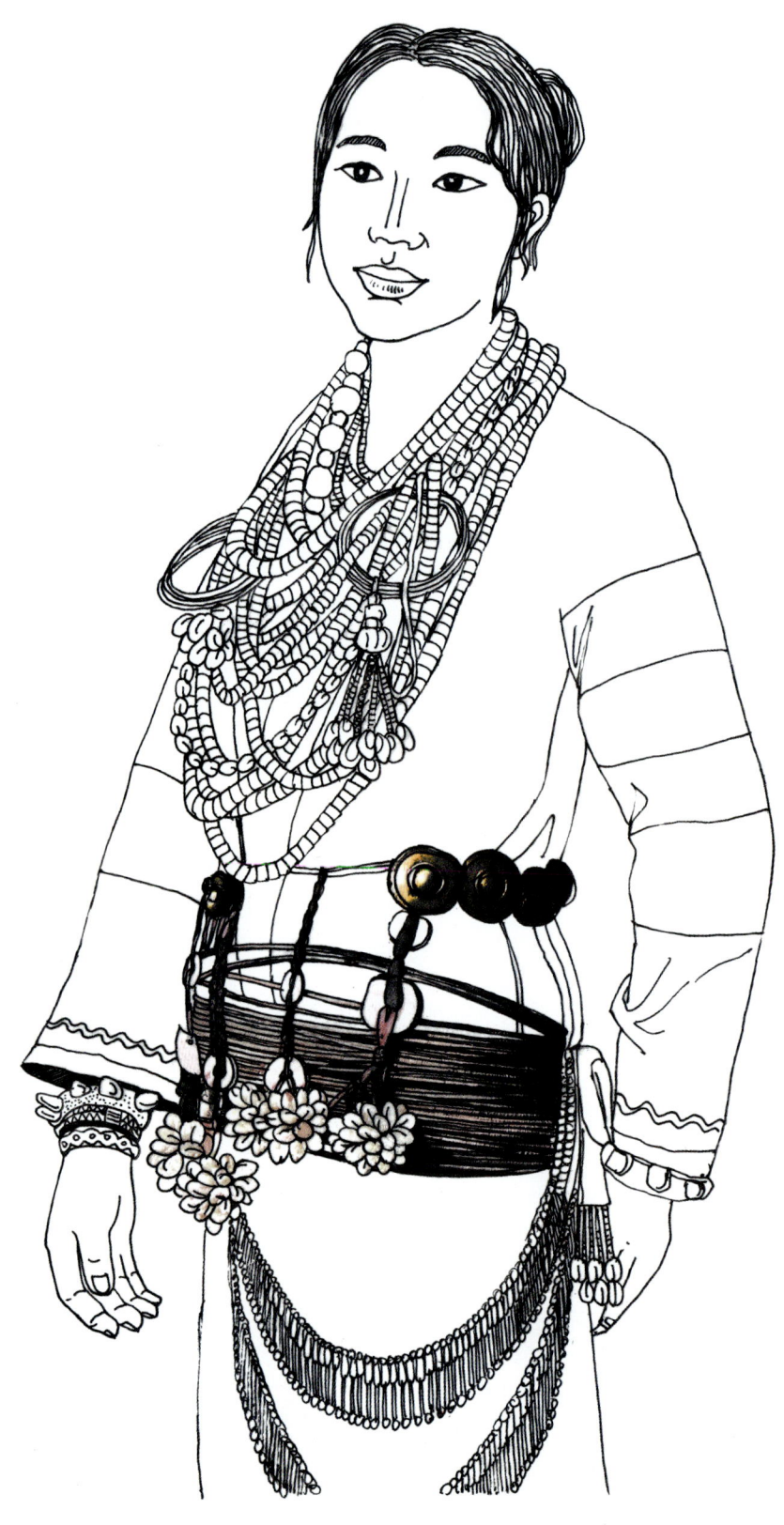

图七 珞巴族海贝圆球串腰饰佩戴效果图

第三章 珞巴族传统餐饮

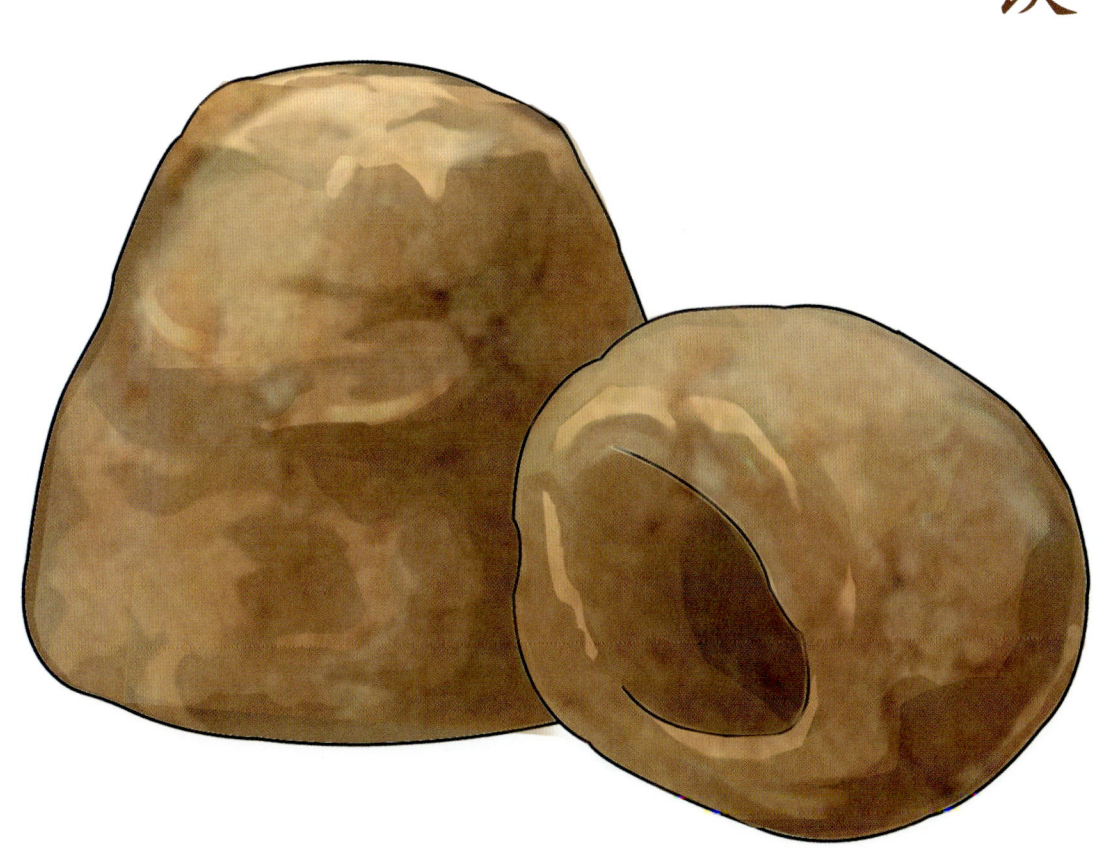

珞巴族石块烙饼

图一　珞巴族石块烙饼主图

　　石块烙饼是珞巴族传统的主食。石块烙饼所用石块是一种用雅鲁藏布江边山坡上风化过的皂石加工而成的石板锅，珞巴语称作"旺达"。"旺达"厚2厘米、直径35厘米左右，表面平滑，专门用于烙制荞麦饼。珞渝地区沟深谷狭，雨量充沛，气候炎热。刀耕火种的耕地方式适宜种植生命力强的荞麦、玉米和鸡爪谷，是珞巴族主要的粮食来源。玉米和鸡爪谷多作为饭坨食用，而珞巴族人食用荞麦的主要方式即是用"旺达"制成荞麦饼。

　　石块烙制荞麦饼的制作方法比较简单。将收获的新鲜荞麦在太阳底下摊开晒干，用木质的杵臼舂去皮壳后放入锅中炒熟，用石磨磨成荞麦面粉。把制作好的荞麦面粉放入一种叫"熊巴"（用独木挖成的容器，一般80厘米长，35厘米宽，13到15厘米深）的面盆中，用水调和成荞麦面糊，有时还会掺入玉米粉，在粮食短缺的时候，也加入达谢粉（一种木本棕榈类乔木的树干经过加工制取的淀粉），搅拌均匀。在火塘中用三块圆形石头筑起支架，将"旺达"架在石块上，下面烧起灶火，石块烧红后，用木勺舀起"熊巴"里调好的荞麦面糊，浇在石板上摊成饼形，这时可以熄灭灶火，利用石块余热即可将饼烙熟。待荞麦饼一面烙熟之后翻面烙制另一面，全熟之后即可食用。如饼体太厚，则在表面烙熟之后将饼整个埋入熄灭的灶灰中，利用灶灰的余热将饼焖熟。新鲜制作的荞麦饼趁热抹上辣椒糊和奶酪食用，十分香甜可口。

石板锅做工简单，原料丰富，是珞巴族人喜爱的传统炊具。荞麦还具有一定的药用价值，用石块烙制的荞麦饼营养丰富，很受珞巴族人喜爱。

图片来源
图一至图六　毛睿　制图
参考文献
高发元，李旭.雅鲁藏布江大峡谷的子民珞巴族.昆明：云南大学出版社，2001：73～78.
金开城，崔华洋.中国文化知识读本——珞巴族.长春：吉林文史出版社，2010：19.
王玉平.珞巴族.北京：民族出版社，1997：56～59.

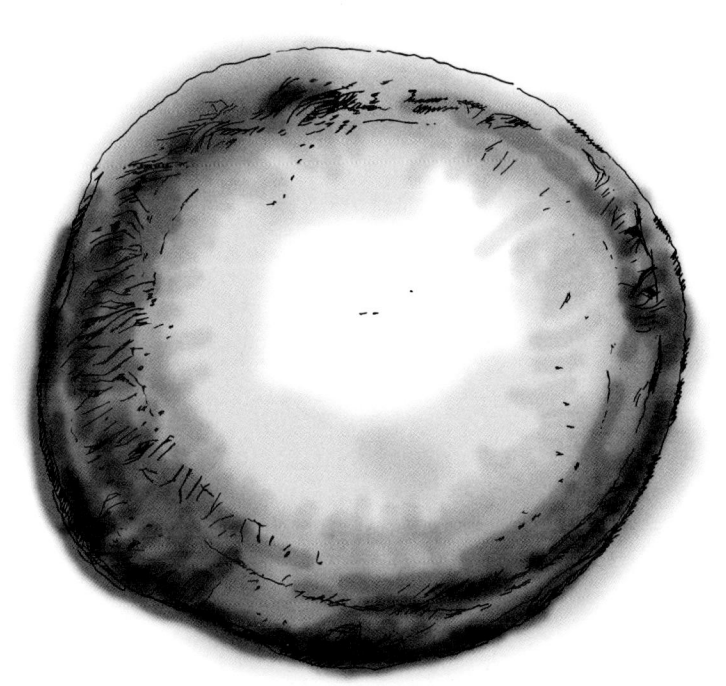

图二　珞巴族石块烙饼所用石板

荞麦籽

荞麦生长图（荞麦花）

图三　珞巴族石块烙饼主要食材荞麦

图四 珞巴族荞麦脱粒和荞麦粉磨制示意图

第三章 珞巴族传统餐饮

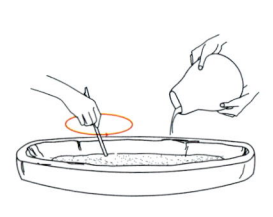   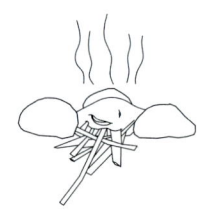 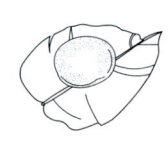

| 荞麦面加水调成面糊 | 将面糊倒在烧热的石板上 | 翻面烙制 | 埋入热灰中焖熟 | 趁热抹上辣椒和奶酪食用 |

图五　珞巴族石块烙饼制作过程示意图

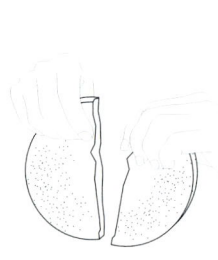  

| 将石块烙饼撕开 | 蘸辣椒酱 | 直接食用 |

图六　珞巴族石块烙饼食用示意图

珞巴族饭坨

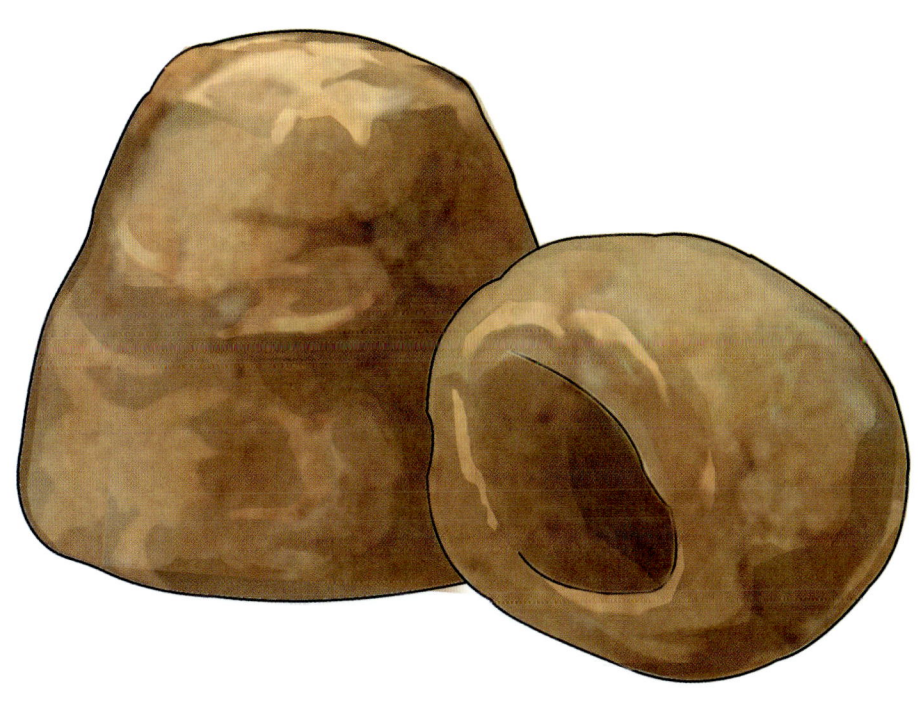

图一　珞巴族饭坨主图

　　鸡爪谷饭坨是用石锅制作的黏性糕坨，作为珞巴族餐间的主食，深受当地人们的喜爱。

　　鸡爪谷是西藏地区特有的一种农作物，多分布在海拔2500米以下、环境暖湿的地带，生性喜肥耐水，属禾本科草本属，是粟米的一种，它还有很多别名，如龙爪稷、龙爪粟、鸭足稗、非洲黍等。谷物秆高1米左右，叶片细长，叶鞘有脊，顶部一般会有3～10枚穗状花序，由于其谷穗成熟后呈指状排列于茎顶，常作弓状弯曲，形状酷似鸡爪，由此得名。鸡爪谷的种子很小，呈珠形，直径只有0.1～0.18厘米。穗部刚长成时为黄绿色，完全成熟后转为红褐色。鸡爪谷的生长期为5至6个月，亩产五六百斤。若按种植时间可分为早熟型鸡爪谷和晚熟型鸡爪谷两种。早熟型一般于藏历二月下旬播种、四月中旬插秧、八月底收获，成熟时穗部各个分支（也就是每个"爪"）卷曲度较大，彼此排列紧密，且籽粒较大（约0.18厘米）、颖壳较短。而晚熟型则在藏历四月播种、六月上旬插秧、九月中旬才可收获。成熟时穗部分枝直立，彼此排列疏松，且籽粒较小（约0.1厘米）、颖壳较长。鸡爪谷的食用方法主要有两种：一种是制作特色主食鸡爪谷饭坨；一种是酿造鸡爪谷酒。鸡爪谷饭坨的做法一般是先将鸡爪谷置于木臼中通过木杵的上下舂捣去掉谷子皮壳、晒干、借助铜锅炒熟后，上石磨将其磨成面粉，用石锅盛水烧开，直接将面粉撒入锅内熬煮，边撒边搅，直至搅成黏坨状之后便可以取出食用了。鸡爪谷黏坨黑黝黝的一大块，跟我们常见的窝头有点像。吃饭时，每人分得一坨，可用手简单捏制成条状，蘸上辣椒面或辣椒水食用。此外，鸡爪谷也是酿酒的优质原料，可以单独酿造鸡爪谷酒，也可加入玉米、棕心树粉一并酿造甜酒。

珞巴族人一般每天吃三至四餐，多吃熟食，主食便是米饭和饭坨，此外，据医书所载，鸡爪谷还具有补中益气的功效，对于肠胃方面的疾病也有一定的治疗效果。由此可见鸡爪谷饭坨在珞巴族人们家庭饮食中的重要地位。

图片来源
图一至图七　刘春羽　制图

参考文献
关东升.中国民族文化大观（藏族·门巴族·珞巴族）.北京：中国大百科全书出版社，1995：600.
王丽平.墨脱村调查.北京：中国经济出版社，2012：121.
陈立明，曹晓燕.西藏民俗文化.北京：中国藏学出版社，2010：51.
罗洪忠.边陲墨脱.上海：学林出版社，2012：113.

图二　珞巴族饭坨食材鸡爪谷粒图

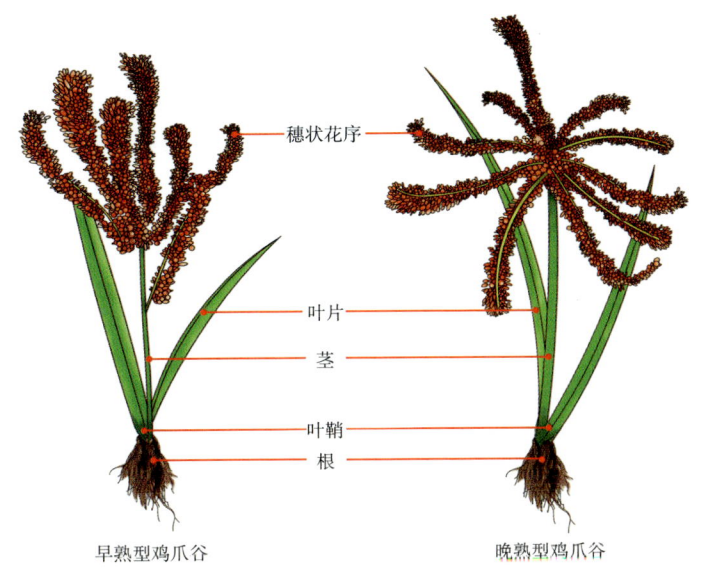

图三　鸡爪谷品种图

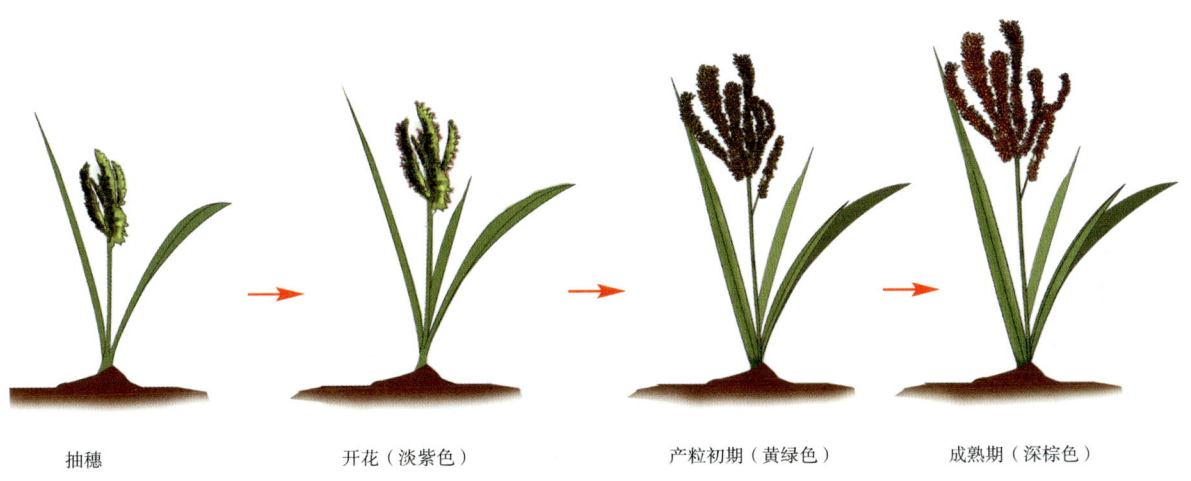

图四　鸡爪谷生长图

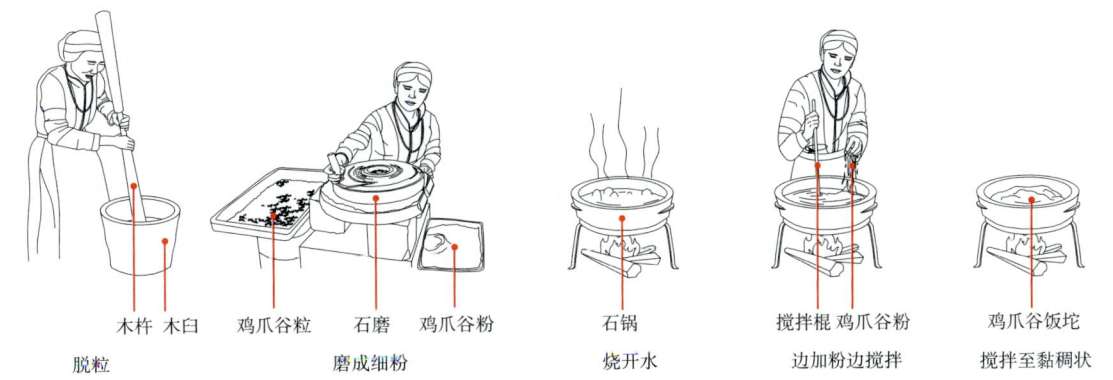

图五　珞巴族饭坨制作流程图

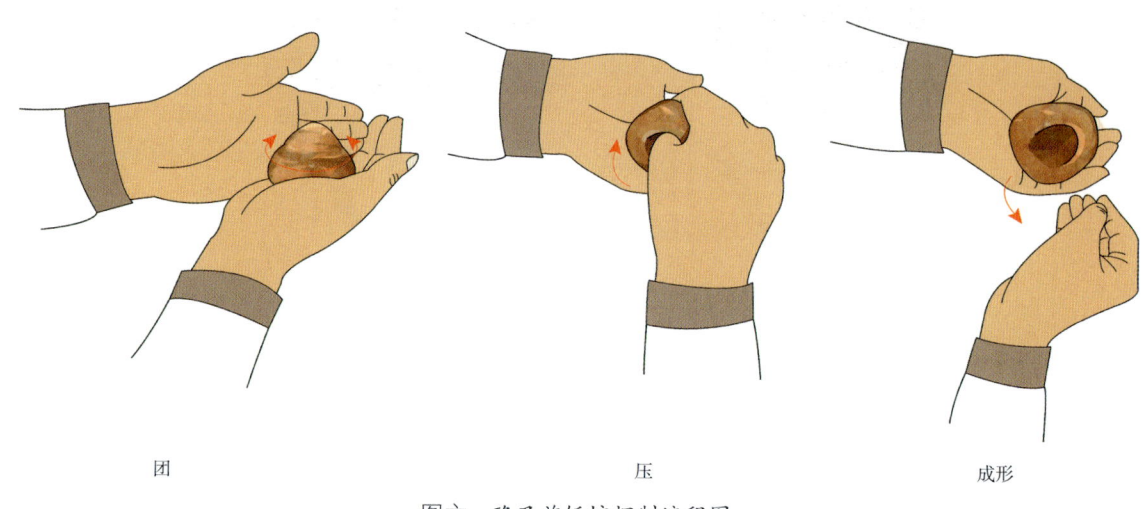

团　　　　　　　　　压　　　　　　　　成形

图六　珞巴族饭坨捏制流程图

图七　珞巴族饭坨食用场景图

珞巴族山鼠肉干

图一　珞巴族山鼠肉干主图

珞巴族居民的副食主要来源为家禽、家畜及狩猎获取的动物肉。动物肉多用于烧煮，也有被制成肉干以便长期保存的烹制方法，其中，山鼠肉干是珞巴族居民饮食中不可缺少的一类。珞巴族居民将捕捉到的山鼠制成肉干，以备节庆和款待贵客之用。相传，珞巴祖先阿巴达尼善捕山鼠并食用山鼠肉，他设山鼠宴款待了太阳之女冬尼海依后赢得了她的芳心，从此以后，珞巴族便形成了食用山鼠肉的习惯。

珞巴珞渝地区的山林地带山鼠资源丰富，因山鼠生存的自然环境良好，形成了其体大圆肥、灰褐色的身体特征，肉质和田鼠相比更为爽口。每年十月到次年五月是捕捉山鼠的最佳时节。捕鼠的方式方法多种多样，如石板压、下活套等等，但如今多数的珞巴族捕鼠人使用手工制的竹质捕鼠器。竹质捕鼠器的主要结构是由主体骨架和竹弓组成，捕鼠时，将竹弓卡在夹板的凹槽上，再将支撑条支撑夹板。捕鼠人将该捕鼠器设置在山鼠经常出没的地段，山鼠会试图穿过捕鼠器下方的空隙，此时支撑条被碰落，夹板即可迅速夹住山鼠头或其身体。制作山鼠肉干时，居民先一手拿山鼠，另一手拿竹条，再将竹条从山鼠尾部穿进其身体后，放置在火上烤熟。烤山鼠时需用嘴不时吹上几口以便控制好火候和烧烤的角度，当山鼠两眼凸出、身体鼓胀、尾巴卷曲、牙齿龇出、身体成红棕色时便已烤熟。接着，就可以开始制作炖山鼠，先用刀将山鼠身上的毛灰刮去，再用刀将山鼠腹部剖开，取出内脏后切块放入石锅中，加入干辣椒、野蒜直至炖烂。这成为珞巴族居民款待客人的上品佳肴。

除了烤鼠干、炖山鼠之外，还有另一种常见的烹饪方法——大米蒸山鼠。这些饮食及烹饪方法皆与珞巴族生活环境、传统民族文化相互联系、相互影响，是研究珞巴族文化不可忽视的内容之一。

图片来源
图一至图六　俞志成　制图
参考文献
格桑，王蕾.中国珞巴族.银川：宁夏人民出版社，2012：52.
金开诚，崔华洋.中国文化知识读本——珞巴族.长春：吉林出版集团，2010：39.
龚锐，晋美.珞巴族——西藏米林县琼林村调查.长春：吉林出版集团，2004：223.

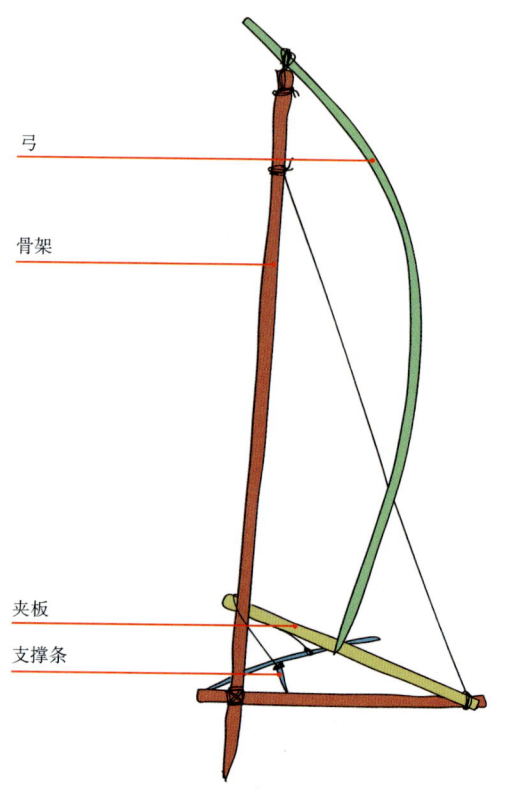

图二　珞巴族捕鼠工具示意图

图三 珞巴族民居内储藏的山鼠肉干场景图

图四 珞巴族山鼠肉干装盘彩图

第三章 珞巴族传统餐饮

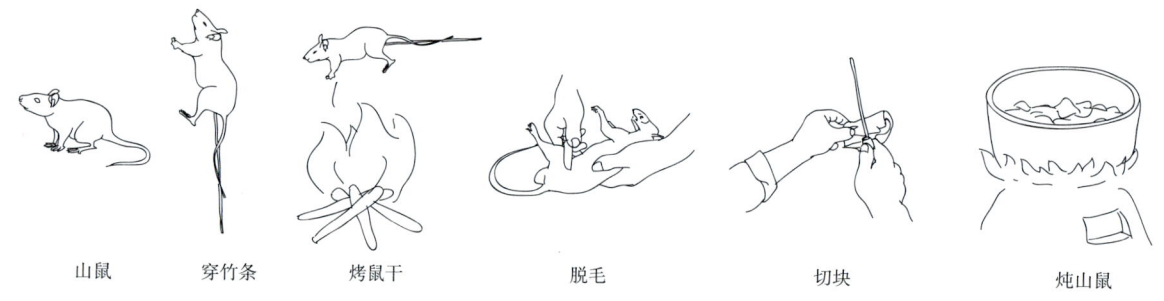

图五 珞巴族炖山鼠肉干制作过程

图六 珞巴族切山鼠肉干场景图

珞巴族奶渣

图一　珞巴族奶渣主图

　　奶渣是珞巴族民众日常生活中的主要饮食之一。在原始社会，虽然珞巴族多数部落养牛，但没有挤奶和制作奶制品的习惯。唯博嘎尔和纳部落人从藏区引入产奶量较多的犏牛、牦牛和黄牛，并开始学习挤奶，制取酥油、酸奶及奶渣等乳制品。由牦牛奶制作而成的奶渣味道香醇，营养价值高，热量低，是上等的传统美食。

　　奶渣的口味可分为有糖和无糖两种。制作奶渣的主要工具有锅灶、酥油桶、勺子、筛子等，其步骤为先提取酥油，将牦牛奶加热后，倒入酥油桶中，然后上下击打自千次，直至将牛奶充分搅拌分离，此时，将分离上浮的酥油全部捞出，将剩余的牛奶全部挤出。

之后为制作奶渣，将挤出的牛奶继续加热煮沸，锅里逐渐呈现固体状奶制品，虽然这个过程将耗费较长的时间，但等牛奶稍作冷却后，通过过滤塑型即可制成奶渣。奶渣按造型可分为奶渣块、奶渣圈、奶渣串等，其中，具有特色的是奶渣圈的制作方式。该方式与现代蛋糕的裱花步骤相近，首先将提炼的奶渣挤压成型，再将奶渣装入袋中封口，在袋子的下方留有一孔，双手挤压画圈即可成型，最终将奶渣晾晒成香脆的奶干。关于奶渣的食用方法也有很多，可直接或泡茶食用，也可煎后食用，可拌红糖食用，也可做成奶渣蛋卷、奶渣丸子、奶渣包子等，受到珞巴族人的广泛喜爱。如喝早茶时，珞巴族人先在碗中放上一些干奶渣，再倒入茶水冲泡，让奶渣的味道融入茶的清香。

奶渣作为牛奶提取酥油后的副产品，属于经过脱脂处理的食品，也是一种经过原始发酵的乳制品，具有高蛋白、低脂肪的特点，是珞巴族民众食用方便、易于保存的优质营养来源。

图片来源
图一　俞志成　摄影
图二至图七　俞志成　制图
参考文献
王玉平.珞巴族.北京：民族出版社，1997：73.
杨嘉铭，琪梅旺姆.藏族茶文化概论.中国藏学，1995（4）：117～131.

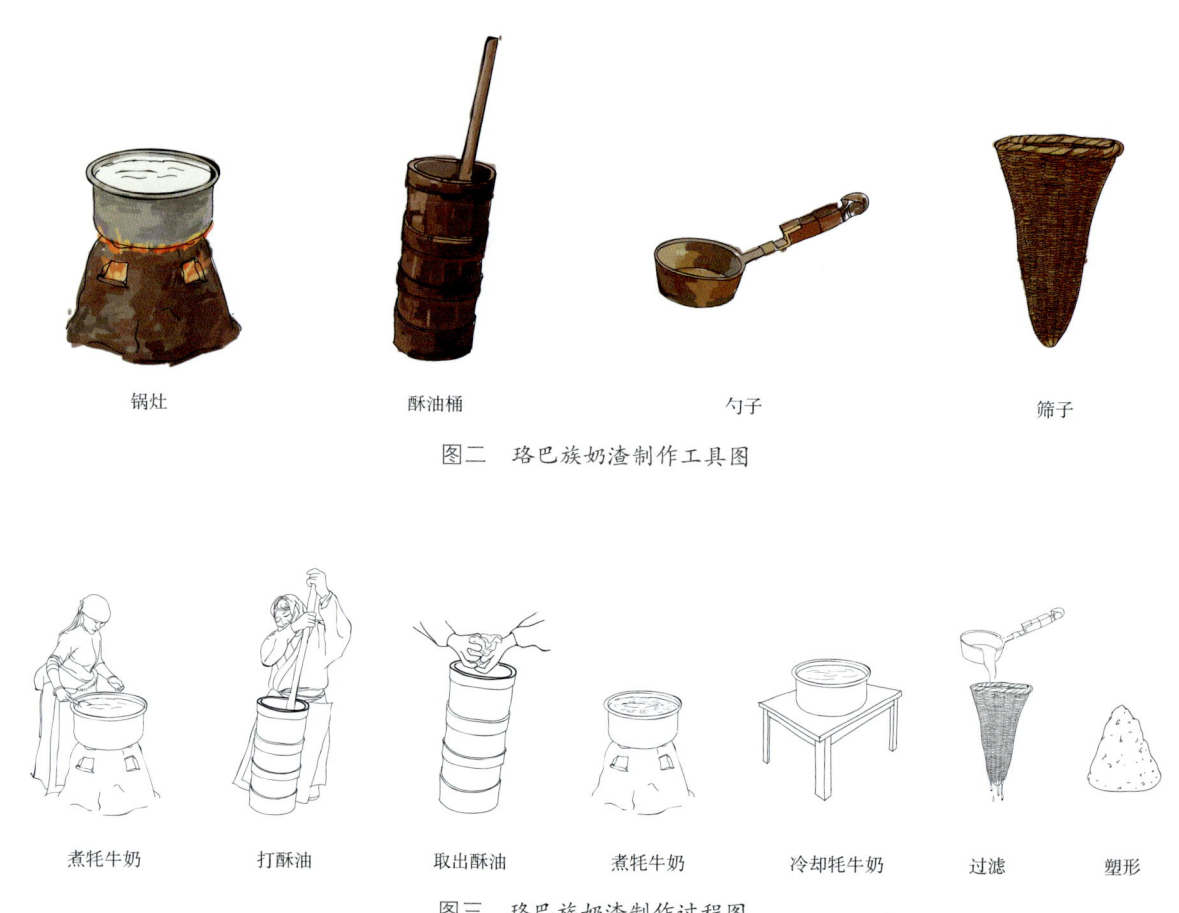

锅灶　　　酥油桶　　　勺子　　　筛子

图二　珞巴族奶渣制作工具图

煮牦牛奶　打酥油　取出酥油　煮牦牛奶　冷却牦牛奶　过滤　塑形

图三　珞巴族奶渣制作过程图

酥油煎奶渣

奶渣配清茶

红糖奶渣

牦牛奶配奶渣

图四　珞巴族奶渣食用方法

图五　珞巴族奶渣过滤场景图

图六 珞巴族挤奶渣圈场景图

图七 珞巴族奶渣食用场景图

珞巴族荞麦饼

图一　珞巴族荞麦饼主图

　　荞麦饼是珞巴族人最喜爱的主食之一，由石板烤制而成，是该族具有特色的食物。

　　荞麦饼的原料为荞麦，荞麦为蓼科荞麦属，生性喜温、喜湿、短日照，是双子叶一年生的草本植物，一年可种三季，早荞4月播种，7月收获；中荞5月播种，8月收获；晚荞6月播种，9月收获。苗茎呈红色，整体为细长柱状，稍有棱角，表面光滑，无毛或具细绒毛，幼嫩时为实心，成熟时呈空腔。叶片圆润宽大，基部微凹，具掌状网脉，顶部花絮一般为簇状分布，排列繁密，花色以绿色、黄绿色、白色、玫瑰色、红色、紫红色等色彩较为常见。其果实产量丰厚，大部分为三棱型，少有2棱或多棱不规则形。荞麦饼制作时，先将收获的荞麦磨成荞麦面，因荞麦面是珞巴族人的主食，其种植面积约为总耕地面积的一半。关于荞麦饼的制作，珞巴族人也有着独具特色方法。首先表现在工具方面。荞麦饼是在圆形石板上制作而成，而该石板由薄石片加工而成，直径一般在65厘米左右。下部则由3块灶石或三脚铁架作为支撑，其与锅底接触的部分由直径不同的圆圈组成，以便放置大小不同的食具。荞麦饼在制作前需先将谷粒用荞麦棍在竹席上敲打脱粒，然后用石磨磨成面，再加水调成糊状。随后将面糊浇淋在预先加热好的圆石板上，用竹耙将其均匀铺平，用小火烙烤，烙好一面之后，再翻烙另一面，待两面都烙熟后盛入竹筐内。如果饼太厚还可将其埋入火塘灰烬中，使其熟透。烙制完成的面饼清香扑鼻，酥软可口，食用时可涂抹奶渣、盐水等，也可佐以珞巴族人喜爱的辣椒一同食用。辣椒强烈的清香可为面饼的口味增色不少，被称为是最正宗的荞麦饼食用方法。

荞麦饼不但味道鲜美且营养丰富，由于荞麦本身所含有的独特黄酮成分，还被冠以"消炎粮食"的美称。中医学也认为，荞麦性味甘平，可降低血糖，又有健脾益气、开胃宽肠、消食化滞的功效。因此，作为珞巴族人的主食，深受当地人的喜爱。

图片来源
　　图一至图六　刘春羽　制图
参考文献
关东升.中国民族文化大观（藏族·门巴族·珞巴族）.北京：中国大百科全书出版社，1995：600.
金开诚，崔华洋.中国文化知识读本——珞巴族.长春：吉林文史出版社，2010：32～36.
洛思.珞巴族饮食习俗惯制.西藏民族学院学报（社会科学版），1989（2）：56～62.

全草

花枝

花

花纵剖面

果实

图二　荞麦科学绘图

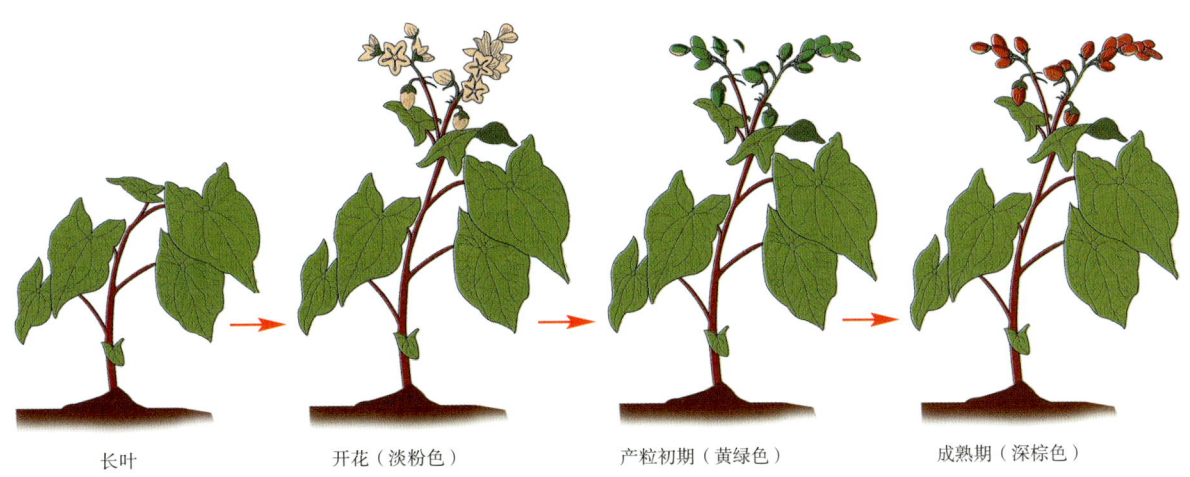

图三　荞麦生长图

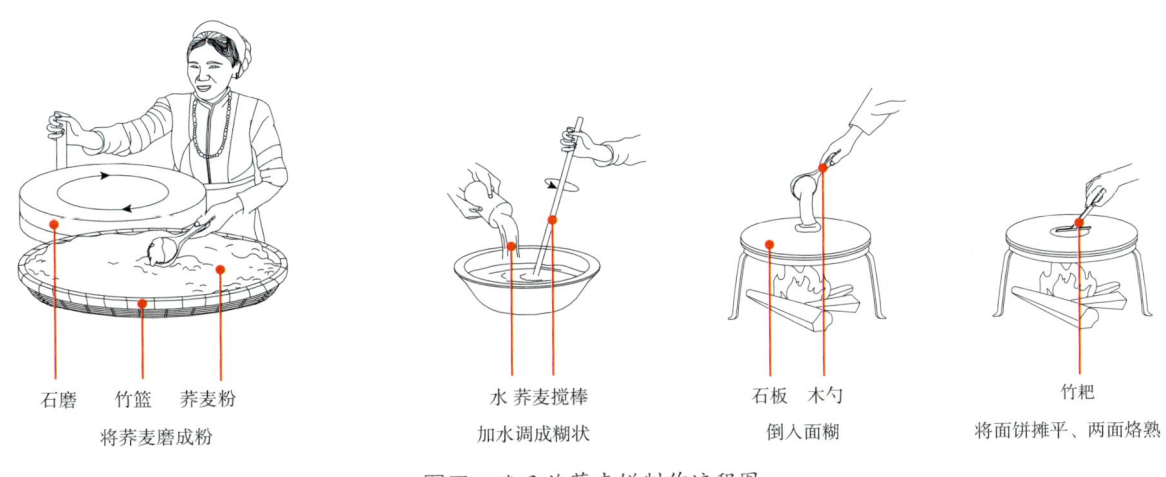

图四　珞巴族荞麦饼制作流程图

图五　珞巴族荞麦饼食用方法图

第三章　珞巴族传统餐饮

图六　珞巴族荞麦饼食用场景图

第四章 珞巴族传统生活用具

珞巴族石锅、木碗及竹筒等

图一　珞巴族石锅主图

珞巴族传统餐饮具主要以当地特产的石材、竹材及木材等打造或编织而成，种类大致有石锅、铜锅、木碗、竹盒、竹筒及葫芦等。其中石锅、铜锅为烹煮食物及蒸馏白酒的炊具；木碗和竹盒为珞巴族人盛放食物的容器；竹筒多作为盛酒盛水以及盛米用的容器。

石锅是珞巴族应用最广泛的一种炊具，珞巴语称"昂达"。石锅上窄下宽，壁薄底厚。一般锅底厚约1.5厘米，锅壁两侧设有对称横耳，便于端锅。石锅按尺寸主要分为大、中、小3种，大锅直径约30厘米左右，中锅直径约20厘米左右，小锅直径约10厘米左右。其原料多来自于雅鲁藏布大峡谷的天然皂石，质地绵软易打造。烹饪食物时，该石材不仅可以承受2000℃的高温，而且沸腾时会渗出少量对人体有益的微量元素，因此用其炖煮食物，对健康有益，烹煮的食物亦格外鲜美。石锅制作主要包括挖、砍、凿、铲等几个步骤。即先开采石料，然后用石斧砍掉皂石多余部分，留下主体部分，再用铁钻、铁锤凿出锅身中空的部分，最后将石锅打磨光滑，即制作完毕。木碗也是珞巴族常用的一种餐具。分有盖和无盖两种。有盖木碗多用于盛饭、盛菜，它由碗和盖两部分组成，碗与盖紧紧相扣，方便旅途携带。碗口平敞，直径约15厘米，深约5.5厘米。其盖似半球形，盖顶为矮圆柱形平顶，碗底为平底，底座与盖顶形状相同，底座厚约1.5厘米。无盖木碗多用于喝酒或饮酥油茶，碗直径约10厘米，碗壁外展，碗底圆平，沉稳典雅。木碗多选用质地坚硬的树干、树根或树瘤为原料，经过切削刮制而成。竹盒为珞巴族人用于盛放食物和干粮的容器，珞巴语称"旁得"。形状呈方形，敞口，有盖。边长约20厘米，深约6厘米。其工艺采用竹篾以"人"字形交叠编织而成，轻巧便捷，方便携带。竹筒是一种主要用来盛水、盛酒及烹煮的器具，其造型根据其用途差异而产生变化。其中，盛水、盛酒用的竹筒分为有盖和无盖两种。有盖竹筒一般长约30厘米，竹节为容器的底部，筒口平敞，筒盖由3～5厘米的竹节制成。为了便于携带，有盖竹筒筒身还用竹篾编结出左右对称的拎手以便于提携。无盖竹筒的筒身与有盖竹筒相同，只是其筒口为斜壁切口，便于饮用酒水。煮食用的竹筒，选用带节竹筒，在烹煮时将食物置于竹筒内，堵上木塞，置于火中，待食材加热煮熟后用刀将竹筒破开，即食其中食物。这种竹筒多适用于外出远行。

经久耐用的石锅，光滑美观、制作精良的木碗，轻巧便捷的竹盒以及便于提携的竹筒，都是珞巴族人传统餐饮具中的代表样本，是珞巴族人饮食习惯、饮食理念与饮食过程的外在表现。

图片来源
图一、图二、图六、图七　李绮雯　摄影
图三至图五　王瑛琦　制图
图八　杨亚　制图

参考文献
宋兆麟，高可，张建新.中国民族民俗文物辞典.太原：山西人民出版社，2004：132、188.
关东升.中华民族文化大观（藏族·门巴族·珞巴族）.北京：中国大百科全书出版社，1995：579、606.

图二　不同式样的石锅

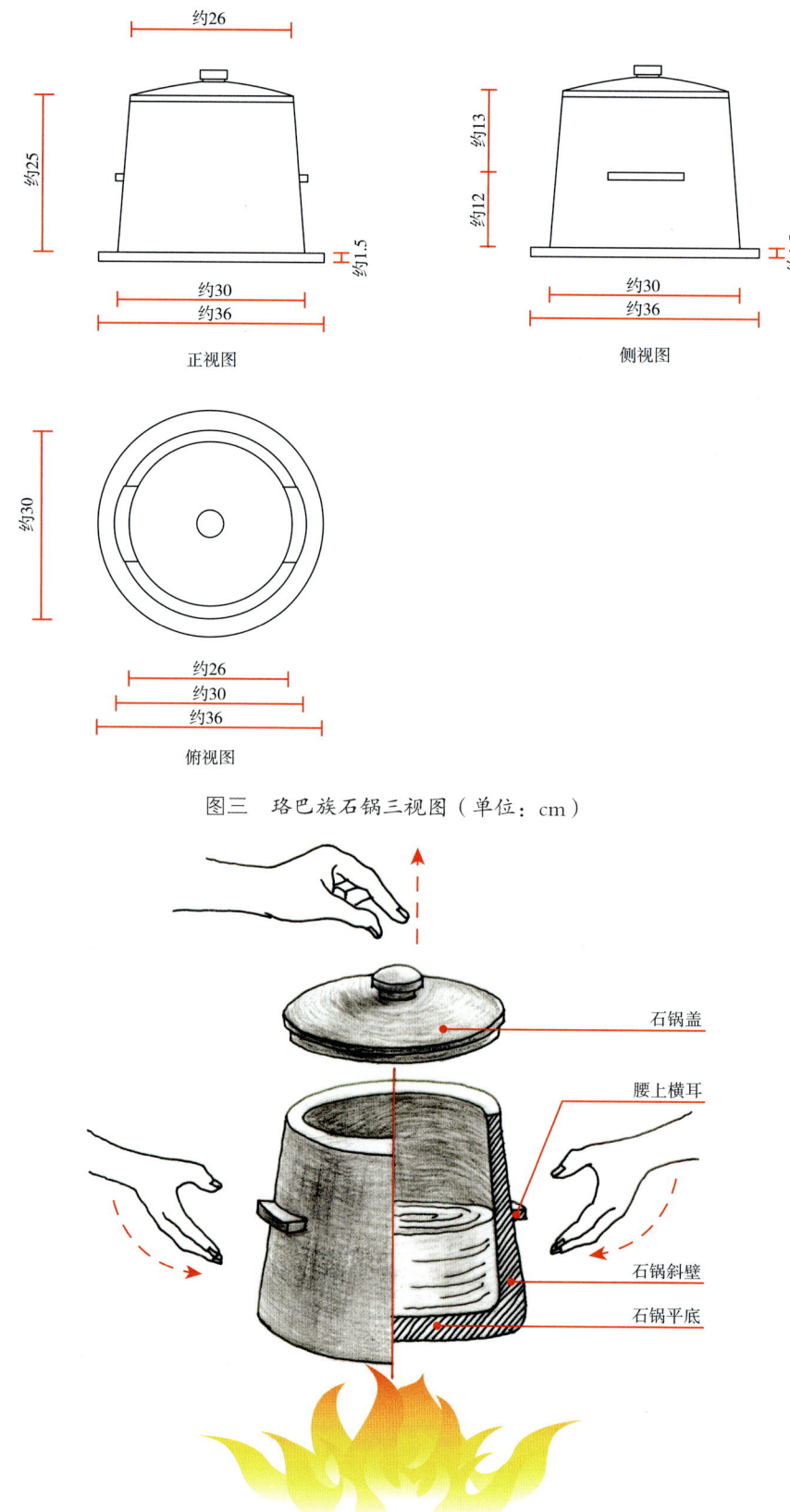

图三 珞巴族石锅三视图（单位：cm）

图四 珞巴族石锅结构图

图五 珞巴族石锅使用场景图

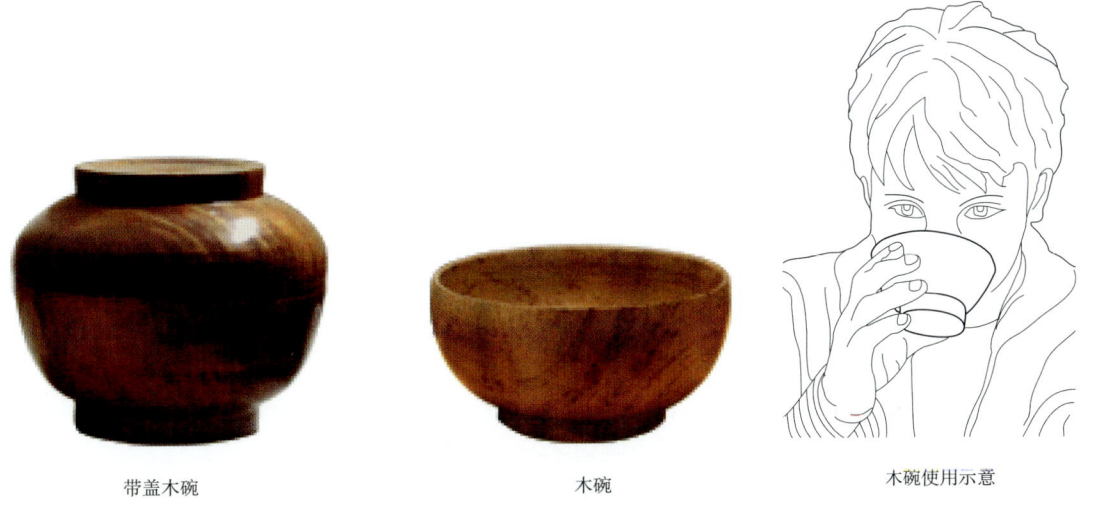

带盖木碗　　　　　　　　木碗　　　　　　　木碗使用示意

图六 珞巴族木碗及使用示意图

第四章 珞巴族传统生活用具

竹盒　　　　　　　竹筒

图七　珞巴族竹盒、竹筒

图八　珞巴族竹盒使用场景图

珞巴族达崩、共冈

图一　珞巴族达崩主图

珞巴族民间常见的乐器有两种，珞巴语称"达崩"和"共冈"。"达崩"即竹制竖笛，"共冈"即竹口琴，它们都属于吹奏型乐器。

"达崩"属于气鸣乐器。其外形呈长筒状，管体为竹制。由于其制作原料"竹子"的长短和粗细不等，因此"达崩"的长短、粗细亦不等。达崩管筒外径一般为1.8～2厘米，内径为1.5～1.7厘米，管筒长约26厘米。管体正面设6个指孔，管筒底部为出音孔。管头内腔设置一个长约1.5厘米的木塞，与管壁形成一个宽约0.8厘米的弧面进气孔。在管体背面挨着进气孔的下方，设长约0.7厘米、宽约0.3厘米的长方形分气孔，孔下边与管壁呈约120度的外斜坡，为分气阀。在吹奏时，右手的食指、中指、无名指按上面3孔，左手的食指、中指、无名指按下面3孔，嘴唇抵在管头竖吹，气流由进气孔抵分气孔，一部分气流被分气阀挡住进入管内，由此形成气柱震动发音。筒音为B，音列为B、升C1、E1、F1、A1、B1、升C2、E2、升F2、A2。竹笛吹奏音量较小，音色清丽柔和，婉转动人。珞巴族另一种常见乐器为"共冈"，即竹口琴，也称为"口弦"。"共冈"由竹子削成长约10厘米、宽约0.6厘米、厚约0.1厘米的竹片，在竹片一端约0.6厘米处开一横口，削出厚约0.1厘米的竹皮簧片，然后剔出尖头簧舌。舌长约5厘米，宽约0.3厘米，舌片另一端与竹片整体相连。最后，在靠近竹片两端约0.5厘米处分别削出一个凹槽，用以系细线绳。在吹奏时，将"共冈"横衔于口中，簧舌置于上下唇部间，双手持绳左右抖动，使簧舌产生振动，通过变化空腔空间的大小而产生音调的变化，从而调节音阶、音程的变化，吹奏出音色柔和、幽远的乐曲。与"达崩"相比，共冈在体积上更加小巧轻便，便于携带。由于其音阶和音程的变化主要依据呼气的变化而产生差异，因此吹奏出的乐曲更加灵活多变。

吹奏"达崩"和"共冈"是珞巴族人生产劳动之余的重要娱乐活动。作为珞巴族的传统乐器，"达崩"和"共冈"在表达珞巴族人思想情感的同时，还充当着语言与示警的功能，具有浓郁的民族风格。

图片来源

图一、图六　李绮雯　摄影

图二至图五、图七至图九　王瑛琦、杨亚　制图

参考文献

宋兆麟，高可，张建新主编.中国民族民俗文物辞典.太原：山西人民出版社，2004:664.

关东升主编.中华民族文化大观（藏族·门巴族·珞巴族）.北京：中国大百科全书出版社，1995:654.

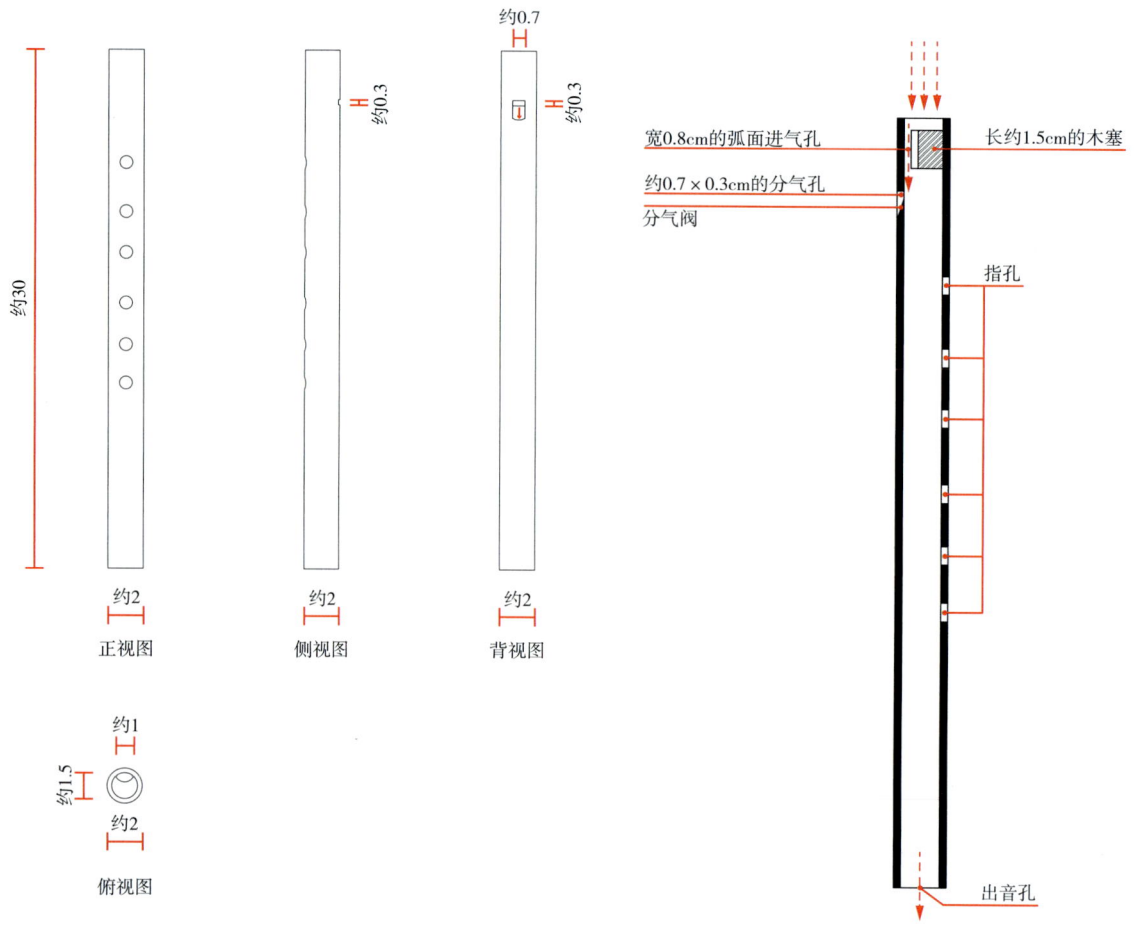

图二　珞巴族达崩三视图（单位：cm）

图三　珞巴族达崩内部结构示意图

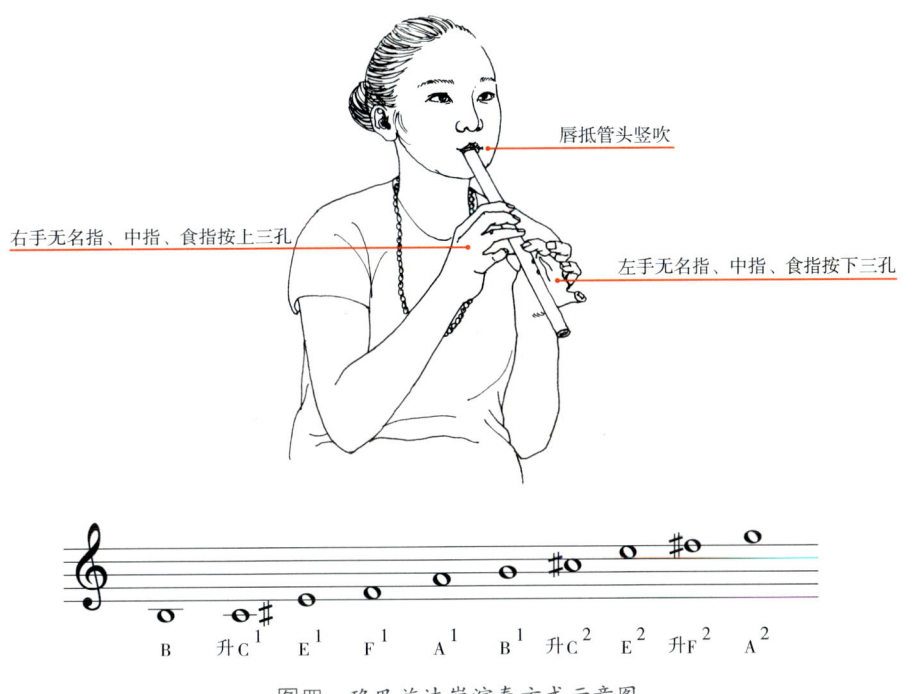

图四 珞巴族达崩演奏方式示意图

图五 珞巴族达崩使用场景图

图六 珞巴族共冈主图

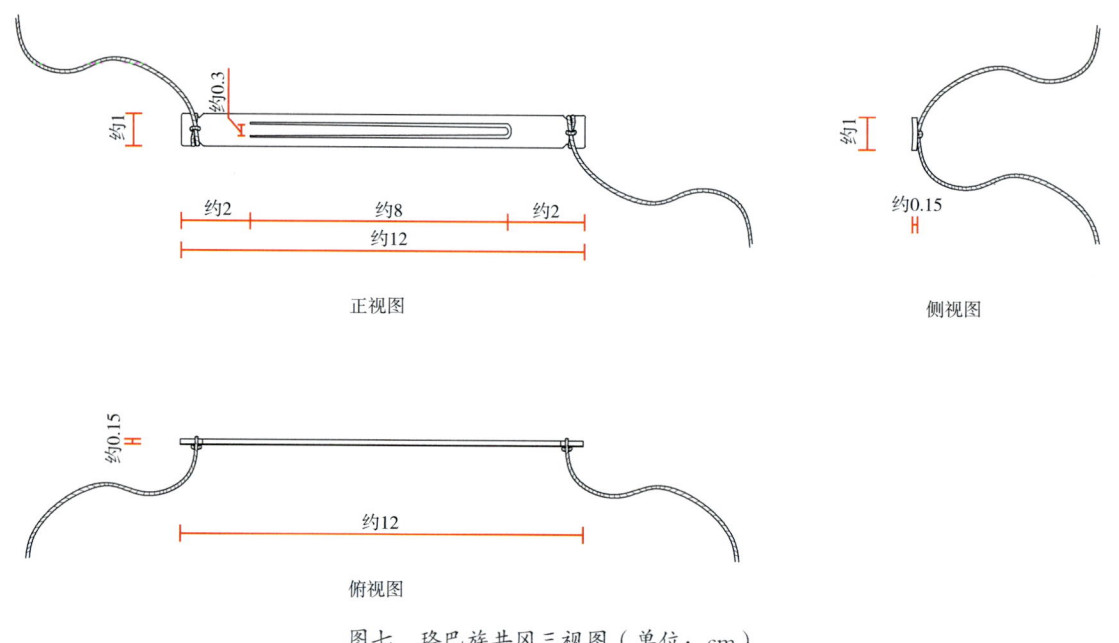

正视图

侧视图

俯视图

图七 珞巴族共冈三视图（单位：cm）

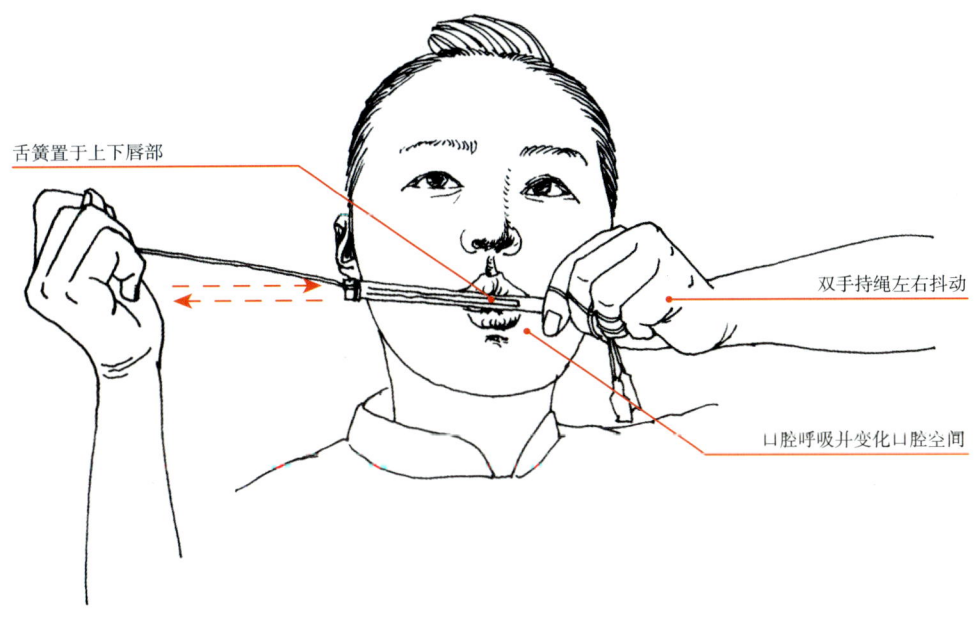

图八　珞巴族共冈演奏方式示意图

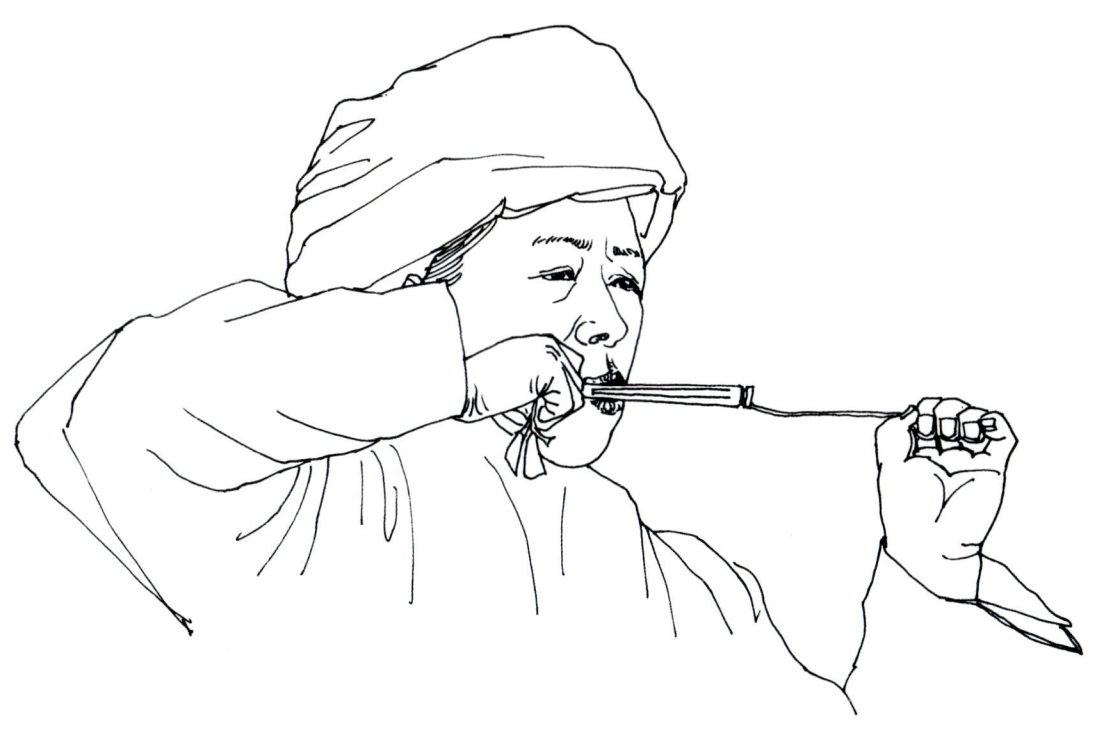

图九　珞巴族共冈使用场景图

珞巴族篾凳

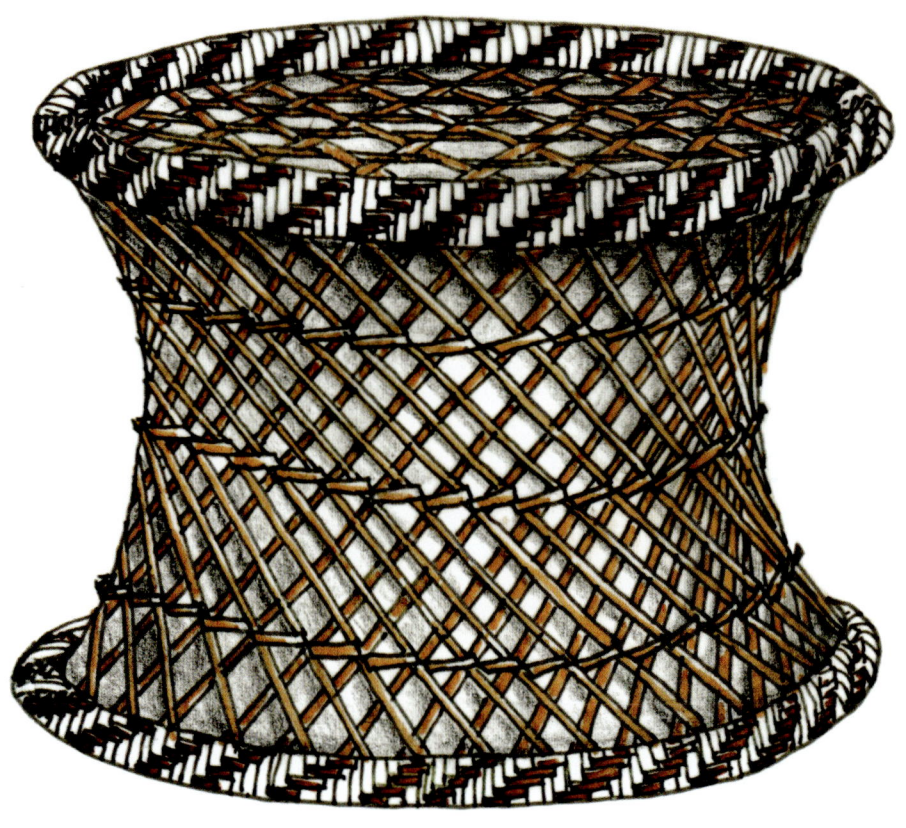

图一　珞巴族篾凳主图

　　珞巴族生产资料较匮乏，家具陈设亦简单。其房屋内部一般以火塘及其上方的三层木架为中心，屋角及靠墙处多放置生产工具，睡觉多席地而卧，仅有少数部落使用竹制矮床，而篾凳是珞巴族较具代表性的传统竹编家具。

　　篾凳总体呈收腰圆柱体状，无靠背。其体量与现代矮凳相似，顶面与底面直径约45厘米，高约35厘米，中部收腰处直径约35厘米。篾凳顶部为圆盘坐面，条件较好的珞巴家庭会在其上铺以兽皮，坐面边缘为圆弧形竹篾包边，保护手不被竹篾扎伤，同时便于人们搬移。篾凳中部为收腰圆筒坐身，是篾凳的主要承重结构，在坐身中部均匀地用三根箍篾圈加固，让坐身均匀受力的同时加强其收腰效果。篾凳底部为空心圆环底座，用以减少坐身与地面的摩擦，增加篾凳的使用寿命。篾凳的比例形态匀称协调，其上部与下部逐渐向中部递缩，形成上下、左右对称的均衡形态，其顶面及底面形成中心对称圆的形状。篾凳以竹子编成，结实耐用，其制作工序为：先将竹材破成不同规格的竹条，接着用小刀将竹条剖削成篾片或篾条，在条件允许的情况下，在编织前对备好的篾条进行蒸煮、染色、刮修、磨光等深度加工，最后经过不同的编织工序制成篾凳。制作篾凳的工具主要是用于砍竹的长刀和称为"约节克"的小刀，这种由珞巴族人自己打制的小刀，刀身与刀柄约成45度角，刀刃向外弯曲，以便破篾时把握用力。篾凳的编织工艺复杂精准，主要是以挑和压的方法将竹篾进行经纬交织，从而形成丰富的几何图案。如篾凳顶部的圆盘采用"米"字型三股编织；圆盘边缘及圆环底座采用"人"字型两股密编；视觉焦点的收腰圆筒坐身则采用珞巴族人喜爱的两股交叉菱形编织。篾凳的色彩主要为竹篾的本色，即墨绿色或黄褐色，有时还加入被染成红、绿、蓝、白等不同颜色的细篾交错编织，形成色彩绚丽的艺术效果。

珞巴族篾凳粗疏结实，制作精美，充分反映出珞巴族人精巧的手工技艺。不仅为珞巴族人提供了理想的坐具，也为现代设计师提供了丰富的原始创作素材。

图片来源
图一至图八　王瑛琦、杨亚　制图

参考文献
宋兆麟，高可，张建新.中国民族民俗文物辞典.太原：山西人民出版社，2004：189.
关东升.中华民族文化大观（藏族・门巴族・珞巴族）.北京：中国大百科全书出版社，1995：578、613.

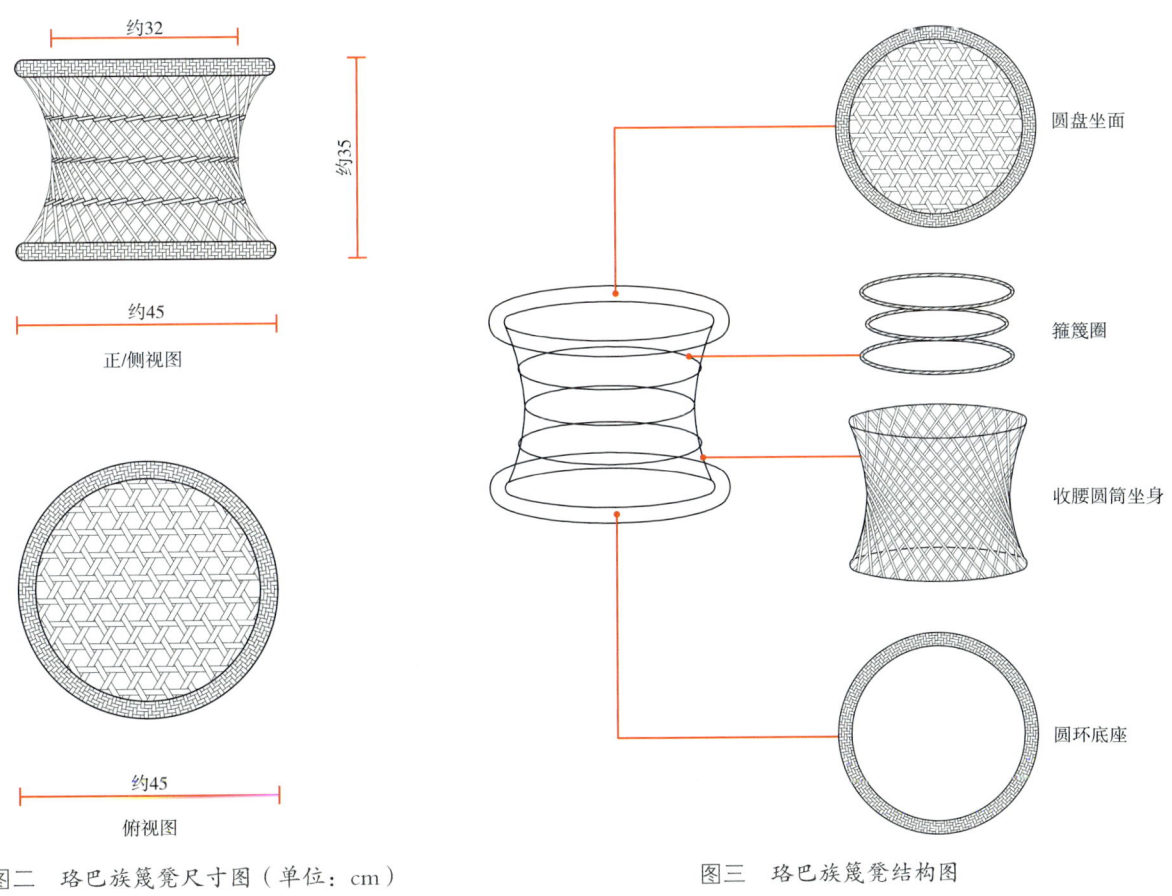

图二　珞巴族篾凳尺寸图（单位：cm）　　图三　珞巴族篾凳结构图

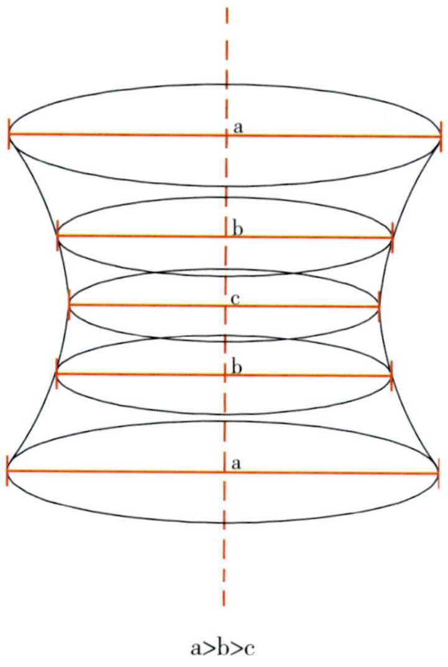

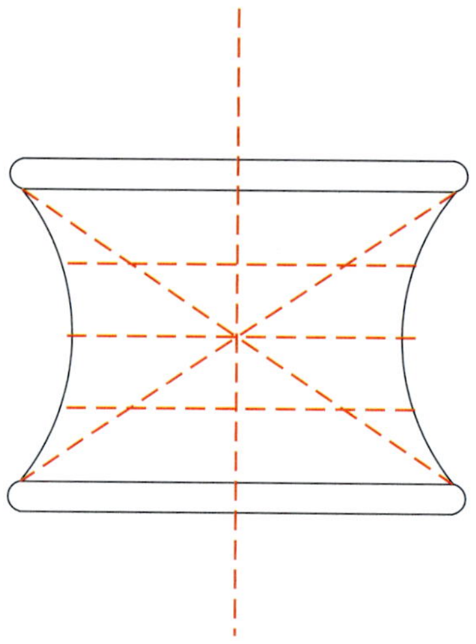

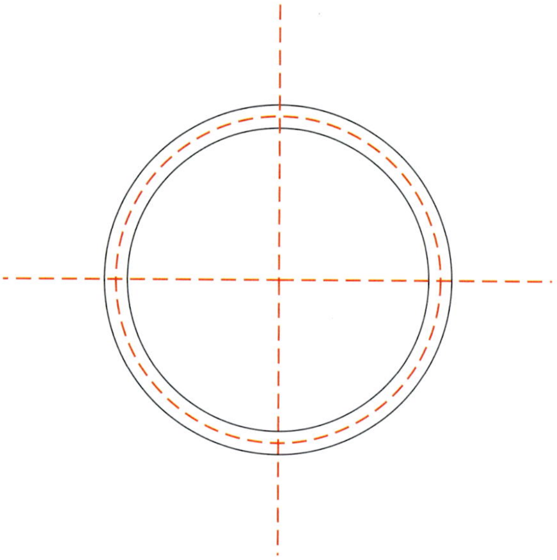

a
b
c
b
a
a>b>c

图四　珞巴族篾凳比例特征分析图

长刀
小刀
1.剖削竹条
2.备材
3.编织竹篾
4.篾凳成品

图五　珞巴族篾凳制作流程示意图

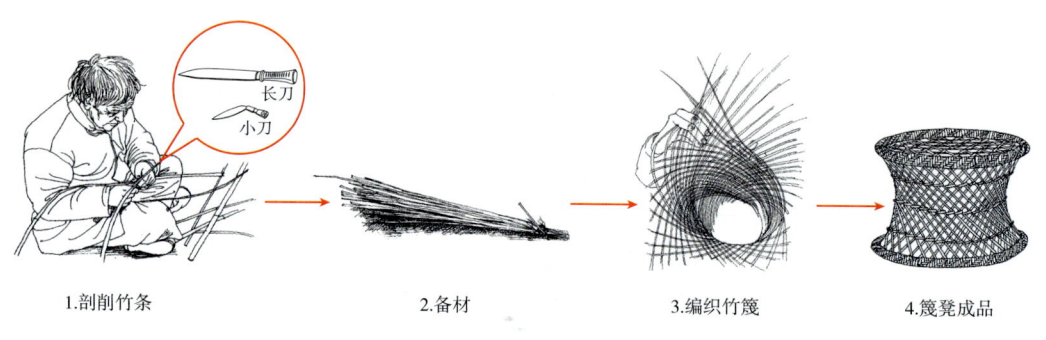

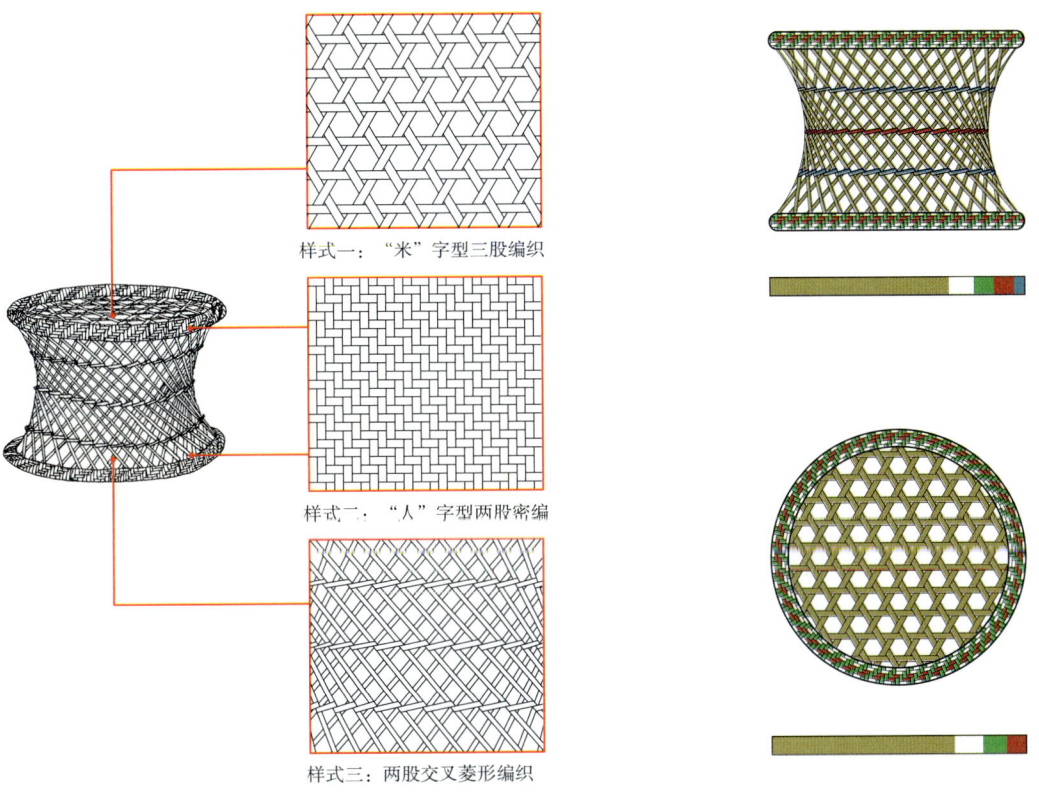

样式一："米"字型三股编织

样式二："人"字型两股密编

样式三：两股交叉菱形编织

图六　珞巴族篾凳各部位编织样式

图七　珞巴族篾凳色彩分析图

图八　珞巴族篾凳使用场景图

第四章　珞巴族传统生活用具

153

珞巴族刀具

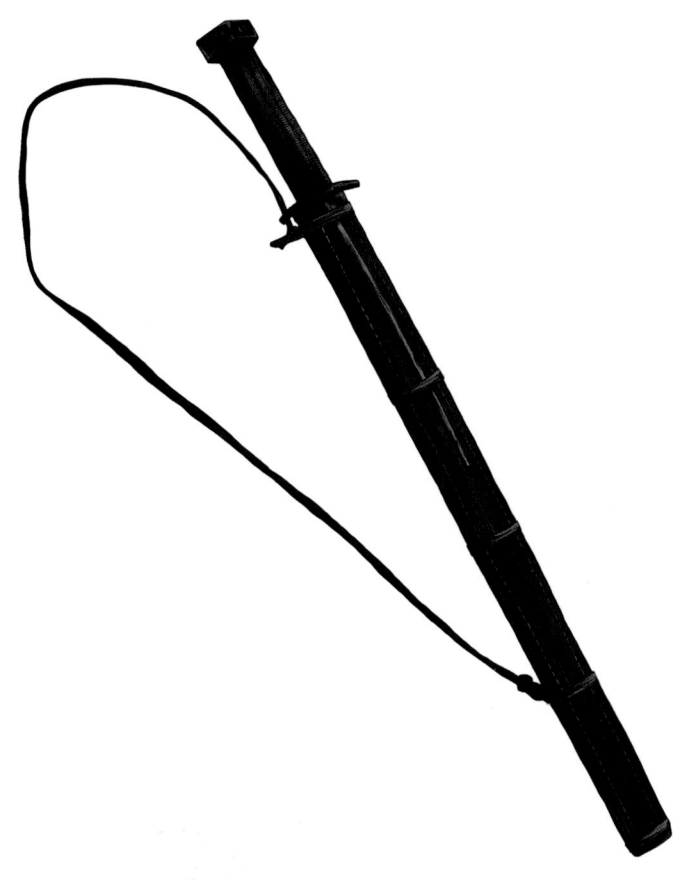

图一　珞巴族刀具主图

刀具是珞巴族男子随身佩戴的必备之物。由于珞巴族人生活在珞渝地区，生存环境恶劣，常有野兽出没，因此男子皆佩刀以防身自卫。除防身之外，珞巴族男子还利用其狩猎及辅助农业生产，并可用其装点服饰。

珞巴族使用的刀具主要有三种，分别为长刀、砍刀及弯刀。长刀，珞巴语称"俄夏"，大致由刀柄、刀身、刀鞘和刀套等部分组成。刀身长约65厘米，宽约5厘米，刀柄长约15厘米。刀柄一般为木质或铁质，常用藤条编织包裹。刀鞘通常为木质或竹制，刀鞘两端系有一根藤条以便携带。长刀在珞巴族人的生活中有着重要地位，它既是珞巴族男子主要的防身武器，也是财富的象征。珞巴族人有时会以熊皮、猴皮或者山猫皮装饰刀套，使其华贵庄严。在一些重要的场合也会使用长刀举行仪式，如在狩猎归来或祭祀山神的集会中进行刀舞。刀舞，珞巴语称为"巴给"，产生于远古部落的狩猎活动，是珞巴族力量和胜利的象征。刀舞的表演者均为男性，在舞蹈中表演者身穿黑色坎肩，肩披熊皮，头戴熊皮帽，肩上背有箭筒，左手持弓右手握刀，展开舞蹈。其次是砍刀，珞巴语称为"约克"或"阿约"，刀身长约40厘米左右，刀柄长约15厘米左右，刀宽5厘米左右。砍刀为单刃，刀身上宽下窄，刀头较重，没有刀尖。刀柄为木质，部分砍刀刀柄以藤条编织包裹。刀鞘分为木质和藤编两种。砍刀是珞巴族人日常生活和狩猎活动中较为常用的一种刀具，可用来砍树、剥树皮、削制竹木以及猎杀动物等。因此，珞巴族人通常随身携带，斜插腰间佩戴，很少离身。最后是弯刀，珞巴语称为"约节克"。弯刀有大、中、小三种，刀长分别为19厘米，16厘米和9厘米左右。刀宽一般为3厘米左右。弯刀刀头尖，刀身薄，十分锋利。刀柄与刀身成45度角，刀刃弯向外部。刀柄为木质，常用藤条编织包裹。因为弯刀小巧且易于操作，所以常用于剥兽皮、切菜、削制竹篾、编竹器等，收割庄稼时也可用于割穗。珞巴族人使用的铁器以及制铁制刀的工艺由西藏地区传入，而珞巴族人善于打制较小的弯刀、箭头和长矛的头，较少打制长刀，多数长刀均是与藏族人民交换或购买得来。

铁质刀具是珞巴族人生产生活中必不可少的手工艺用具。其装饰造型简洁明快，装饰材料丰富多样，反映了珞巴族人精巧的手工艺文化。

图片来源
图一至图九　蔡思穗　制图

参考文献
（印）沙钦·罗伊著，李坚尚，丛晓明译.珞巴族阿迪人的文化.西藏人民出版社，1991：108～109.
宋兆麟，高可，张建新.中国民族民俗文物辞典.太原：山西人民出版社，2004：480～481.
李坚尚.珞巴族的社会和文化.四川民族出版社，1992：29～44.
关东升.中国民族文化大观（藏族·门巴族·珞巴族）.北京：中国大百科全书出版社，1995：574～577.

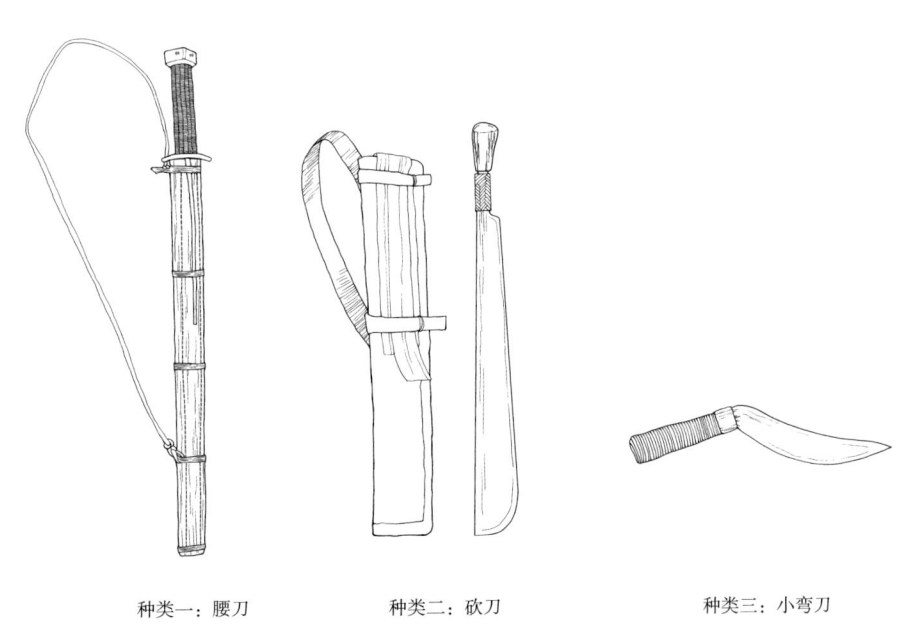

种类一：腰刀　　种类二：砍刀　　种类三：小弯刀

图二　珞巴族三种主要刀具种类

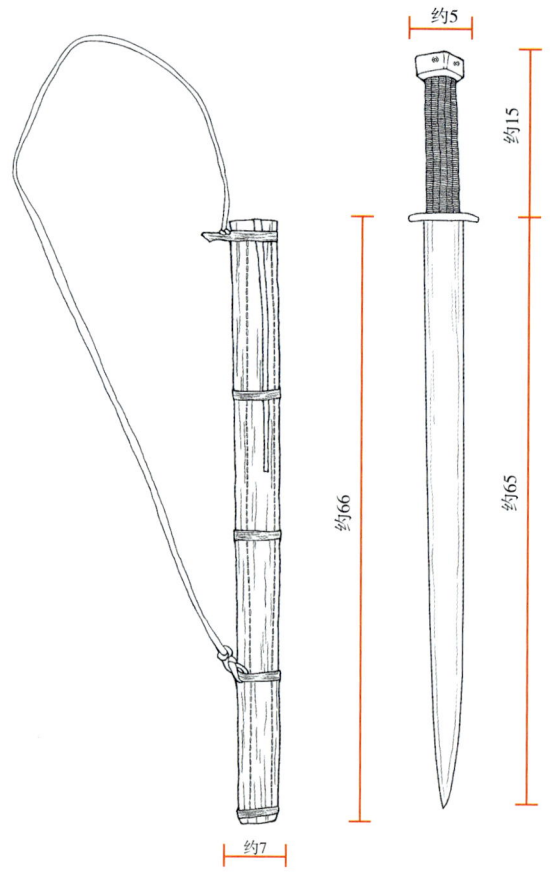

图三　珞巴族长刀尺寸图（单位：cm）

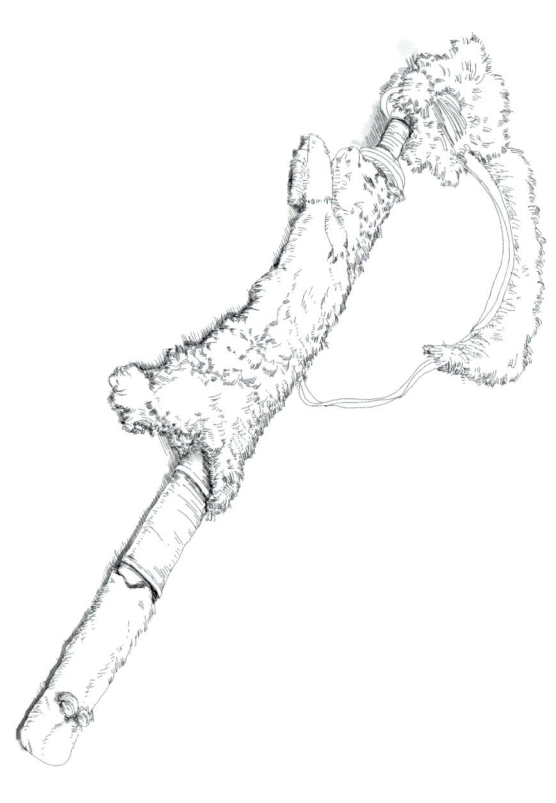

图四　珞巴族长刀刀套示意图

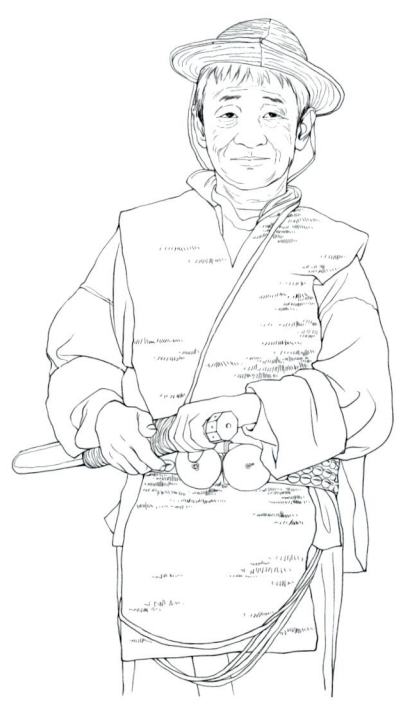

图五　珞巴族长刀佩戴示意图

图六　珞巴族长刀使用示意图

制刀炼铁用的双筒风箱

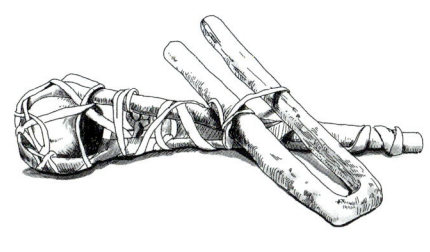
制刀炼铁用的原始锤子和钳子

图七　珞巴族制作刀具·制铁工具

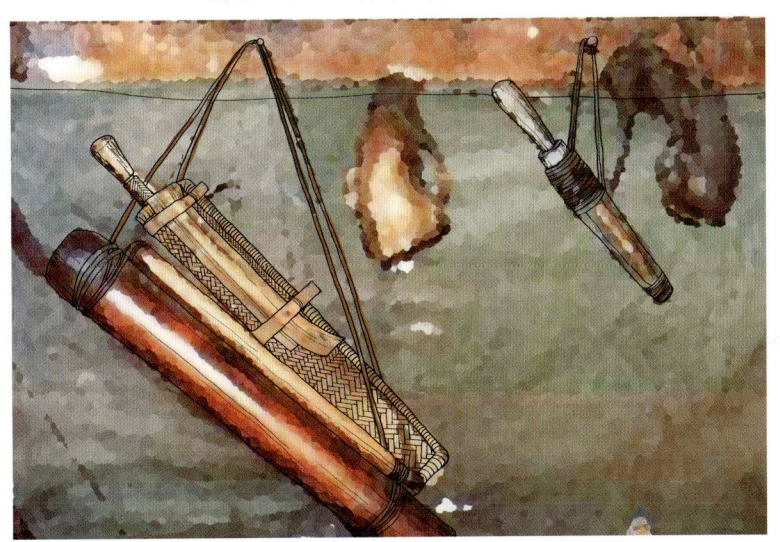

图八　珞巴族砍刀场景图

图九　珞巴族刀舞场景图

珞巴族篾背包

图一　珞巴族篾背包主图

珞渝地区属于亚热带山地季风温润气候，其资源和物产丰富，竹林遍布山野，竹子种类繁多。珞巴族人利用这得天独厚的资源和聪明才智，编造了各种满足生产与生活需要的竹器：从居住用的竹楼，狩猎用的各类弓箭，捕鱼用的鱼笼，到生活用的竹器等，均反映了珞巴族人高超的竹编技艺。在这许多的竹编生活用具中，篾背包是珞巴族竹编用具中常见的一种日用杂具。

篾背包是一种供珞巴族人背携食物、种子及杂物的日用器具。其材料采用竹篾编织而成，编织花样结实、紧凑，承重力较好。按照其样式，篾背包大致可分为男式与女式两类。其中以男式篾背包较为多见。男式篾背包又被珞巴族人称为"塔利"，大部分用作干粮袋。其主体部分呈长方形，高约50厘米，宽约35厘米。其上部与下部末端固定有两根"辫形"细肩带，可将其背于双肩之上。塔利的袋状造型主要依靠前后两片密织篾片缝合而成，底部及左右开口处采用紧密的人字编锁边，以保证其紧凑牢固。其外层比内层略长10～15厘米，方便其拿取物品。由于其体积较为扁平，因此珞巴族人常将其与棕丝外罩配合使用，以保护背包内物品不被风雨淋湿。使用时先将篾背包背于双肩之上，再将棕丝外罩系于颈上，使其覆于背包之上，以达到防雨的效果。制作塔利的工序大致分为三步，第一步是采用砍刀剖削备好的竹材，将其制作成竹条，然后用名为"约节克"的小弯刀削刮竹条，制成竹篾，再将竹篾蒸煮、修刮、打光后编织成背包成品。从塔利的编织工艺看，一般采用斜纹及人字纹编织工艺，其编织经纬整齐，结构疏密得当，形式典雅美观。除男式用"塔利"外，珞巴族还有一种供女士单肩斜挂的篾背包，名为"古崩结果"。其体比塔利略小，高约30厘米，宽约为40厘米，厚度约为15厘米。其上部有盖，可将其系于包身之上以固定包内物品。

篾背包是珞巴族人重要的装载类日用杂具，具有就地取材、实用便利、外形美观的特点，其精巧的编织工艺与简洁轻便的实用特点展现了制作者的独具匠心。

图片来源
图一、图二　宋春苑　制图
图五　李绮雯　摄影
图三、图四、图六至图八　蔡思穗　制图

参考文献
（印）沙钦·罗伊著，李坚尚，丛晓明译.珞巴族阿迪人的文化.拉萨：西藏人民出版社，1991：51～73、74.
李坚尚.珞巴族的社会和文化.成都：四川民族出版社，1992：40、191.

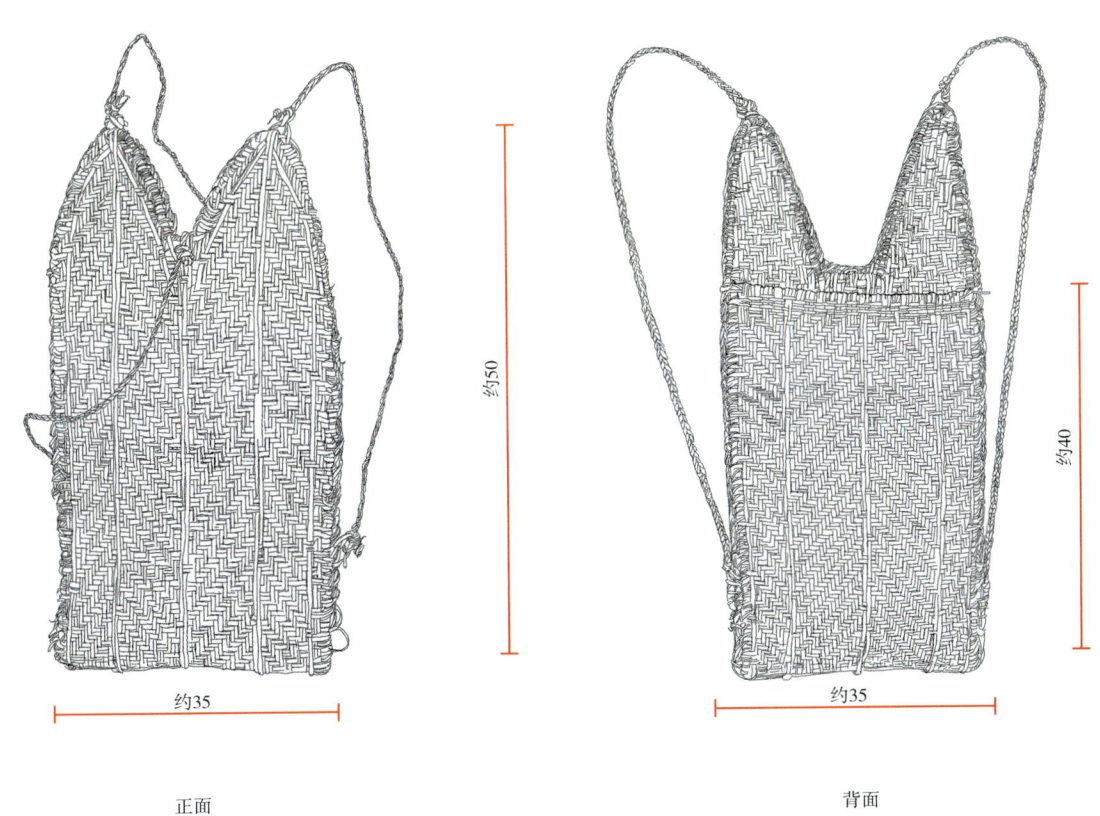

正面　　　　　　　　　　　　　背面

图二　珞巴族篾背包尺寸图（单位：cm）

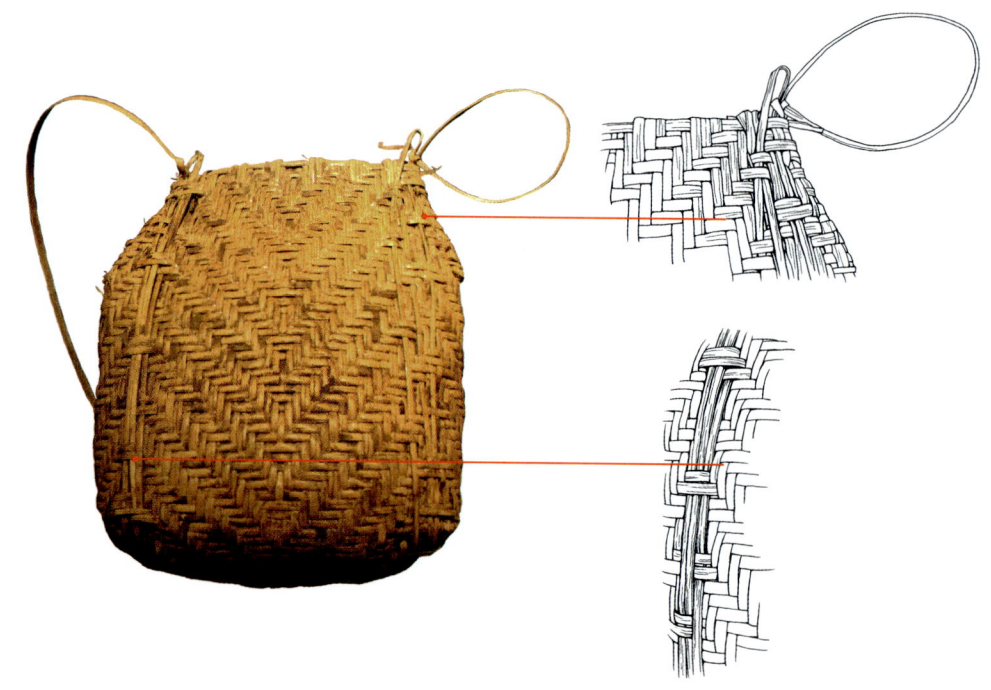

图三　珞巴族篾背包编织节点示意图

打猎时穿的棕丝外罩

将篾背包置于棕丝外罩内

打猎时装扮：首先背上篾背包，然后披上棕丝外罩

图四　珞巴族篾背包佩戴效果图1

图五　珞巴族篾背包·古崩结果

图六　珞巴族篾背包佩戴效果图 2

第四章　珞巴族传统生活用具

图七　珞巴族篾背包佩戴效果图 3

图八　珞巴族篾背包使用场景图

珞巴族烟斗

图一 珞巴族烟斗主图

地处藏南的珞巴族人受其周边贸易环境影响，吸烟成为他们的普遍嗜好，不论男女都喜欢吸旱烟，有的少年也会口嚼烟斗。珞巴族人一般采用烟斗燃吸碎烟叶或烟丝的吸烟方式。

珞巴族人使用的烟斗依据其材质的不同可分为白铜烟斗、黄铜烟斗及杂木烟斗等三类。其中以白铜与杂木烟斗最为常见。从烟斗斗柄的造型及形状看，珞巴族烟斗多为直斗，即烟斗斗柄呈直线状。由于珞巴族人使用铁器时间较晚，其金属原料和铁制工具多通过与其他民族交换得来，因此早期珞巴族人的白铜烟斗亦是通过以物易物的方式置换得来。白铜烟斗长约15厘米，烟口直径约为3厘米，直柄细脖，造型轻盈小巧且便于携带。有的白铜烟斗斗钵外围通体雕刻具有太阳神崇拜意味的几何纹样及各式花纹，外观形式讲究。有的烟斗柄身穿有小孔，以绳挂佩戴于脖颈之上，或悬于腰间，可供族人在劳作之余吸食，以达到减缓疲劳、放松身心的目的。杂木烟斗也是珞巴族人常用的一种烟具，其柄身及斗钵皆以木材或竹材等制成，形式较白铜烟斗简陋。杂木烟斗多由珞巴族人自行制造。其制作工序大致分为选材、制作成型及调试等三步。在选择材料时，通常选用珞巴族当地较结实的老竹或质地坚硬的木材，竹材外表需光滑无瑕。选择好材料后即制作烟斗。烟斗构造大致分为斗钵及斗柄两部分。其中斗钵的制作工艺较讲究，分为劈竹坯或木材、凿空竹节或木坯、拼凑成钵、打磨抛光等四个步骤。斗钵大致呈桶状，其上以铁箍等金属材料箍紧，务须严丝合缝。斗钵钵身制作完成后，在钵身下部约1/6处切一斜口，插入直径约1厘米左右的竹管或木管做成的斗柄，再将斗钵与斗柄接缝处涂上牛胶等黏结材料，杂木烟斗即加工完毕。烟斗制成后还需往烟斗内灌清水试吸，不漏水不漏气则大功告成。

珞巴族烟斗是珞巴族人广泛使用的一种吸烟器具，其简洁的造型及精巧的制作工艺反映了珞巴族人质朴的生活习惯与风俗人情。

图片来源

图一至图八　蔡思穗、宋春苑　制图

参考文献

（印）沙钦·罗伊著，李坚尚，丛晓明译.珞巴族阿迪人的文化.拉萨：西藏人民出版社，1991：134～135.

宋兆麟，高可，张建新.中国民族民俗文物辞典.太原：山西人民出版社，2004：133.

王安珠.中国烟具文化.天津：百花文艺出版社.2004：3、113.

房建昌.有关西藏烟草的嗜吸及鸦片之禁的若干实事.载中国边疆史地研究，1995（3）：13.

洛思.珞巴族饮食习俗惯制.西藏民族学院学报，1989（2）：56～62.

张丽颖.中国烟具及烟文化.中央民族大学硕士学位论文.2013.

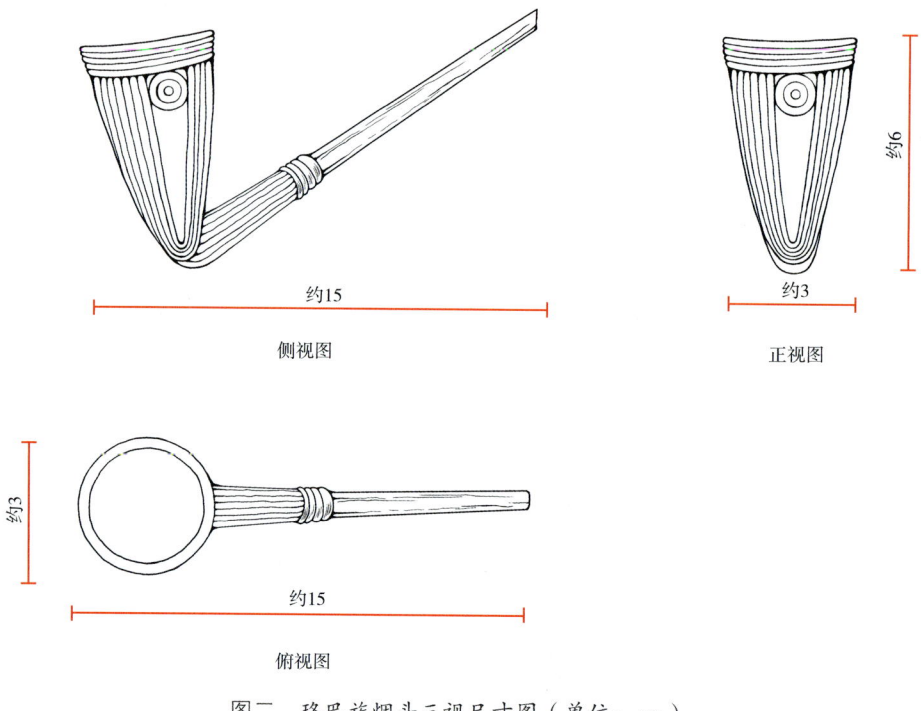

图二　珞巴族烟斗三视尺寸图（单位：cm）

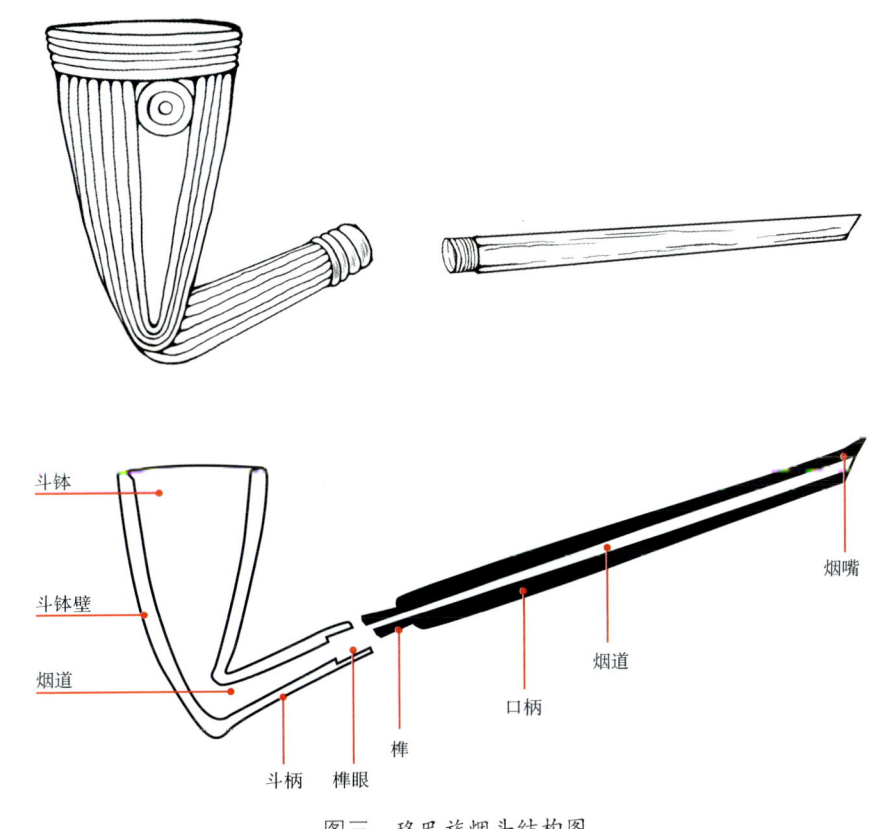

图三　珞巴族烟斗结构图

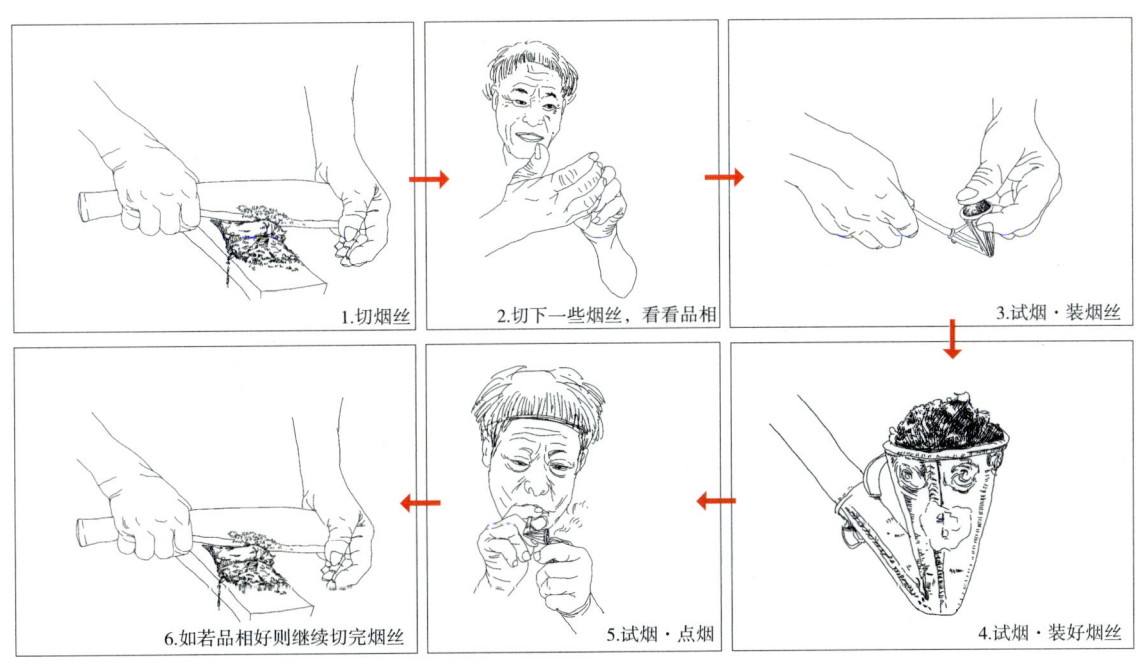

图四　珞巴族制烟过程图

第四章　珞巴族传统生活用具

165

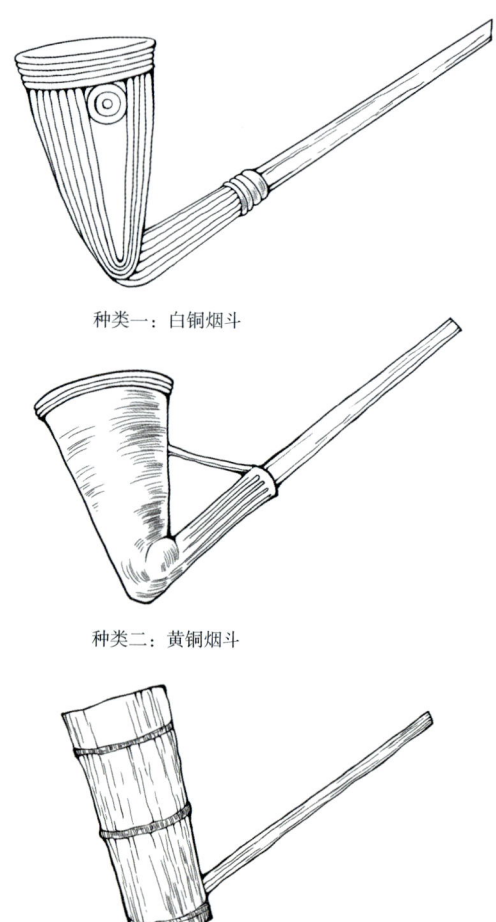

种类一：白铜烟斗

种类二：黄铜烟斗

种类三：杂木烟斗

图五　珞巴族烟斗的主要类型

图六　珞巴族杂木烟斗彩图

图七　珞巴族烟斗使用效果图 1

图八　珞巴族烟斗使用效果图 2

第四章　珞巴族传统生活用具

第五章 珞巴族传统生产工具

珞巴族耕作工具与方式

图一　珞巴族耕作工具杈扬主图

在珞巴族整个农业生产过程如翻土、点种、除草等农事活动中，竹、木和骨制农具起着重要的作用。由于珞巴族人本身不冶铁，也不制造大件的铁质工具，铁质工具多数依靠藏族地区输入，这就限制了铁质工具的推广。其劳动工具主要有杈扬、镰刀、"竹刮子"、木锄、木锹等。

杈扬是珞巴族的打场工具，珞巴语称"嘎布热（rā）"。其制作是将一截带杈树枝去皮削尖双杈，柄长110厘米，双齿长40厘米，主要用来翻晒小麦、青稞、柴草之类。镰刀作为珞巴族的收割农具，珞巴语称"索热"，其柄长30厘米左右，主要用于收割青稞、小麦等农作物。竹刮子是珞巴族人不可缺少的松土和锄草工具。珞巴族称"厄"。其制作方法简易，用长约50厘米、宽约2厘米的竹片弯成椭圆形，两头交叉即可。除以上工具之外，珞巴族传统的耕作工具还有木锹和木锄。木锹是用青枫木等硬质木料制成，珞巴语称"打洛"，主要用于翻土。它长约120厘米，锹头长约40厘米，宽约15厘米，自肩往下收缩成尖状。上部为柄，柄长约80厘米，略呈圆形，往下至锹头部，呈扁状，可架住从柄端套下的横踏板，柄端安一个便于把握的横木。木锹挖土时一般可入土20多厘米，至20世纪末已基本不用；木锄是用木质坚硬的青枫树砍制而成，珞巴语称"莎节"。制作时，选用开叉的青枫树，以直的一头作柄，弯曲部分砍成锄头形状，尖端削成扁形或圆形。柄长约65厘米，锄头约13.5厘米，柄与头约成45度角。锄头用于翻土、铲皮草和刨块根植物。铁器传入后，木锄的锄头上包了一层铁皮，叫做"加摄"，提高了工作效率，流行于米林珞巴族村落中。

在珞巴族农业的不断发展中，除了农艺的进步以外，其农具经历了不同的发展过程。由没有经过加工的动物骨角转变为使用石器及其加工的木质农具，进一步产生了用铁刀铁斧制作的硬质木料工具如木锄、木锹等。这些工具各有其独特的功能，从而使农耕技术有了新的发展。

图片来源
图一、图四　陶琨　摄影
图二至图三、图五至图七　宋莉娜　制图
参考文献
关东升.中国民族文化大观（藏族·门巴族·珞巴族）.北京：中国大百科全书出版社，1995：569～571.
宋兆麟，高可，张建新.中国民族民俗文物辞典.太原：山西人民出版社，2004：479～480.

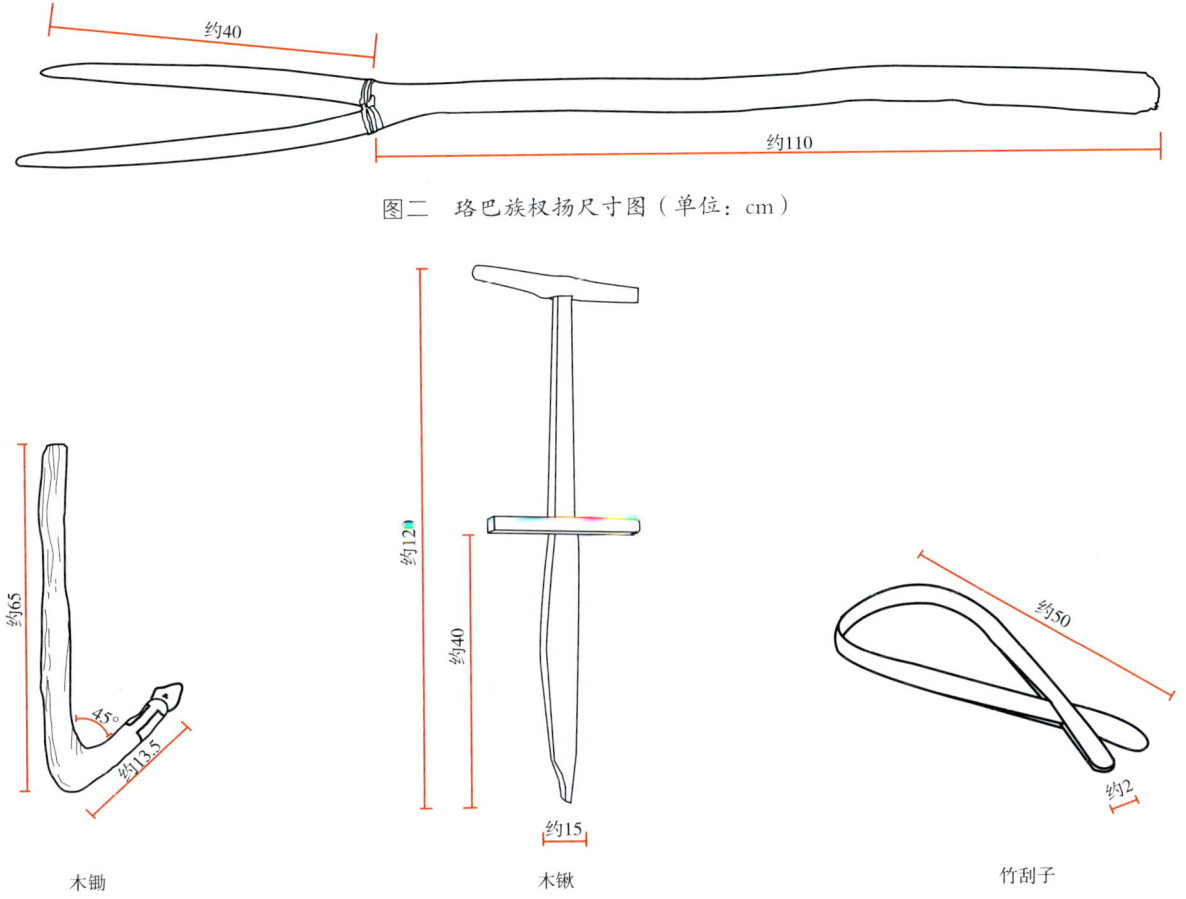

图二 珞巴族权扬尺寸图（单位：cm）

木锄　　　　　木锹　　　　　竹刮子

图三 珞巴族其他耕作工具尺寸图（木锄、木锹、竹刮子）（单位：cm）

图四 珞巴族镰刀

第五章 珞巴族传统生产工具

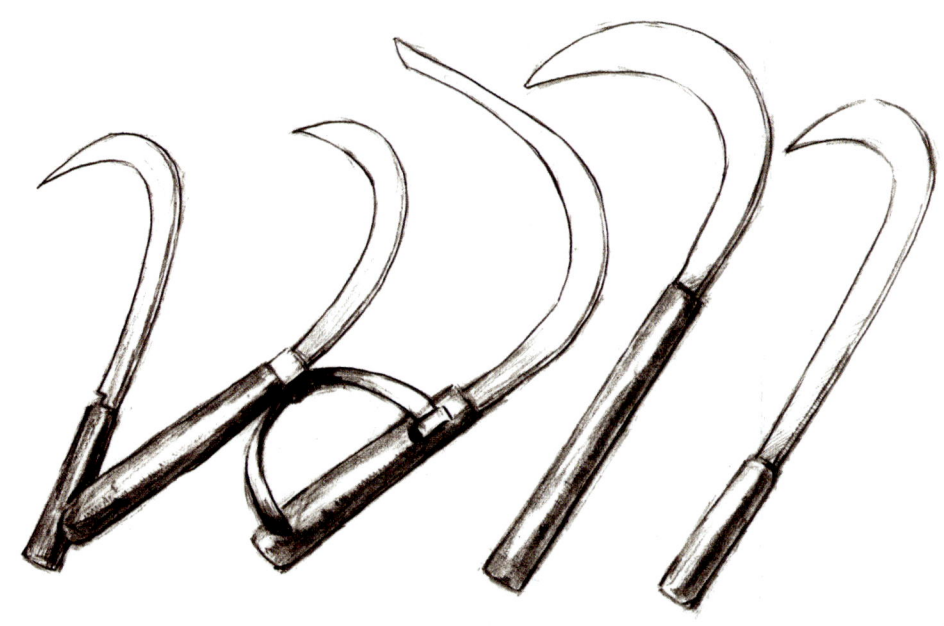

图五　珞巴族不同造型的镰刀

图六　珞巴族耕作工具使用场景图1

图七　珞巴族耕作工具使用场景图 2

珞巴族酿造工具与方式

图一 珞巴族酿造主要场景主图

珞巴族的酿造方式比较传统，主要产品为酒。珞巴人民好客，待客通常都以酒代茶，因此，酒的种类有很多，并积累了特有而完整的酿酒技术。酿酒材料通常选择自家生产的谷物，用于酿酒的粮食占据了珞巴族粮食总消耗量的很大比例。

珞巴族人通常饮用的是用玉米或鸡爪谷酿造的黄酒，其酿造过程是先将玉米或鸡爪谷煮熟（这两种谷物有生煮和炒熟后再煮两种做法，炒过后的酒味更加醇香），过滤水后进行散热，冷却到温度与人体温相仿时，加以酒曲搅拌均匀，盛入垫有树叶的筐内，再盖上树叶放置在火塘旁使其发酵。当酒酿溢出酒味时，再将其装入陶罐或大葫芦内封酿。待其酿熟、酒香四溢后，用烧编竹篓（在里面衬垫芭蕉叶以密严不渗）盛装，悬在屋梁上加水滤出黄色的水酒。在节庆时，珞巴族饮用稻米或小米制作的醪糟酒。其酿造过程同鸡爪谷酒相似，将稻米煮熟后晾到温度适宜时，拌上酒曲发酵装桶，数日即酿成。

"达谢"、"达荪"是珞巴族人的主要食物原料，同时也是酿酒的重要原料。"达谢"酒的制作过程是：将树茎去皮，用刀切成薄片用杵臼捣碎，煮两小时左右，过滤晾凉后，拌以酒曲，其后的制作过程和玉米酒相同；"达荪"酒的制作过程是：将"达荪"树加工取出淀粉，风干，再用陶锅将其炒熟，加入温水搅匀，待其凉后撒上酒曲，其后制作过程同"达谢"酒。另外，在珞渝地区有一种叫作"达洛木亚"的竹子，竹子的花果是珞巴族人常用的酿酒材料。其做法和玉米酒相同，酒味甜辣，不适合多饮。珞渝地区也盛产野蜂蜜，珞巴族使用蜂巢来制作蜜蜡酒。其做法是：将撕碎的蜂巢放在陶锅内加水煮，煮两到三小时，待其凉后撒入酒曲，再装入葫芦内，4天左右即可发酵成酒。此酒可口，

但也不宜多喝，可存放一两年时间。以上是几种黄酒的制作方法。珞巴族也制作白酒，其过程与其他酒的酿造过程大致相同，当酒酿溢出酒香时，将其倒入锅内加水煮。在锅中放一个盆，锅口上放一个装有冷水的盆当盖，再用布等物将锅口密封好，用旺火烧煮，上升的蒸气遇冷凝聚成汁液落入锅内的盆中，此液体即是白酒，珞巴族将其作为待客的上等佳酿。珞巴族酿酒的技术纯熟，其酿酒的工具也是十分完备，其中，酿酒桶是十分主要的酿酒器具，珞巴族语称"羌得"，大小不一，本案例中的酿酒桶由红松木制作而成，高59厘米，外径39厘米，直壁，平底，竹箍，下端设有一出酒口。

在自然环境、宗教习俗及社会经济发展水平等因素的影响下，珞巴族依然保持了当地传统饮食习俗及酿造工艺，这既是珞巴族饮食文化中重要的非物质文化遗产，也是区别于其他民族的标志之一。

图片来源
图一、图四　陶琨　制图
图二至图三、图五至图六　宋莉娜　制图

参考文献
李坚尚，刘芳贤.珞巴族的社会和文化.成都：四川民族出版社，1992：176～180.
关东升.中国民族文化大观（藏族·门巴族·珞巴族）.北京：中国大百科全书出版社，1995：604～605.

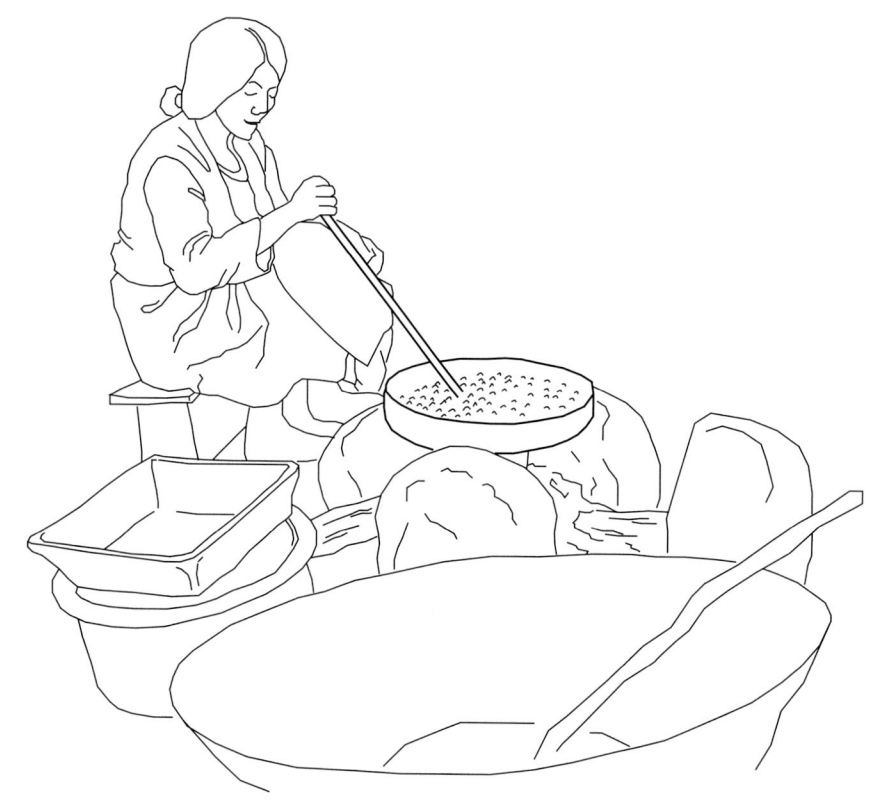

图二　珞巴族炒玉米场景图

图三　珞巴族衬垫芭蕉叶场景图

图四　珞巴族用竹篓盛装场景图

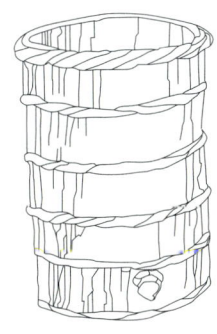
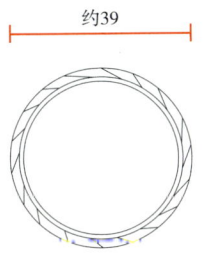
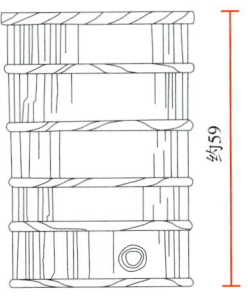

约39

约59

图五　珞巴族酿酒桶尺寸图（酿造工具）（单位：cm）

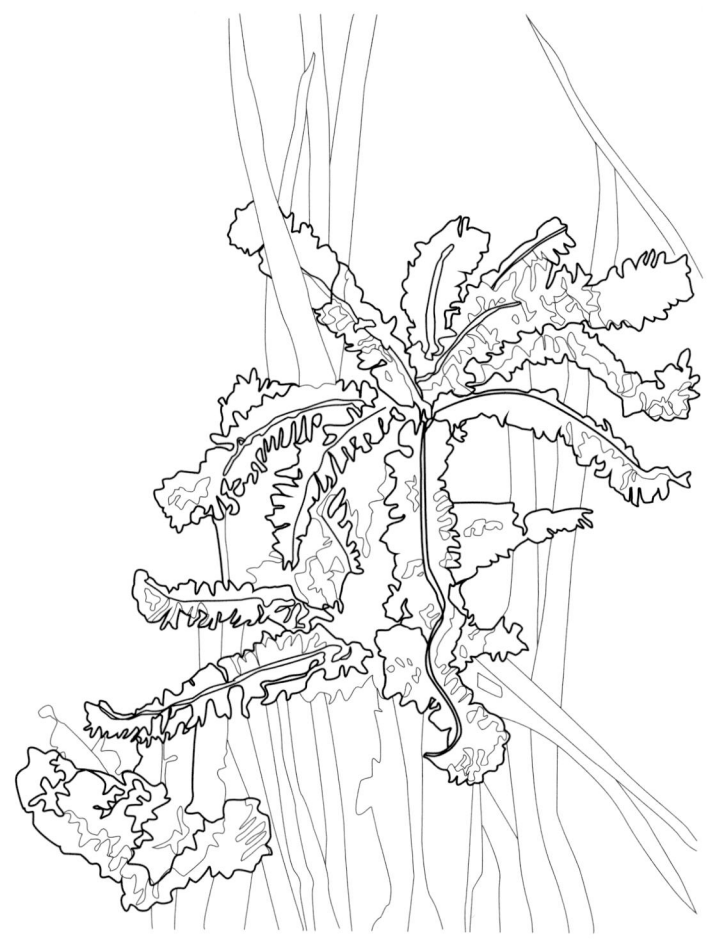

图六　鸡爪谷（酿造材料）

珞巴族粮食加工工具与方式

图一 珞巴族粮食加工工具——杵臼与晒谷篮主图

珞巴族的农业生产方式较为单一，粮食加工采用的是相对原始的工具与方式，主要的加工工具有杵臼、结箩（晒谷篮）、石磨、竹筛等。

杵臼，由木杵和木臼组成，珞巴语称"赫尼"或"第列卓"，用于舂鸡爪谷和稻米。杵臼的制作比较简单，主要是用一根长约100厘米、直径约13厘米的圆木削成两头粗、中间细的木杵，便于手握，再将高83厘米、直径66厘米的圆木中间挖空，制成木臼，二者成套使用。使用时，劳作者通过上下撞击和旋转压碾，剥离粮食的皮壳，从而达到粮食加工的目的。由于珞巴族选择了既适宜山地生长又易于培育管理的作物，且主要种植物以鸡爪谷、荞麦等谷物为主，这些谷物的传统加工方式即是先用木质杵臼将带壳谷物舂去皮壳。其后再用另一种粮食加工工具——石磨将其磨成粒或面粉。其中，碎粒用来煮饭，面粉可做成烙饼。当粮食收成较好时，珞巴族人会使用结箩通过晾晒使粮食便于存储。结箩又名晒谷篮，珞巴语称"鄂标"，用竹篾编织而成，整体呈敞口、平底状，长约100厘米，宽90厘米，深20厘米。粮食晾晒后需用竹筛进行进一步加工，竹筛是珞巴族人重要的粮食作物清洁脱粒工具，由人力操作。使用时人将粮食置入竹筛后不断上下左右适度摇晃，使谷粒与竹筛表面产生摩擦，谷壳与谷粒便会逐渐分离，细小的杂质通过缝隙筛出，由于惯性，较轻的谷壳被分离出来，从而较为高效地得到加工完成的粮食。

　　珞巴族传统粮食加工方式和工具与当地的食物原料、气候条件、生活方式均密切相关。珞巴族人充分利用了自然条件，并通过长期的生产实践，形成了颇具特色的农耕文化。

图片来源

图一　陶琨、李绮雯　摄影
图二至图三　宋莉娜、潘馨兰　制图
图四、图六　潘馨兰　制图
图五　龚滢　制图
图七　刘佳　摄影

参考文献

宋兆麟，高可，张建新. 中国民族民俗文物辞典. 太原：山西人民出版社，2004：480.

洛思. 珞巴族饮食习俗惯例. 西藏民族学院学报（社会科学版），1989（2）.

奖崇峰. 珞巴族饮食文化. 烹调知识（民族食风），2006（10）.

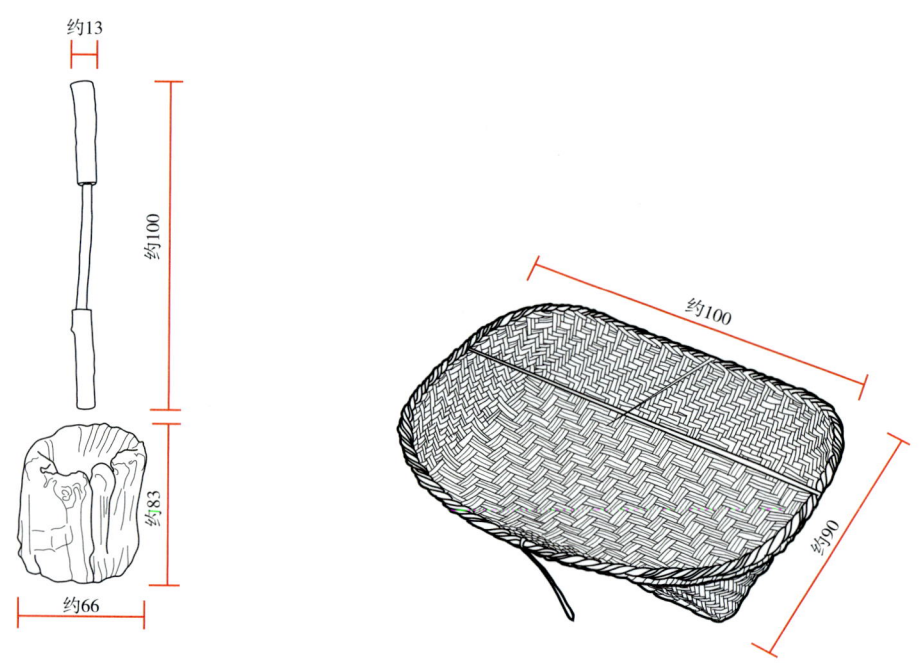

图二　珞巴族杵臼与晒谷篮尺寸图（单位：cm）

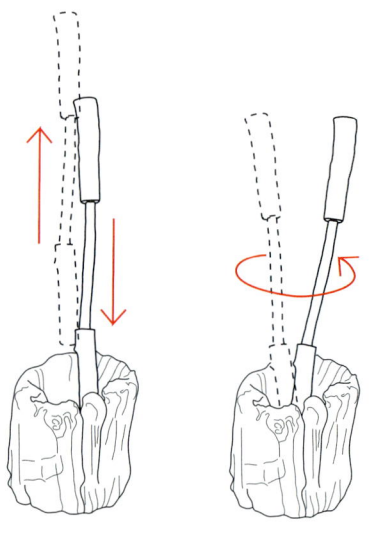

图三　珞巴族杵臼工作原理

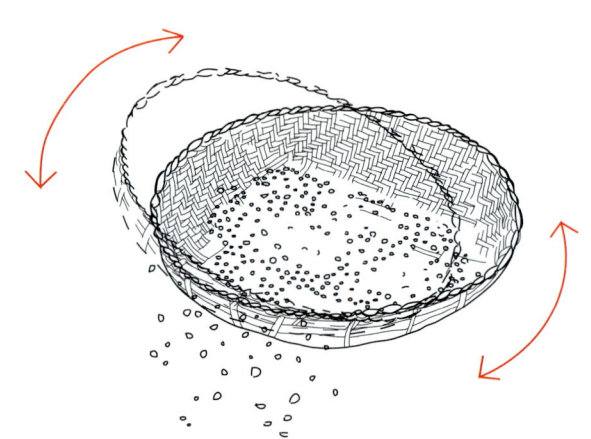

图四　珞巴族晒谷篮工作原理

图五　珞巴族杵臼使用情景图

第五章　珞巴族传统生产工具

图六　珞巴族晒谷篮使用情境图

图七　珞巴族石磨

珞巴族狩猎工具与方式

图一 珞巴族狩猎工具——地箭、鱼笼与捕鼠器主图

狩猎是珞巴族获取食物的主要来源之一，高山峡谷中丰富的野生动物资源为珞巴族人的狩猎提供了优越的自然条件。珞巴族传统的狩猎工具有地箭、捕鼠器、鱼笼、竹签陷阱等。

其中地箭是珞巴族的一种常用猎具，用于捕猎野牛野猪等动物，珞巴语称为"达洛木马达"。地箭采用一种质地坚硬的竹子制成，箭头则是用叫做"灰白"的竹子削尖熏烤而成。虽然其制作方法较为简单，但在狩猎时安放正确却不容易，全凭猎人丰富的狩猎经验。在捕猎前，猎人会将野兽经常出没之处的一些植物枝杈砍倒，阻塞多余的通道，形成一个"八"字形的路障。然后把弓弦拉开，箭杆作为撑张柱，用活动机关中的活动扳机作固定点，扳机上设一绳索与通道上的踏板或横木相连，或者直接固定在通道上的另一根木桩上。野兽一旦进入，就会触动引索启动机关，箭即射出，击中要害。此外，地箭的箭头均有涂毒，这是珞巴族人的一项绝活，同时也是一件非常危险的工作。由于珞巴族生活的地区人烟稀少、林密谷深，涂毒是为防止野兽中箭后逃窜，导致狩猎失败。制毒的原料为生长在海拔5000米的雪山一支蒿，它的茎带有毒性。若按一定比例在雪山一支蒿粉末中掺入过江龙粉末，可以令毒性长时间存放而毒效不减。在制毒过程中，制毒人的手上不能有任何伤口，并且需要用衣服蒙住口鼻，顺风而坐。配制出来的毒药毒性很强，若将一只鸡刺伤后在伤口上撒上药粉，再将鸡向上抛出，鸡落地时即已死亡，故该毒可谓见血封喉。狩猎前，猎人会将毒粉加水调制均匀后直接涂在箭头上，也可将毒粉装入兽角或竹筒，掺尿浸泡，发酵后再用。对于体型较小的动物，如珞巴族人喜欢食用的山鼠，他们会使用较为原始的捕鼠器。它用竹篾编制而成，插于山鼠经常出没的地方，拉开弓，形成弹力，老鼠一旦经过，触动机关上的支撑条，捕鼠器上的夹板便将其夹住，同时身体被线缠绕，且越挣扎线勒得越紧，直至猎人将其捕获。对于较为凶暴的野兽，如狗熊、野猪等，竹箭陷阱是珞巴族常用的捕猎方式。陷阱一般选在野兽经常出没的地方，挖一人多深的坑，坑底倒插竹箭后上覆草和树枝，再铺上泥土等进行伪装，野兽从上面走过即会坠入陷阱内被竹箭扎死。此外，珞巴族人的捕鱼方式多种多样，常用的有鱼笼、挂笼、竹鱼钩和马尾鱼套等。鱼笼在珞巴语中被称为"德尔中"，用竹篾编织而成，头大尾小，呈漏斗状。根据河流水源情况，鱼笼有大小不同的规格：小的口径30厘米，长70厘米；大的口径100厘米，长200厘米。捕鱼时，先把准备好的鱼篓逆水安置在水流相对平缓的地带，将石块压于篓腹后，等待鱼儿自投罗网。篓的入口处装有倒刺，鱼进入后因倒刺遮挡而不能游出。

狩猎为珞巴族人提供了较多的食物，同时也充分体现出珞巴族人民的聪明睿智及创

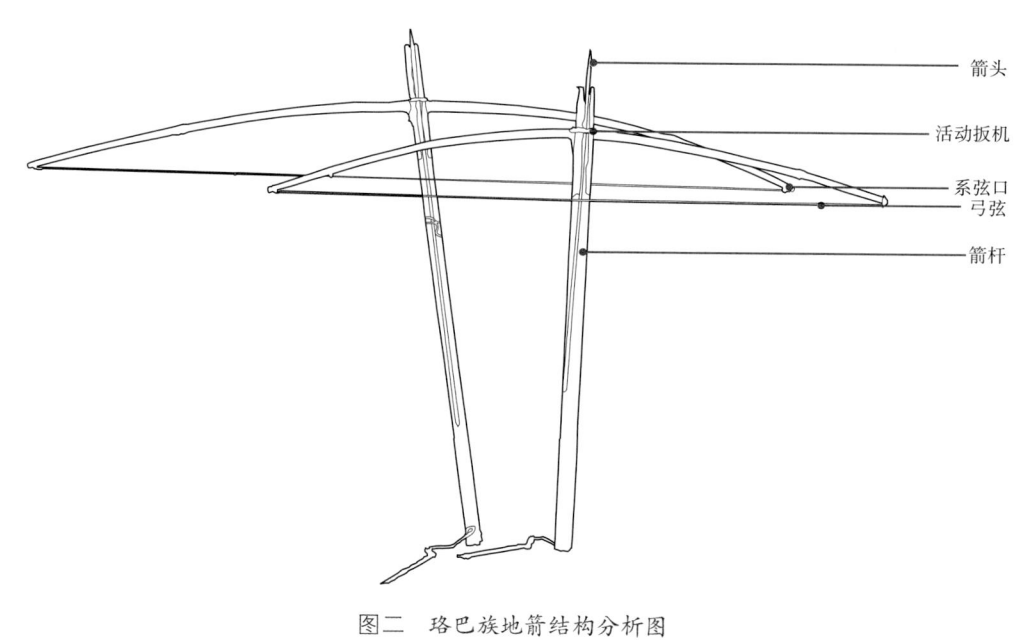

图二　珞巴族地箭结构分析图

造才能。如今随着珞巴族饲养业的发展，狩猎已从谋生的手段渐渐变成一种娱乐方式。

图片来源

图一　陶琨、李绮雯　摄影　潘馨兰　制图
图二至图四、图七至图八　潘馨兰　制图
图五至图六　宋莉娜　制图

参考文献

龚锐，晋美.珞巴族——西藏米林县琼林村调查.昆明：云南大学出版社，2004：270～271.

关东升.中国民族文化大观（藏族·门巴族·珞巴族）.北京：中国大百科全书出版社，1995：530～531.

陈秋雄.藏东南文化遗产探秘.福州：福建省新闻出版局，2011：40～42.

宋兆麟，高可，张建新.中国民族民俗文物辞典.太原，山西人民出版社，2004：531.

罗洪忠.莲花圣地——世界第一大峡谷人文风情解读.成都：电子科技大学出版社，2012：105～106、170～171.

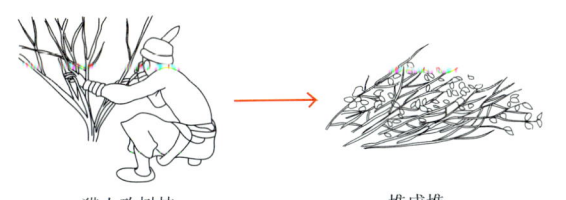

猎人砍树枝　　　　堆成堆

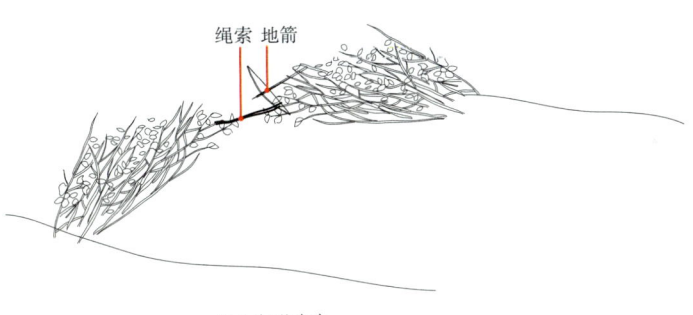

绳索　地箭

设八字形路障

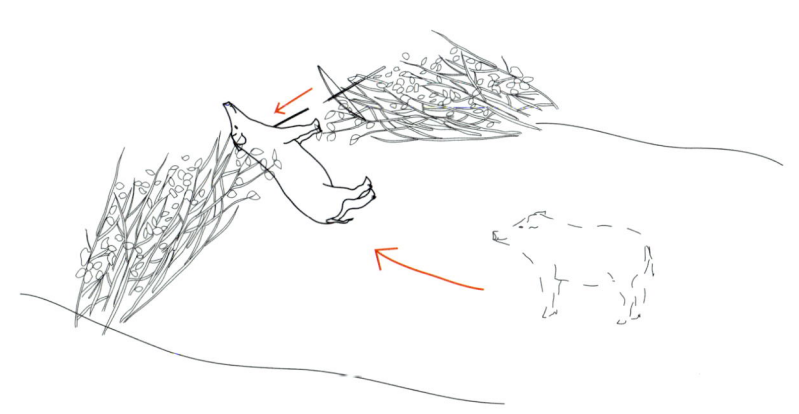

野兽路过，触发机关后被箭射中

图三　珞巴族地箭狩猎过程示意图

图四 珞巴族地箭箭毒制作流程

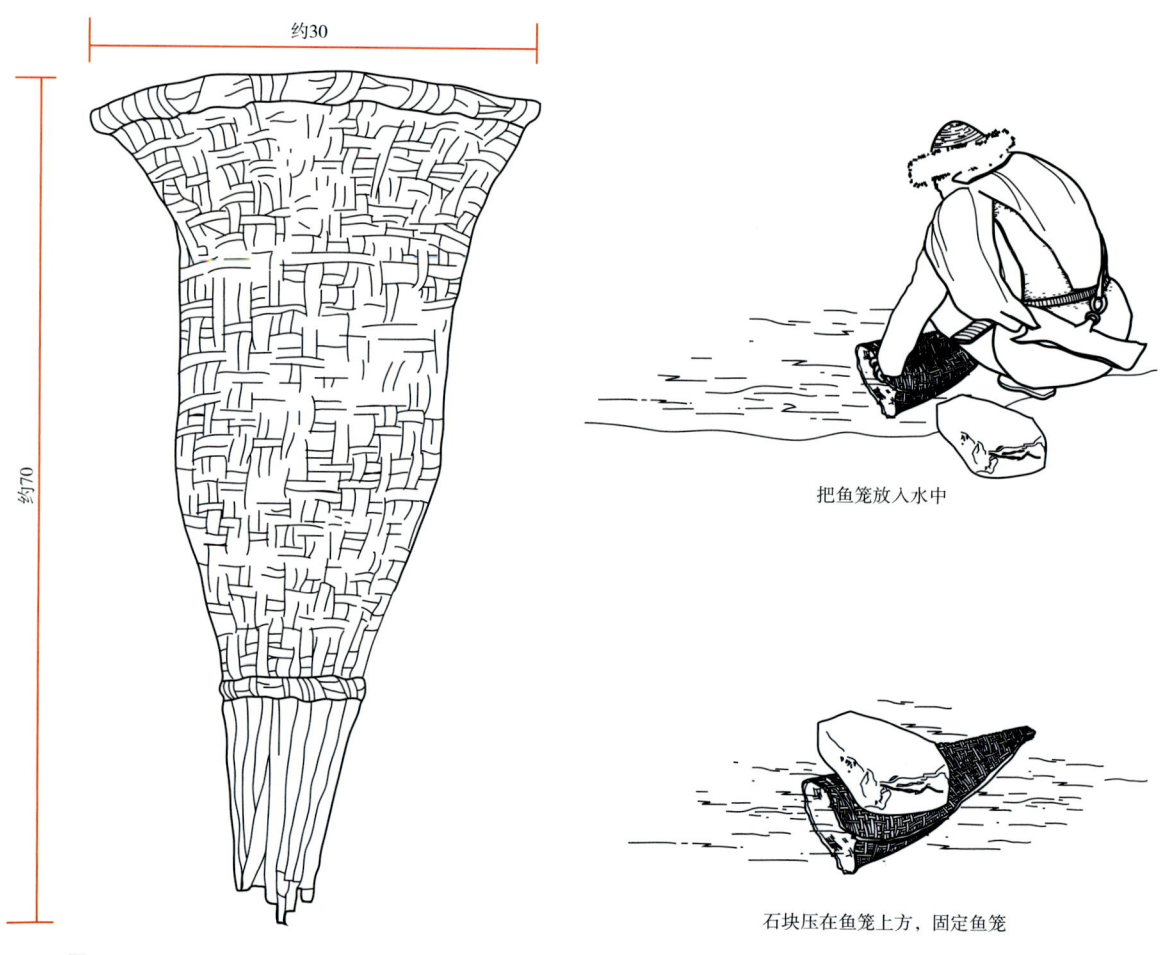

图五 珞巴族鱼笼尺寸图（单位：cm）

图六 珞巴族鱼笼工作原理图

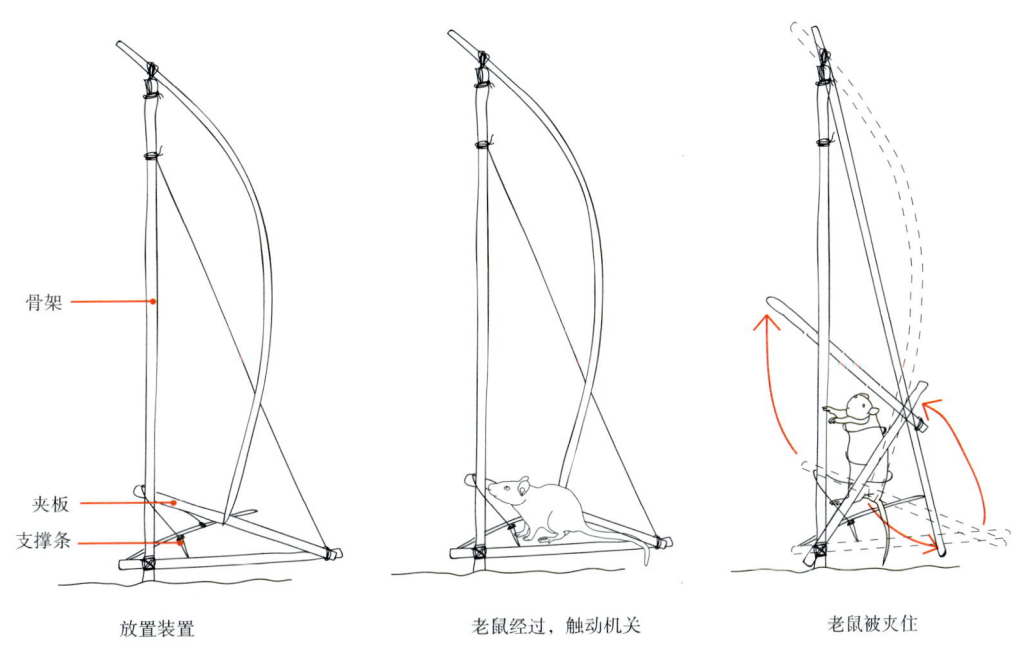

图七 珞巴族捕鼠器工作原理图

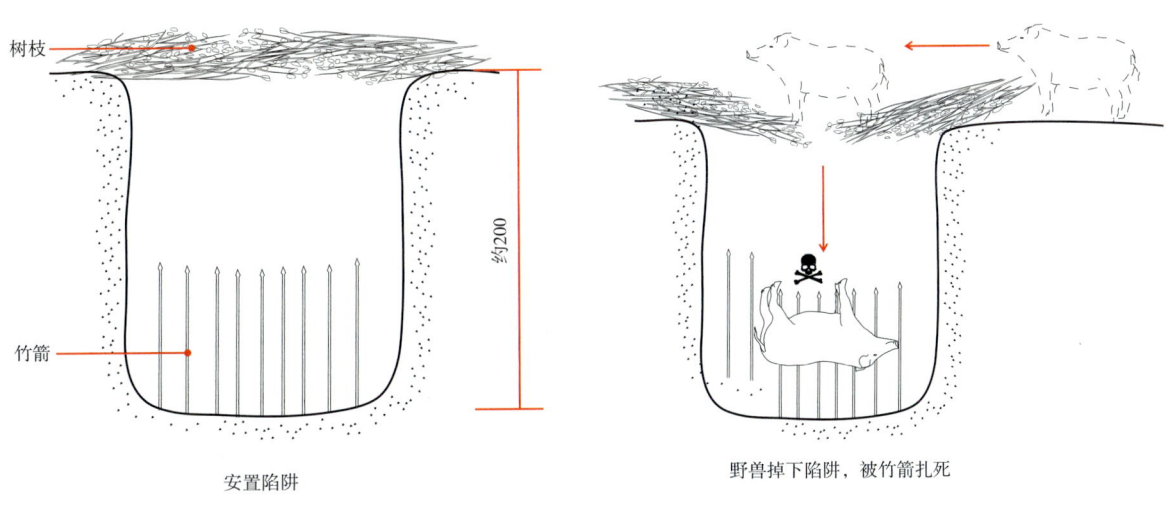

图八 珞巴族竹箭陷阱（单位：cm）

珞巴族腰机

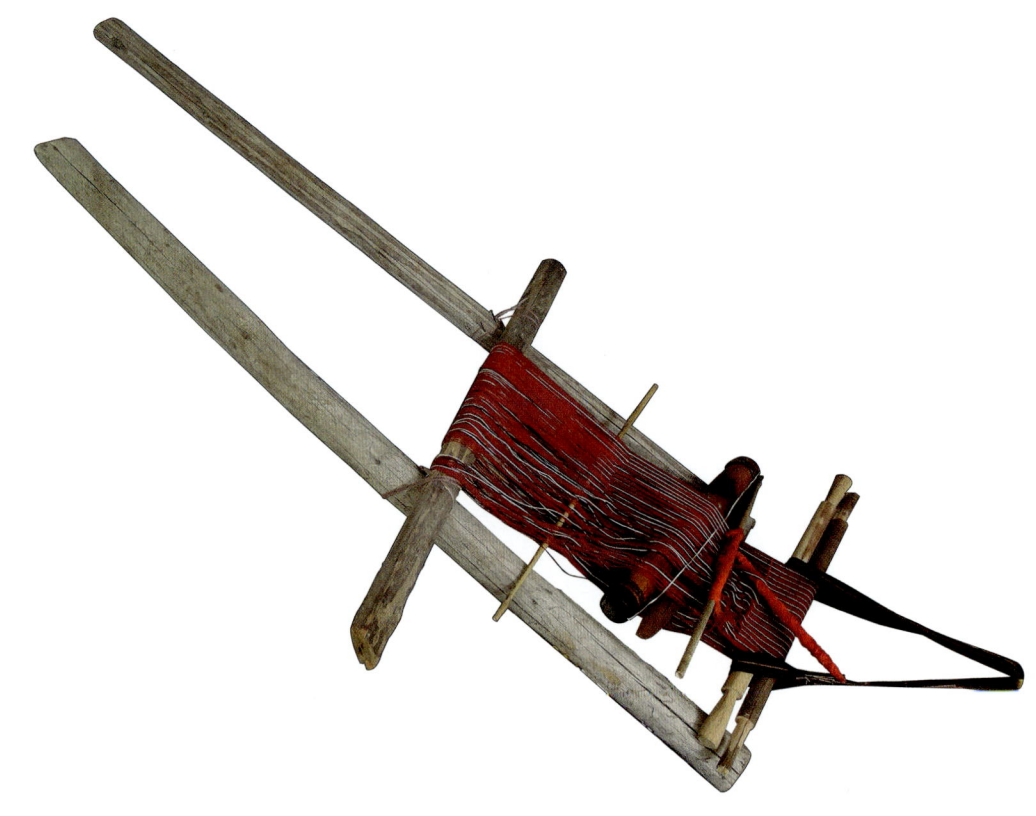

图一　珞巴族腰机主图

原始社会时期的珞巴族没有纺织工具和技术，人们只能用兽皮、植物茎叶来防寒遮羞。随着珞巴族生产技术的发展，简单易用的织造工具——腰机（珞巴语称"格孔嘎隆"）的出现，标志着珞巴族人学会了纺织布料，并用此来制作服饰。

腰机构造简单，长约1.8米，宽约1米，主要由卷布轴、经轴、分经棍、综杆、打纬刀、纡子、腰带等构成。搭建织布机主体框架时需用两根等长橡子木倾斜45度搭于墙上，再将3个经轴（珞巴语称"崩达"）。分别横拴于橡子木顶端、中部和末端，其中顶端经轴为织男装所用，中部经轴为织女装所用。拴毕后整经，即将两根线包上下引出，组成一幅纱片，并使经纱具有均匀的张力，相互平行紧密地缠绕于经轴上，经轴表面要平整，无凹凸不平现象，为形成织轴做初步准备。穿经时根据织物的要求将织轴上的经纱按一定的规律穿过停经片、综丝和筘，以便织造时形成梭口，引入纬纱织成所需的织物。结束了穿经工序，即可开始织布。织布时，织者在末端的经轴两旁套上腰筘盘于中央，在中部与末端经轴两边各搭一细竹条，用于固定经纱的宽幅，利用分经棍形成一个自然梭口，纤子引纬，其上绕有纬纱，用木制砍刀（即打纬刀）打纬。织第二梭时，提起综杆，下层经纱提起，形成第二梭口，打纬砍刀放入梭口后立起砍刀固定梭口，再使用纤子引纬，砍刀打纬，如此交替织作，不断循环。若开口不清，则于上层经纱之上增加一较粗的压辊，以防上层经纱同时浮动。使用腰机织出的布一般较窄，以条纹、圆形纹、"之"字纹和三角纹等几何形图案为主，这些精心织造出的布料主要用于制作奥给冬玛（女装上衣）、加崩（筒裙）、里搜（脚套）、纳木（男式套装）等。除此之外，珞巴族人还会通过捻毛线和用天然植物、矿物染料进行染色，形成纺织用的原材料。

珞巴族腰机对于提高珞巴族人民的生活质量起到了重要作用。所织造的传统纺织品既实用又美观，反映了珞巴族人民的聪明智慧。

图片来源
图一、图七　陶琨、李绮雯　摄影
图二　宋莉娜、潘馨兰　制图
图三至图四　宋莉娜　制图
图五　龚莹、宋莉娜　制图
图六　潘馨兰　制图

参考文献
关东升.中国民族文化大观（藏族·门巴族·珞巴族）.北京：中国大百科全书出版社，1995：578～579.
陈秋雄.藏东南文化遗产探秘.福州：福建省新闻出版局，2011：130～132.
宋兆麟，高可，张建新.中国民族民俗文物辞典.太原：山西人民出版社，2004：481.
米林县文广局.珞巴织布技术国家级申报书，2007.

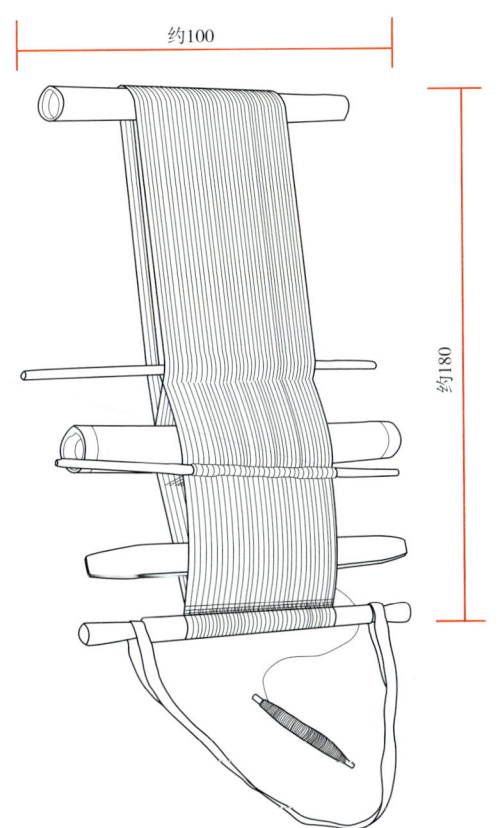

图二　珞巴族腰机尺寸图（单位：cm）

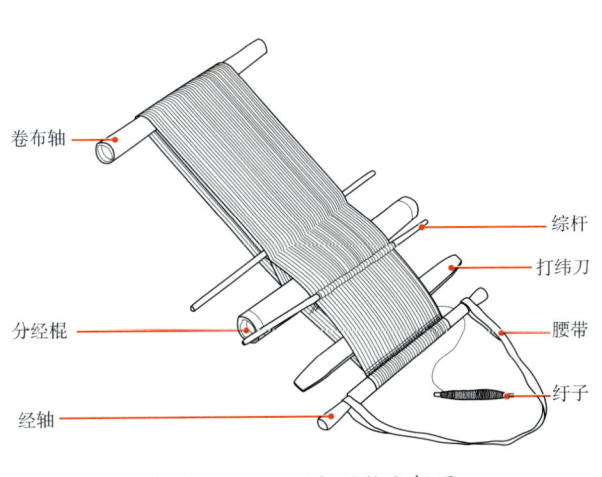

图三　珞巴族腰机结构分析图

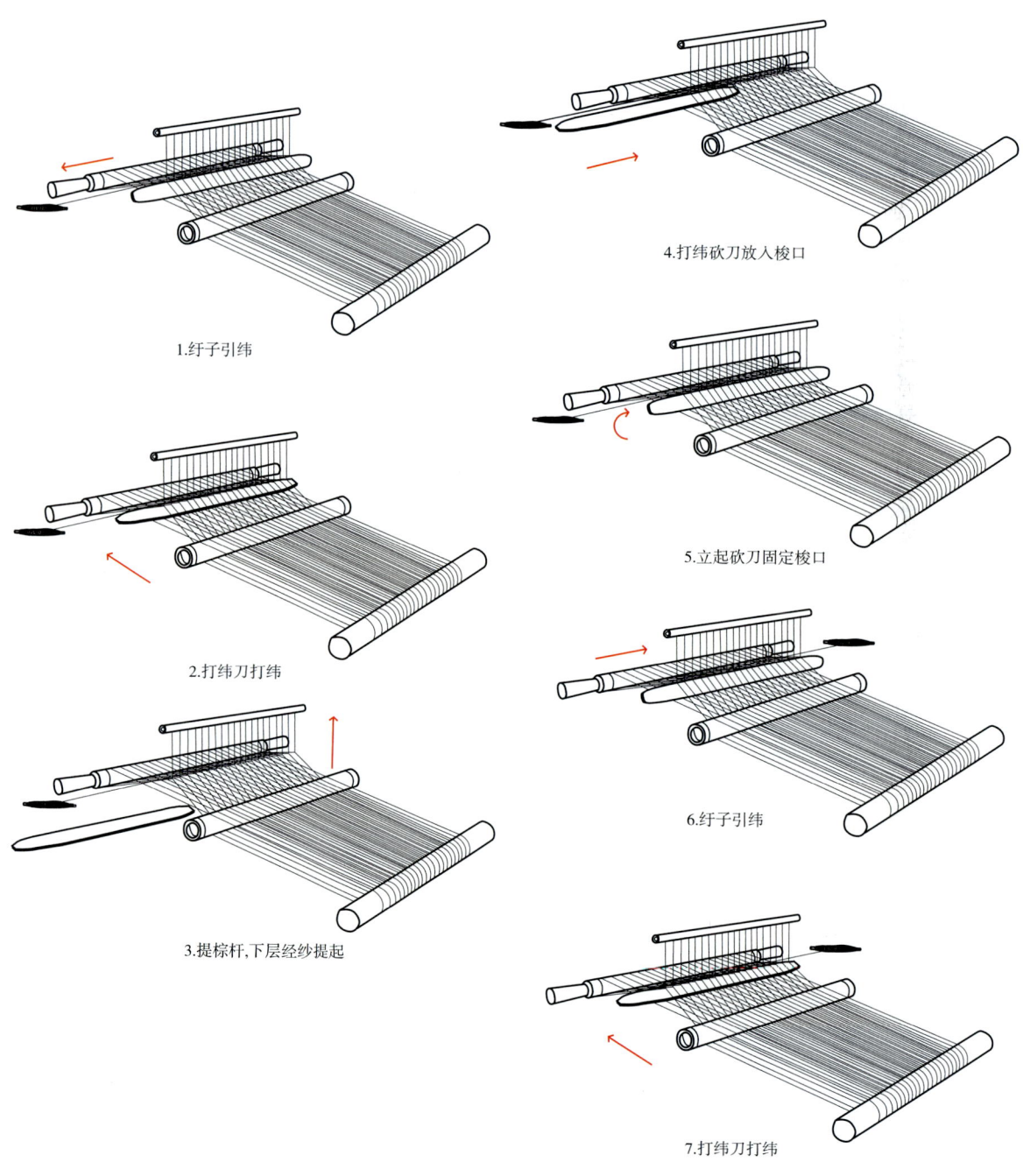

图四 珞巴族腰机工艺分析图

图五　珞巴族腰机使用情境图

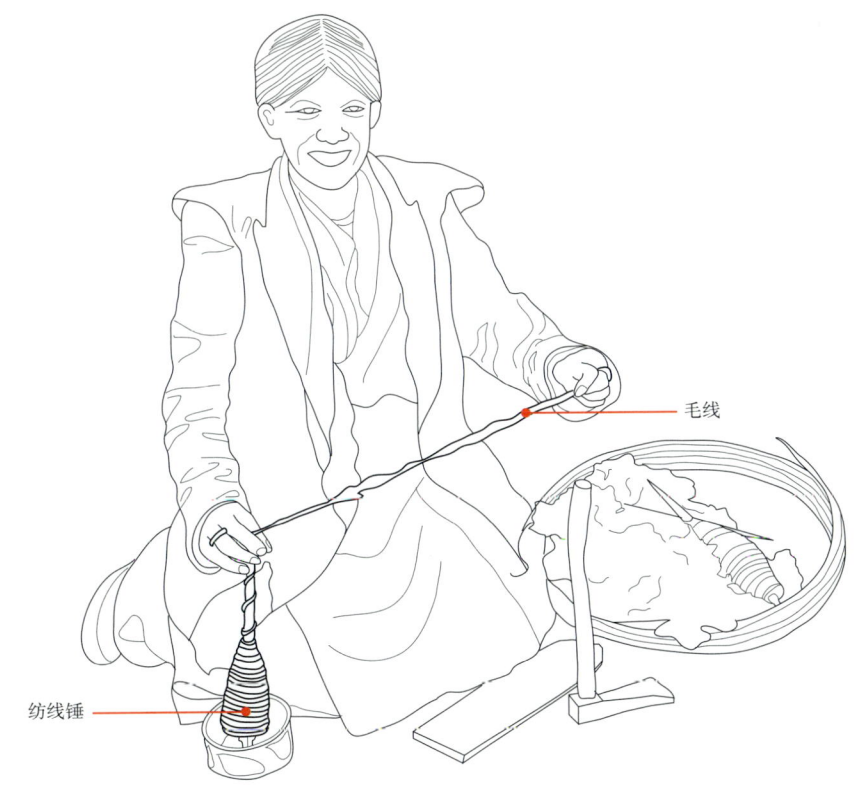

图六　珞巴族捻毛线情境图

第五章　珞巴族传统生产工具

图七　珞巴族纺线车

第六章 珞巴族传统手工艺

珞巴族弓箭

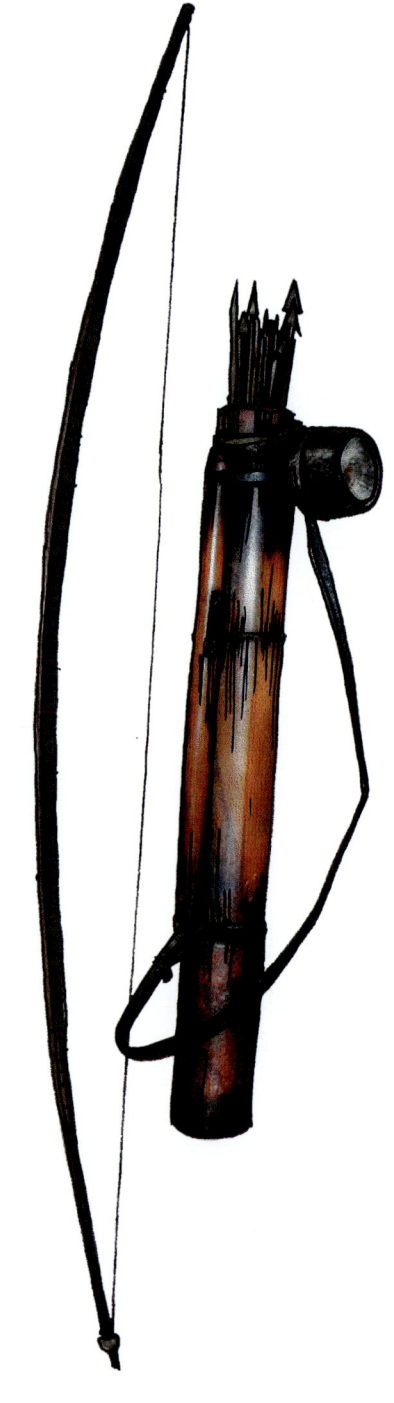

图一　珞巴族弓箭与箭筒主图

弓箭是珞巴族人民的主要狩猎工具。在长期的生活实践中,珞巴族人学会了制作及使用弓箭,在珞巴族神话中,狩猎英雄阿宾肯日发明弓箭的故事代代流传。珞巴族有"善射民族"的美誉,珞巴族男子从幼儿时就开始操弓练箭,稍大一些由大人带着教习打猎,逐渐成长为优秀的射手。弓箭作为珞巴族男子一生重要的信物,随身佩戴。另外,不管谁家生了男孩,长辈和邻居都会送竹弓和竹箭作为礼物。珞巴族传统弓箭已成为珞巴族传统民族文化的重要组成部分,随着时代的发展,也成为群众性的民间娱乐活动,每年举行射箭比赛也成为珞巴族的习俗。

不同部落的珞巴族人对弓有不同的称谓,博嘎尔部落称"衣",崩如部落称"克惹",崩尼部落称"俄利",布瑞部落称"勒"。珞巴族的制箭工艺纯熟,首先将砍下的竹子削磨成所需的尺寸,然后经小火慢烤,修理成形,最后用细绳固定弯度。弓体呈弧形,中轴对称,中间较宽,逐渐向两端变细,弯制竹弓时,竹板内面向外,原向阳面内曲,弓弦使用野生植物纤维或野麻搓成的细绳。箭杆用小竹竿制作或竹板劈成条削成,箭头有竹镞和铁镞两种,箭头的类型一般有菱形、梭镖形、弹头形等。另外,箭头还分有毒和无毒两种,涂毒的箭头主要用于猎获野猪、野牛等大型动物,无毒的箭头则用于狩猎小动物或竞赛表演等。为了保持射出去的箭飞行平衡,珞巴族人在箭的尾部设计鹰羽或竹片制作的箭羽构件。箭筒是装箭的器具,有盖,用粗竹筒做成,呈圆柱形,用兽皮制作皮索,斜背于身。箭筒一般可以正反面交叉装60余支竹箭,若装毒箭,只可以装30支左右,且箭头向上。

弓箭的出现增加了珞巴族狩猎成功的机率,能够在很大程度上满足深山丛林中刀耕火种的生存和生产需求。珞巴族人制作弓箭的工艺流程简单,弓箭的造型质朴,这种器物形态和制作方式,具有重要的民族传统造物研究和史学研究的价值。

图片来源
图一　鲁玥池、刘佳　制图
图二至图九　褚宏枫　制图

参考文献
关东升.中国民族文化大观(藏族·门巴族·珞巴族).北京:中国大百科全书出版社,1995:569~570.
李坚尚,刘芳贤.珞巴族的社会和文化.成都:四川民族出版社,1992:22.
罗洪忠.边陲墨脱:西藏仅存的一神秘处女地.上海:上海学林出版社,2012:52.
王国兴.珞巴族的弓箭与狩猎.西藏体育,1995(1):27.

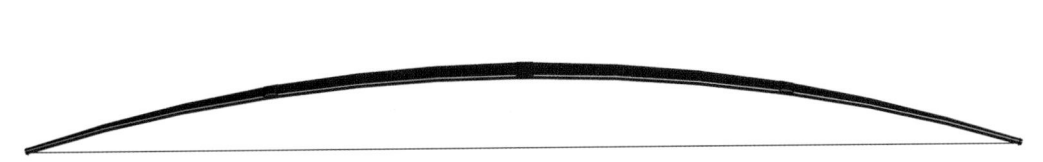

图二　珞巴族弓效果图

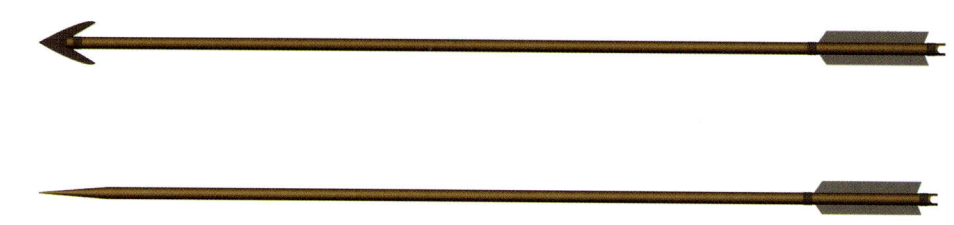

图三　珞巴族箭效果图

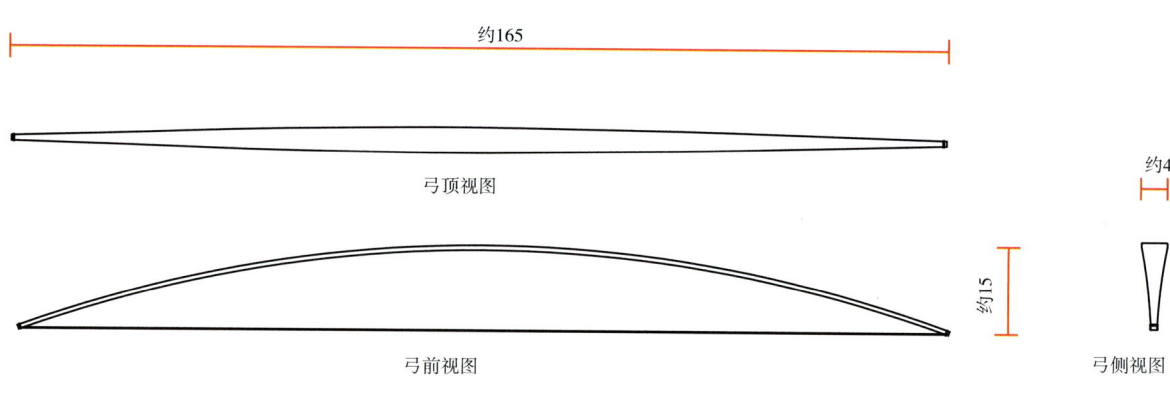

图四　珞巴族弓三视尺寸图（单位：cm）

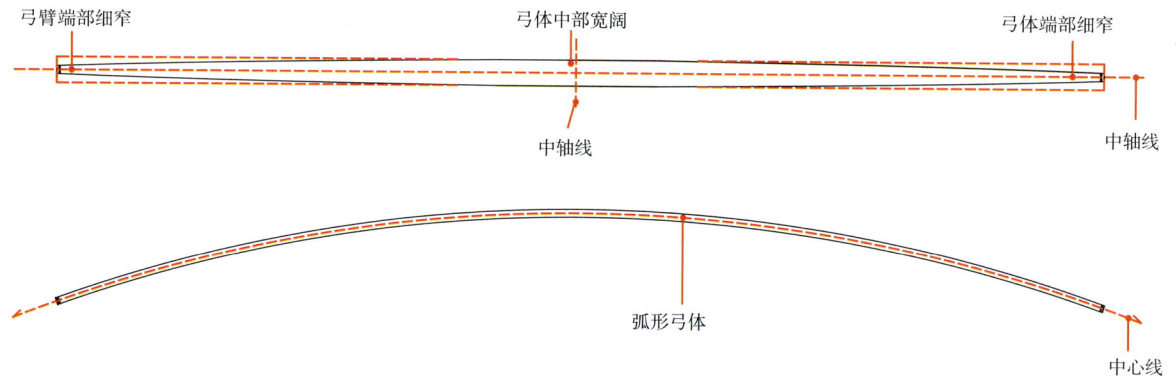

弓体中部宽阔，向两端方向渐趋细窄，且上弦后的弓体呈弧形，这种结构有助于力沿着弓臂的纵向均匀分布，减少弓体断裂的机率，提高弓的性能。

图五　珞巴族弓形态分析图

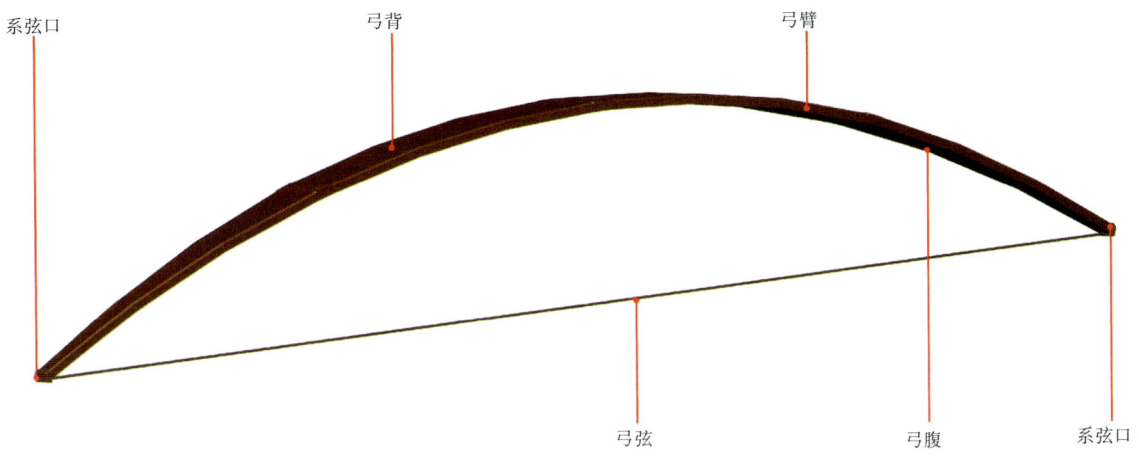

图六　珞巴族弓构造分析图

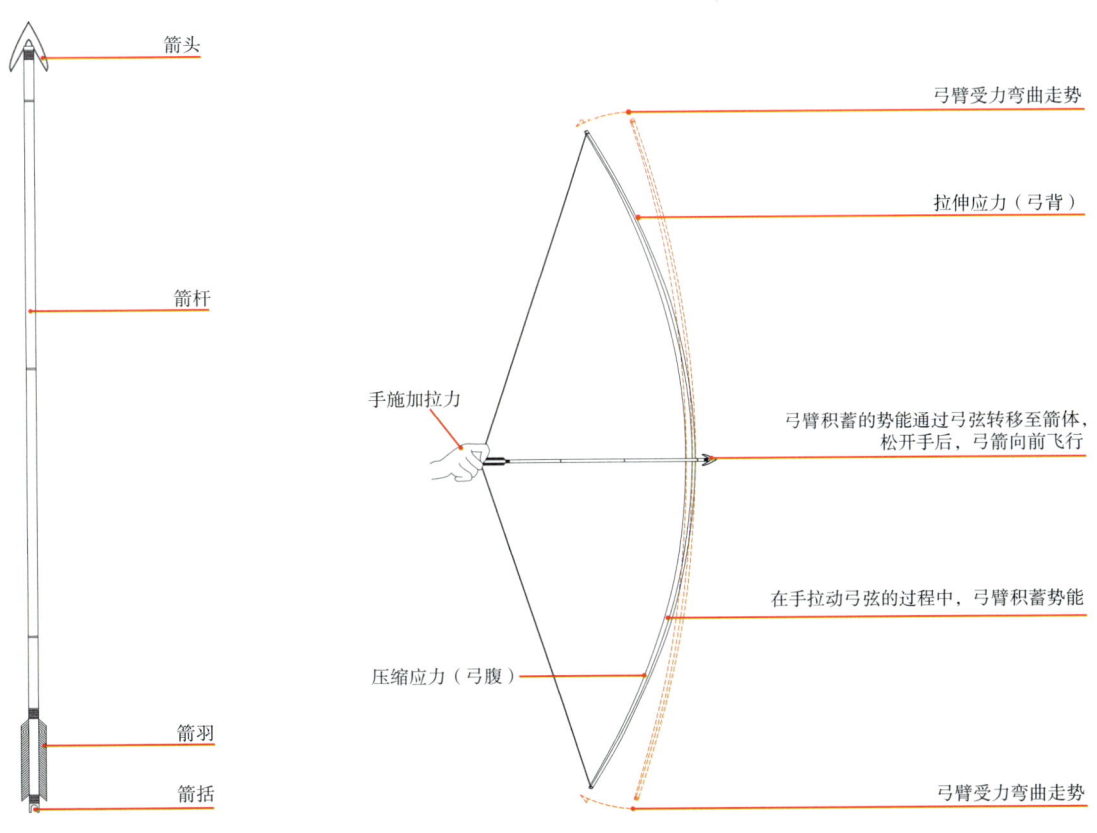

图七　珞巴族箭构造分析图　　　　图八　珞巴族弓箭受力分析图

图九　珞巴族弓箭使用场景图

珞巴族金作工具与工艺

图一　珞巴族金作工具火镰主图

珞巴族人使用铁器的历史较晚，其金属原料和铁质工具主要通过交换的方式获取。另外，珞巴族人中能掌握金属打制技艺的工匠人数很少，因而珞巴族的金属加工工艺受到了极大的制约。在珞巴族部落中，铁匠享有崇高的地位，珞巴族人称他们为"育么纽布"，意为"铁巫师"，珞巴族人相信只有"育么纽布"打制的铁器才不会断裂。这些铁匠大多没有固定的作坊，一般由雇主邀请至家中打制器具，原料由雇主提供，且收取较高的报酬。

珞巴族制作的金属器具主要原料有铁、铜以及银等，这些金属制作工艺主要分锻打和熔铸成型两种。珞巴族称铸具为"甘东"，由上下两个部分构成，上面部分是熔炼金属的容器，下面为铸模，是使金属成型的构件，呈葫芦状。熔模铸造的器具有铜铃、手镯等。珞巴族金属加工工具简陋，"崩如"、"崩尼"等部落称打铁用的铁锤为"育落木"，是将竹片弯曲夹住长圆形石头制成，珞巴族人用两个竹筒制作打铁用的风箱，用一块平整的大石做"铁砧"。相对来说，"巴达姆"和"民荣"部落制作铁器较为发达，有简易的加工作坊。

总体上讲，珞巴族传统金作工艺较为简

单,金属器具的造型质朴,但种类丰富,既有满足日常生活生产用的刀具、火镰等,也有一些装饰品,如手镯、铜铃等。部分器具表面用富有立体感的图形装饰,这些图形有些是由动物或植物纹样演变而来,有些是简单的几何形纹。这些纹样在一定程度上反映了珞巴族人对原始宗教的信仰和质朴的美学观念,对于民族文化的研究具有重要的意义。

图片来源

图一　鲁玥池、刘佳　制图
图二至图五　褚宏枫　制图
图六　刘佳　制图

参考文献

关东升.中国民族文化大观(藏族·门巴族·珞巴族).北京:中国大百科全书出版社,1995:579～580.

李坚尚,刘芳贤.珞巴族的社会和文化.成都:四川民族出版社,1992:43～44.

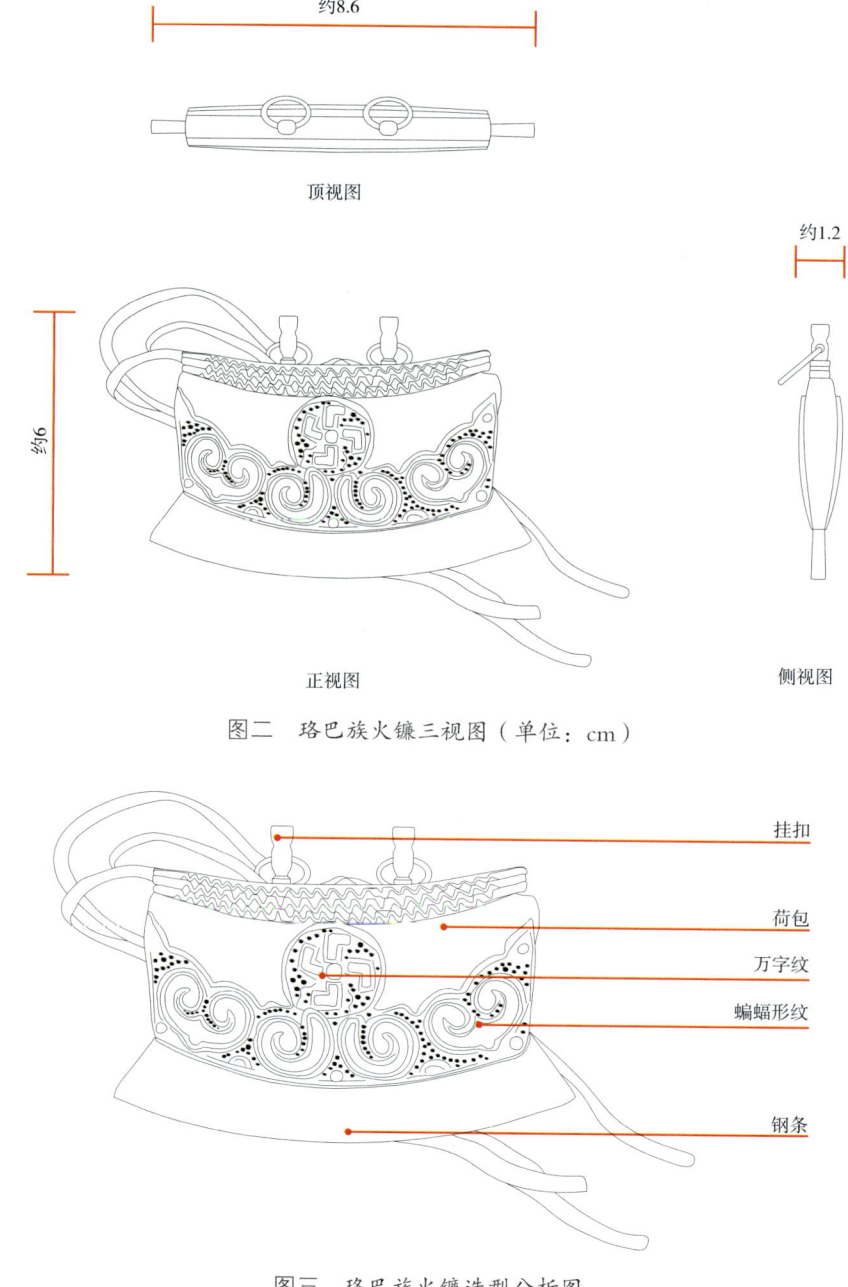

图二　珞巴族火镰三视图(单位:cm)

图三　珞巴族火镰造型分析图

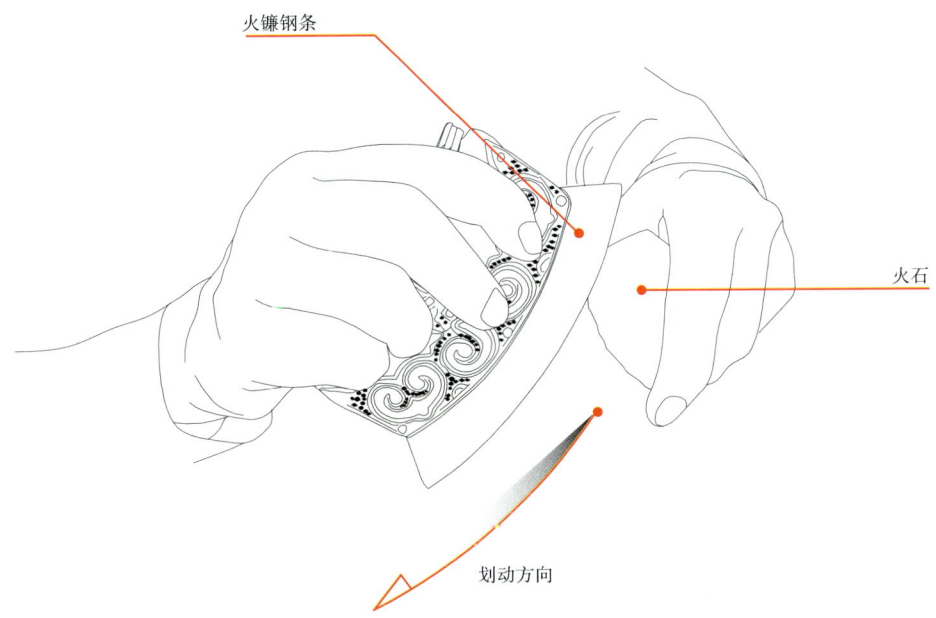

图四　珞巴族火镰操作说明图

图五　珞巴族火镰佩戴效果图

图六　珞巴族铜质手镯

珞巴族竹筐

图一　珞巴族竹筐主图

编织工艺是珞巴族传统的手工艺术，有着悠久的历史。珞渝地区盛产藤条和竹条，为珞巴族人的编织活动提供了丰富的原材料。最初人们用棕丝、藤条等编织，后来才逐渐发明了竹编，经过世代的传授和积累，珞巴族的编织工艺发展到非常成熟的地步。珞巴族很多人从小就开始学习编织技艺，编织的器具涉及生活中的方方面面，常见的有：背运木柴的背篓、背粮食用的大小背筐、养鸡的鸡笼、铺地的竹席以及各种藤编盔帽等。这些竹藤器具，一般不用做交换，主要是供自家使用，而靠近藏区的珞巴族部落，常用竹盒、竹筐等交换藏族的粮食和工具。

珞巴族编织的物品种类繁多，其中既有结实耐用、结构简单的生产生活用具，也有美观实用、结构精巧的器皿。编织器具的用材主要分为藤条和竹条两种，藤条韧性强，有粗有细。竹子的加工要复杂一些，先将砍回后的竹子放在水中浸泡，再用木槌砸破根部，然后用刀破竹成粗细适中的竹条，最后根据编织的器具，将竹条削成厚薄适中的竹篾。编织工具有剖削器、长刀和小刀等。珞巴族所有的编织品都由横条"并"和竖条"就"构成。编织物品式样各异，有正方形、长方形、圆柱形、圆锥形以及菱形等，编织方法多样，常见的有平纹编、斜纹编、人字编、缠绕编和透孔编。编织的经纬整齐、结构合理、疏密得当、造型美观。有些背篓上还附加了用细藤编织而成的三条约两寸宽的带子，两条套在双肩上，一条套在前额，背起来既稳当又轻松。

珞巴族编织工艺的编织流程简单，编织器具朴素耐用。从实用材料的角度来讲，竹子具有可再生、轻质、环保、结实耐用的特点，因此珞巴族的编织工艺还具有一定的生态价值。珞巴族传统编织工艺不仅为珞巴族人民生活提供了便利，也是民族的宝贵的文化遗产。

图片来源
图一　刘佳　制图
图二至图六　褚宏枫　制图
图七　刘佳　制图

参考文献
关东升.中国民族文化大观（藏族·门巴族·珞巴族）.北京：中国大百科全书出版社，1995：577～578.
李坚尚，刘芳贤.珞巴族的社会和文化.成都：川民族出版社，1992：40～41.

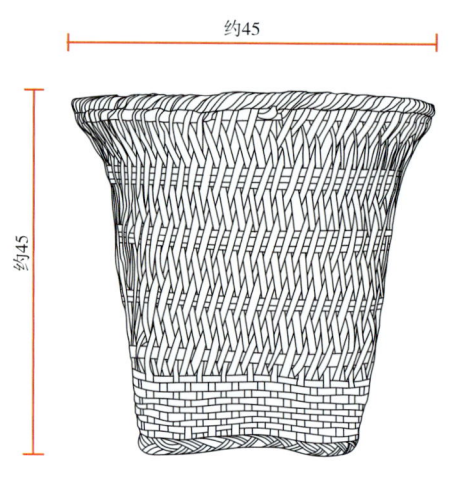

图二　珞巴族竹筐尺寸图（单位：cm）

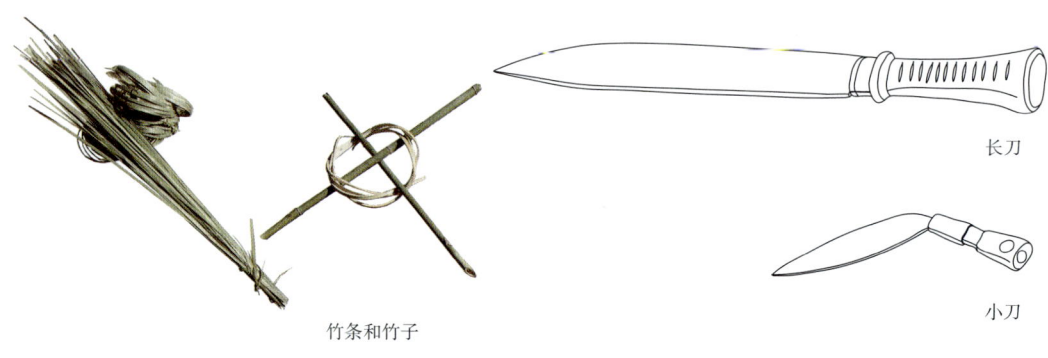

竹条和竹子　　　　　　　　　　长刀
　　　　　　　　　　　　　　　小刀

图三　珞巴族编织原料和工具（长刀和小刀）

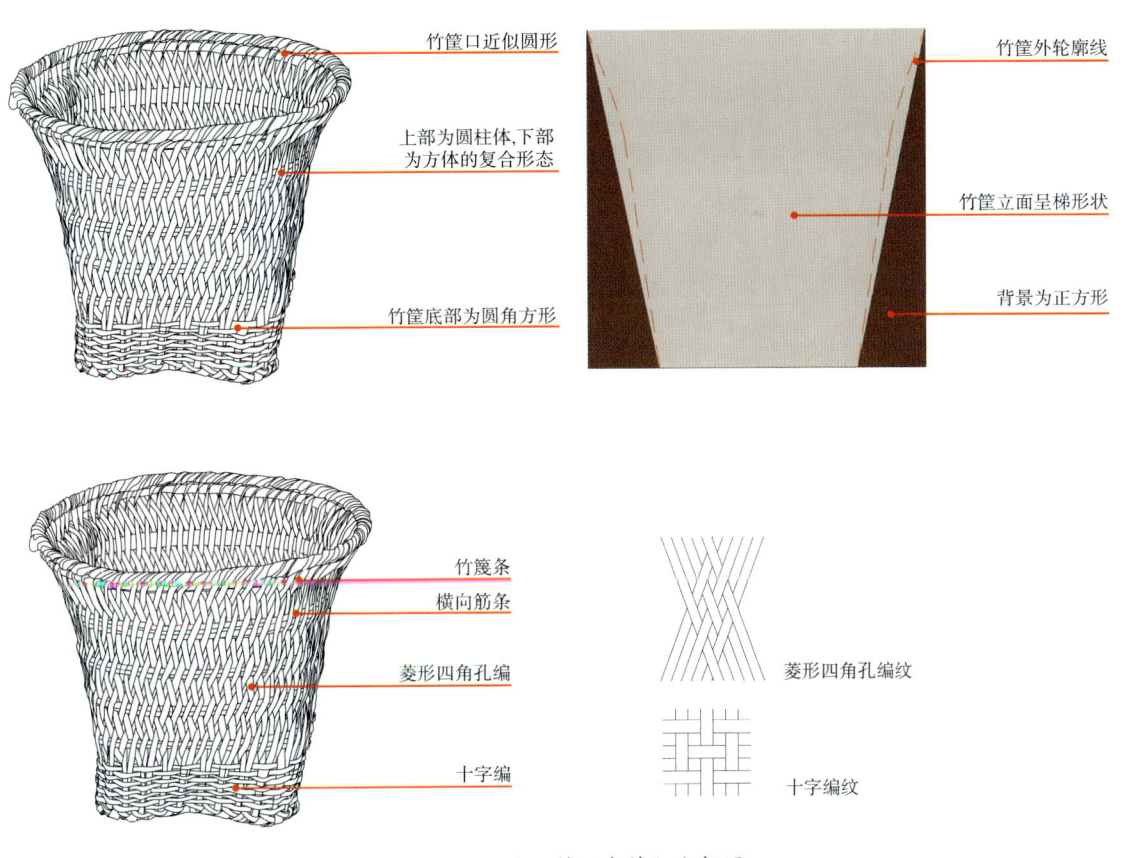

图四 珞巴族竹筐形态特征分析图

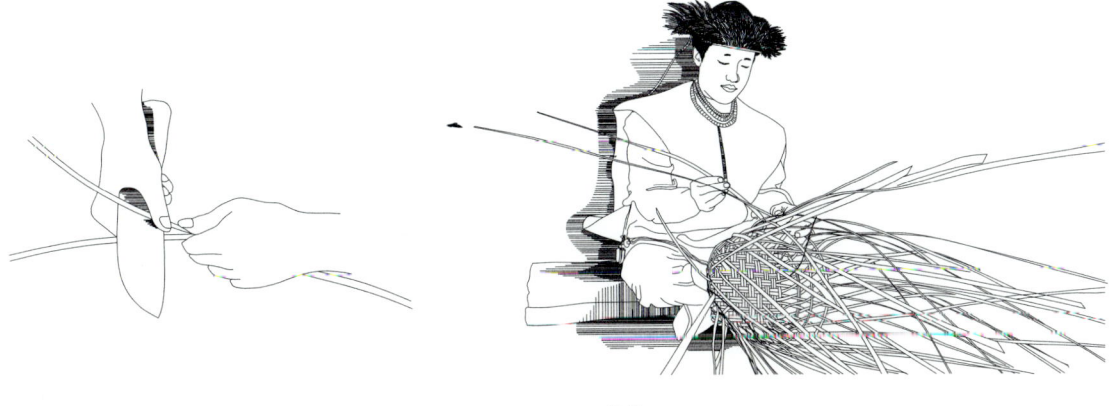

图五 珞巴族竹筐编织过程图

第六章 珞巴族传统手工艺工具

205

图六　珞巴族竹筐使用情境图

图七　珞巴族其他编织器物

珞巴族织品图案

图一 珞巴族织品图案主图

珞巴族传统织品图案主要是用踞织机所制成的、出现在织布与传统服饰上面的图案。用传统踞织机编织各种织品图案是珞巴族的一种传统的手工艺方式，珞巴族人以此创造出了精美的图案，丰富了织品和服装造型，并在织品图案中充分体现出了珞巴族人对美的追求和传统宗教意识形态。

珞巴族传统织品图案在织布和传统服饰上表现出不同的特点。织布时，通过不同的色线搭配织出各种纹饰和图案，常见的图案为几何纹，这些图案讲求连续、均衡、整齐和对称，具有造型美观、制作精巧、颜色鲜艳、色彩搭配适宜的特点。珞巴族传统织品图案的特色，一方面受到所处的独特自然地理环境的影响；另一方面受到民族传统的哲学理念和宗教信仰的影响。珞巴族人认为自然万物都具有灵性与性格，所以他们尤为崇拜日月星辰、山川大地、江河湖泊等自然物质，

因此在珞巴族传统服饰上的装饰纹样则更多地表现出对自然的崇拜。其中，对动植物的抽象化仿生纹样应用是装饰图案主要的表现形式。比较典型的纹样包括锯齿纹、菊花纹、鸟纹、蝙蝠纹以及一些动植物纹样的变体样式，这些纹饰图案主要出现在珞巴族的上衣、筒裙、裹腿及腰带上。珞巴族传统织品图案织造所用的彩色线多由天然植物或矿物染料染成，色彩鲜艳且不易褪色。在色彩的选择上，多以红色和黑色居多，同时，也会选用一些黄色、白色、蓝色、棕褐色、棕黑色以及绿色，作为镶边点缀与装饰用色，但往往色彩处理有主有次，对比强烈又统一和谐。这与珞巴族历史文化所沉淀的喜黑、尚红的审美意识有着直接的关系。

珞巴族织品图案文化是中国织品装饰文化和民族文化中的组成部分，是珞巴族人民在其生产生活中不断积累、传承、创新而成的，

集民族织造技术与审美观念于一体，融合并诠释了珞巴族的宗教信仰与生活习俗。

图片来源

图一、图二、图七　刘佳　制图
图三至图五、图八　杨伟昊　制图
图六　阮姿霖　制图

参考文献

关东升.中国民族文化大观（藏族·门巴族·珞巴族）.北京：中国大百科全书出版社，1995：578.

刘春雨.珞巴族传统哲学影响下的服饰艺术探究.南宁职业技术学院学报，2012，17（6）：19～22.

魏晓红.西藏工布少数民族服饰文化研究.轻纺工业与技术，2011，40（3）：42～44.

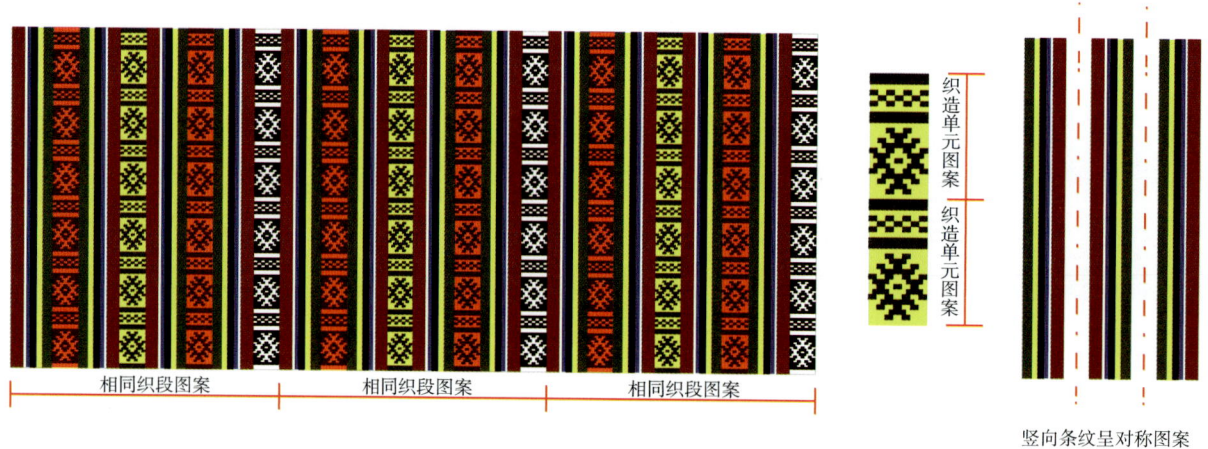

图二　珞巴族织品图案纹样分析图

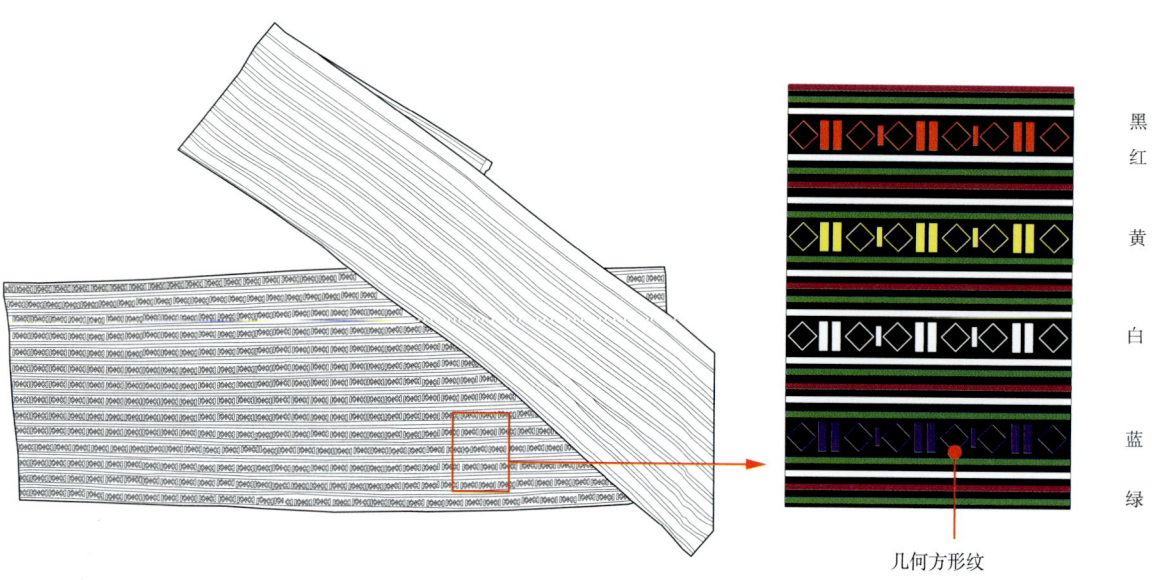

图三　珞巴族织品图案基本构成分析图

图四 珞巴族男子服饰织品图案造型分析图

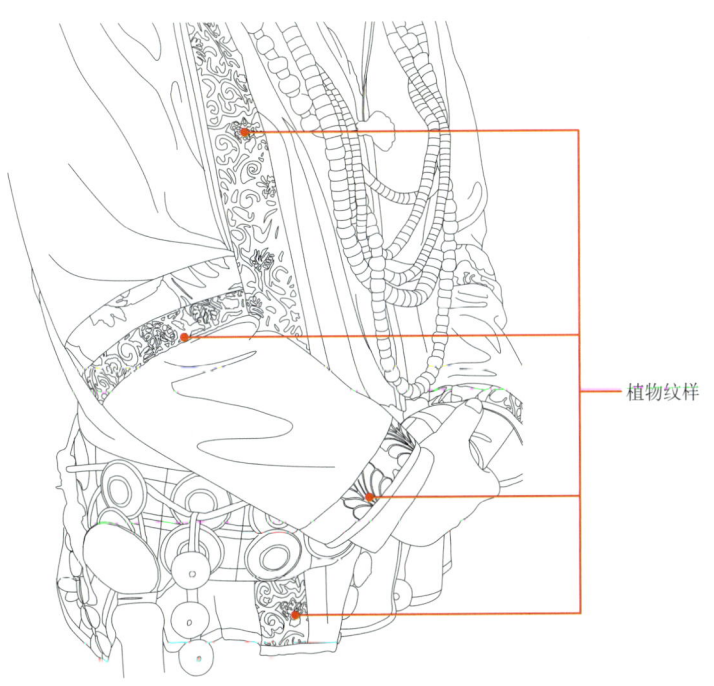

图五 珞巴族女子服饰织品图案造型分析图

第六章 珞巴族传统手工艺工具

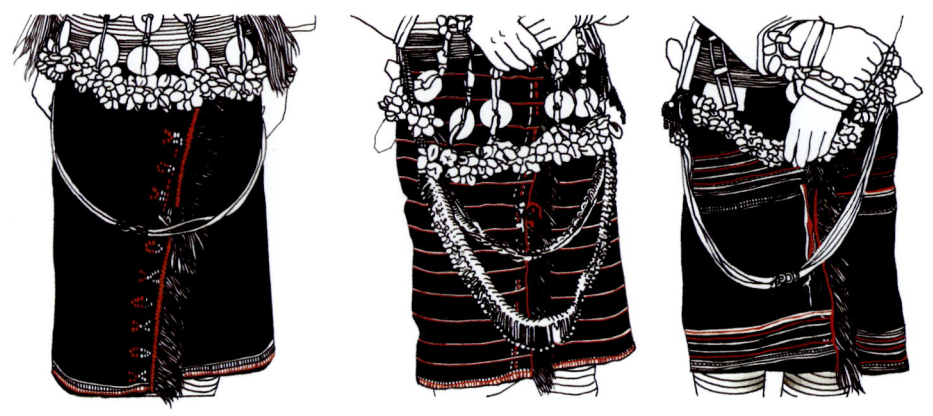

图六　珞巴族女子筒裙织品图案

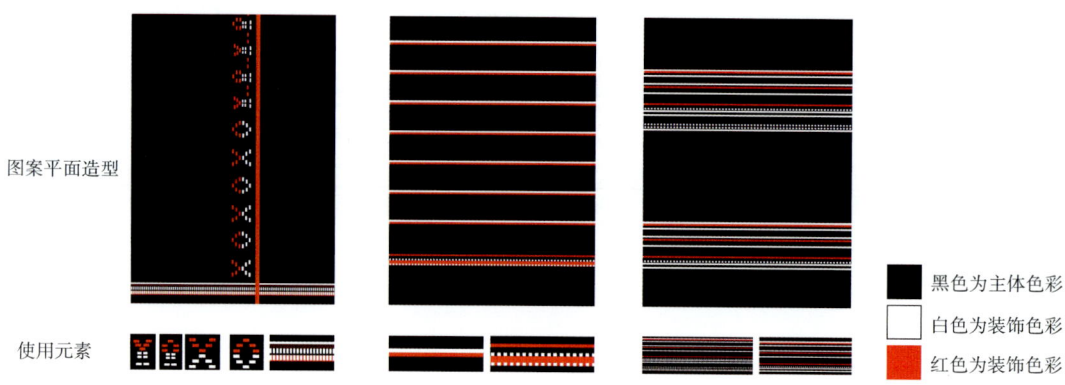

图案平面造型

使用元素

■ 黑色为主体色彩
□ 白色为装饰色彩
■ 红色为装饰色彩

图七　珞巴族女子筒裙织品图案造型分析

图八　珞巴族女子织布场景图

珞巴族石作工具与工艺

图一 珞巴族石作工具——石锅主图

珞巴族传统石器主要有石锅、石磨、石杵及石臼等，其中石锅是代表性器物。石锅是珞巴族生产生活的主要用具，它既是烹煮饭菜的炊具，又可以用来蒸馏黄酒、白酒等，同时也是一件精巧的工艺品，可搭配石灶使用。石磨是珞巴族用来加工粮食的器具，选用石质较坚硬的石板制成；石杵和石臼是人们加工谷物的重要器具，把天然石块加工成凹窝就可使用。

在林芝地区最高的山南迦巴瓦峰下，雅鲁藏布江两岸陡壁的悬崖上，蕴藏着极为丰富的灰褐色皂石，它是耐2000摄氏度高温的工业原料。这种石料质地软绵，易打制，是制作石锅的理想原料，人们采来石料后，用金属工具打凿成器形。石锅的形状为桶形，锅形态为敞口、平沿唇、上窄下宽、壁薄底厚，一般锅底厚约1.5厘米。凡是圆锅，锅的两端中间部位都留有两个端手，便于端锅。珞巴族人利用皂石制出了大小不一、形状各异的石锅：大锅直径大约30厘米，中等的直径大约20厘米，小的直径大约10厘米；锅底分为平底和弧形两类。在没有现代工具和技术的情况下，制作石锅的技艺和过程显得原始粗糙，工效甚低。珞巴族人制造石锅的工艺过程是：选好材料后，先用铁斧在崖壁上挖出一块皂石，砍去四边的棱，呈圆形，再砍去多余部分，留足所需尺寸，然后用錾子从中向外一凿一凿地掏空，再细心地用小

第六章 珞巴族传统手工艺工具

錾子凿去锅壁上多余的部分，铲平锅壁和底部，使其平滑。稍有疏忽，石锅有被打碎的危险，前功尽弃，因此，造石锅者多为性情温顺的老人，道道工序相当谨慎小心。石磨也是珞巴族人生产生活中的重要工具，制作石磨时，将两块石板打凿成圆形对合，上下石板各凿出磨牙，装上磨心即成。有的部落制作石磨的工艺比较简单，使用一把简陋的刀具，磨盘内部无磨牙，把大小相同的两块石板稍微凿平，打凿磨心安上木棍作轴心即做成了石磨。

珞巴族传统石作工具与工艺注重对本土材料的发掘与运用，过程简单，造型质朴，是珞巴族造物文化的反映。代表了珞巴族传统石作工艺的发展水平，传达出珞巴族人民的价值观和原始的审美观。

图片来源

图一、图七、图八　陶琨　摄影
图二至图六　杨伟昊　制图

参考文献

关东升.中国民族文化大观（藏族·门巴族·珞巴族）.北京：中国大百科全书出版社，1995：579.
罗洪忠.边陲墨脱：西藏仅存的一神秘处女地.上海：上海学林出版社，2012：113.

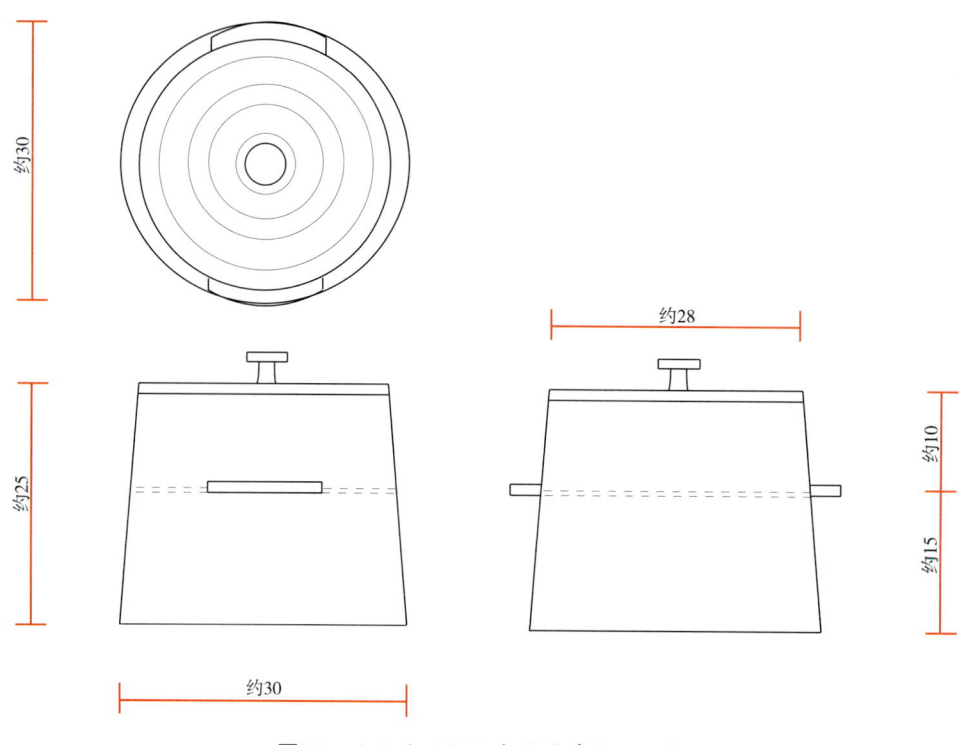

图二　珞巴族石锅尺寸图（单位：cm）

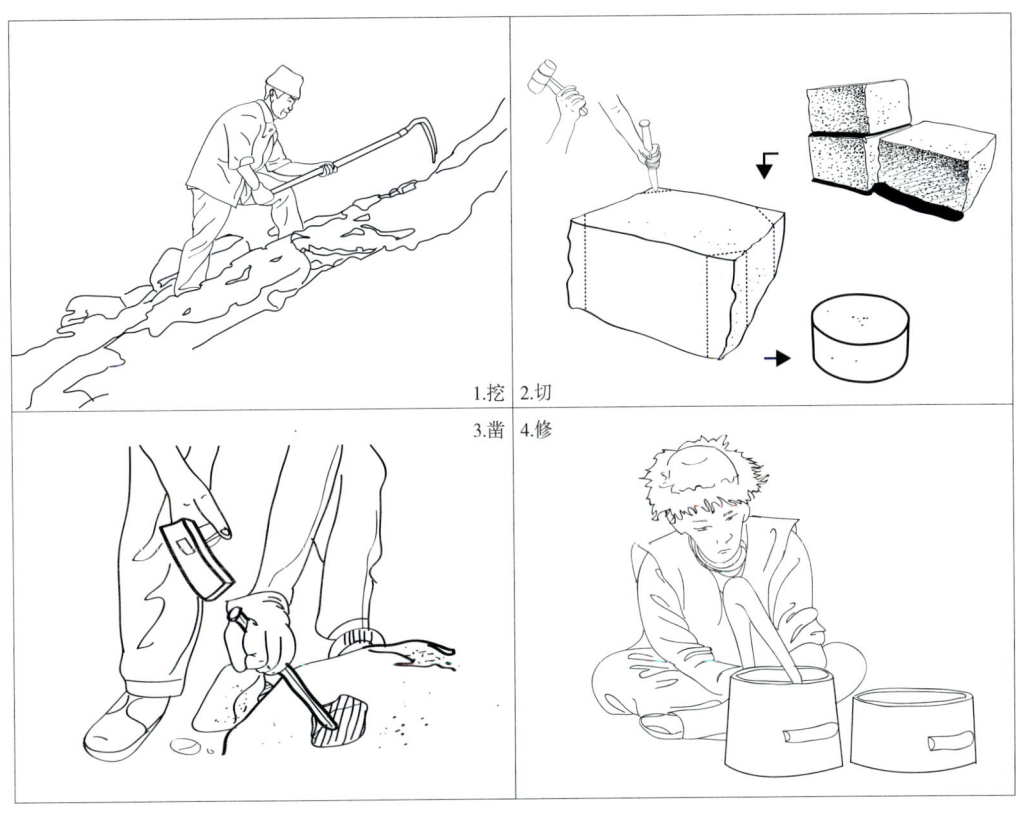

图三 珞巴族石锅制作工艺图

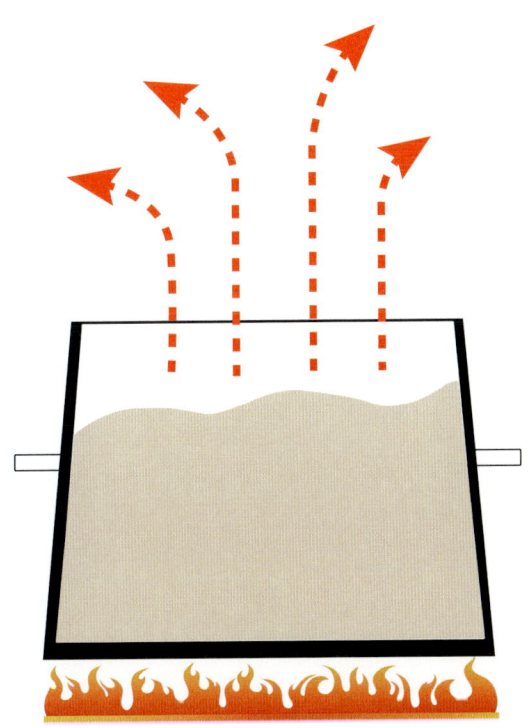

图四 珞巴族石锅烹饪效果图

第六章 珞巴族传统手工艺工具

213

图五　珞巴族石锅使用场景图

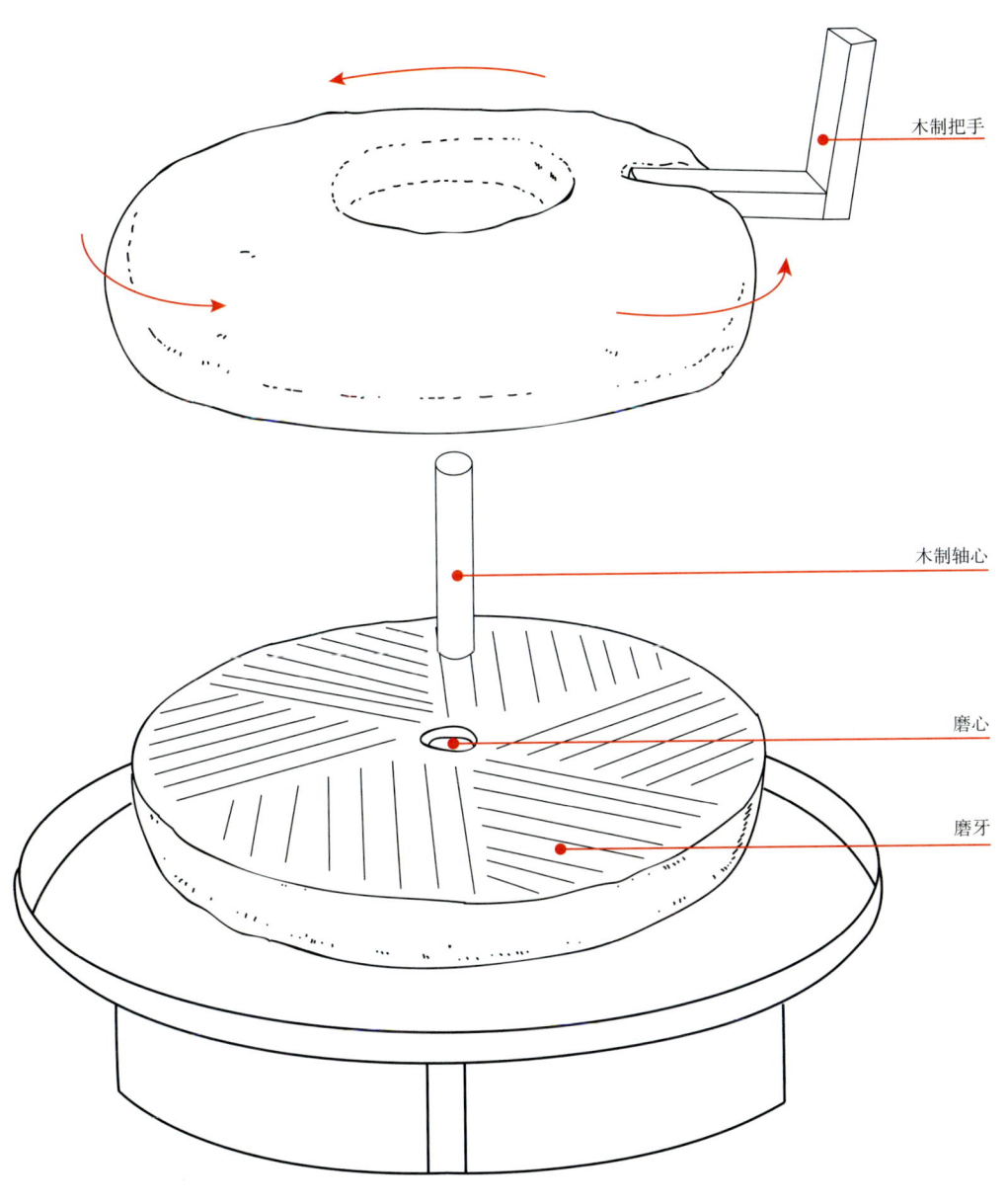

图六 珞巴族石磨形态分析图

图七　珞巴族石灶

图八　珞巴族木槽和石磨

第七章 珞巴族传统民俗和宗教造像

珞巴族节庆

图一　珞巴族节庆主图

　　珞巴族依靠天象、物候知识、季节转换来确定农时与节日。日期的确定多以月亮的圆缺变化为依据，当月亮像"格拉"，即为初四或初五；月亮像"俄浪"，即为十五。且珞巴族各部落的年节日期也不一致，有些部落的节日由纽布占卜安排，但都是在一年的劳动之后欢度。珞巴族的节庆活动，不仅有预祝与庆祝丰收之意，也有维护人丁兴旺、驱灾保平安的含义。

　　具有代表性的珞巴族节日有：笼德节、"调更谷乳术"节、旭独龙节、尼乌节等，其中笼德节以祈求幸福富裕为主要内容，一般在氏族范围内举行。通常每3年举行一次，具体日期由纽布杀鸡看肝决定；"调更谷乳术"节，是珞渝东部的珞巴族人所过的隆重年节，藏历十二月十五日举行，主要内容是庆祝丰收。昂德林节，珞巴语意为丰收节，珞巴族传统农祀节日，每年收割时择日举行。旭独龙节，为纪念和标志节令的节日，主要内容是祝祷丰收。尼乌节，"尼乌"意为开始播种，又叫播种节，具体日期自定。尼波布节，"尼波布"意为盖田间小房子，是崩尼部落为夏收做准备的节日。安地若木节，"安地若木"意为庆祝割完早稻。其中，辞旧迎新的"调更谷乳术节"与欢庆丰收的旭独龙节是珞巴族最重要的节日。"调更谷乳术节"前夕，庄稼已收获完毕，每家休息3至5天，杀3只鸡，做20升玉米的白酒和40升鸡爪谷甜酒，用面粉炸20斤油饼。期间各族内部互相请客，向年长者敬送年礼，这期间不狩猎不捕鱼。初一举行氏族集体活动，纽布手执一根贴满羽毛的棍子，在村寨挥舞念经。全村共同制作一个3层高的竹楼，底面放置六畜像，中层摆放珞、门、藏、汉各族面人，上层装五谷，此物象征民族团结与人畜兴旺，人们聚在竹楼周围唱歌跳舞。初二祭祀，每家用竹碗盛白酒、黄酒、大米饭，主人双手合十，以求来年丰收。初三至初五，人们带上酒肉聚在篝火旁，以说唱形式赞颂本民族的古老历史与英雄人物，年轻人对歌，互诉男女之间的爱慕。旭独龙节前夕，氏族内部酿酒杀牛宰羊，将宰杀的牛、羊连皮分送给同族好友，并将牛头盖骨悬挂在家里，作为勤劳与富足的象征。节日期间男女老幼盛装聚集举行宗教仪式，射响箭。射箭一般使用平时狩猎用弓箭，以树干竹竿为箭靶，箭头套竹制响器，射出后鸣鸣作响。夜间围坐在篝火旁，纵情狂欢。

珞巴族每逢节日，各部落的人都会盛装聚集，欢庆一年的劳动带来的丰收喜悦。传统节日是珞巴族人生活中盛大且不可缺少的部分。

图片来源

图一至图七　肖劼　制图

参考文献

丁汀.珞巴族民俗风情.乡镇论坛，1995（4）：75.
周润年.漫话珞巴族风情.旅游，1994（5）：32～33.
李金轲，马得汶，马进.珞巴族尼西人的传统社会生活.西藏研究，2013（3）：74～85.

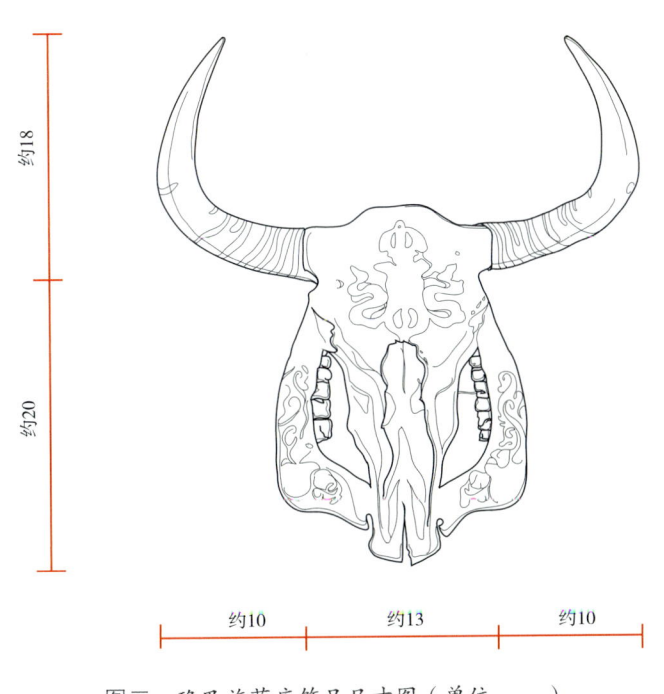

图二　珞巴族节庆饰品尺寸图（单位：cm）

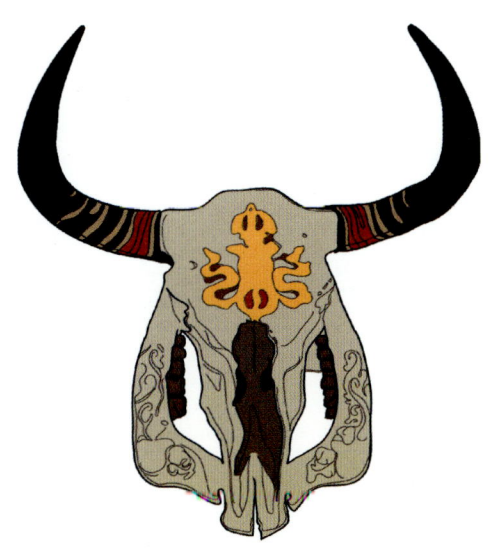

图三　珞巴族节庆饰品色彩分析图

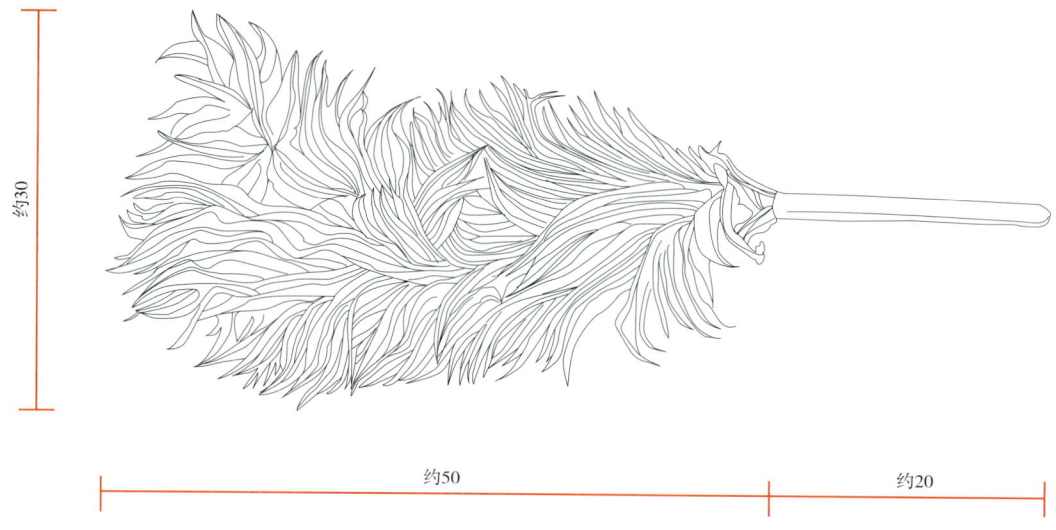

图四　珞巴族节庆道具尺寸图（单位：cm）

图五　珞巴族节庆道具色彩分析图

图六 珞巴族旭独龙节射响箭场景图

图七 珞巴族旭独龙节纽布祈福

第七章 珞巴族传统礼民俗和宗教造像

221

珞巴族婚恋习俗

图一　珞巴族婚恋习俗主图

传统珞巴族实行严格的等级内婚、氏族外婚制。在一夫一妻婚姻制度之前，曾经历过普那路亚婚和对偶婚。

"乞董"是常用的恋爱交友方式，"乞董"译为打狗，指男女夜间幽会时，男子骑马去女子部落，因害怕狗叫惊动旁人，男子在赴会时带上肉块扔给狗。当男女青年愿意确定婚姻关系时，便拜托"金多"（媒人）到女方家提亲。在订婚时一般以一定数量的猪肉、大米、酥油、酒等作为礼物。亲事说成后，"金多"将一小块酥油抹在姑娘脑门上，这就是打记号。被打过记号的姑娘表示已有主，他人不能再下聘。结婚仪式一般在每年九月至十二月的中上旬举行，具体时间根据纽布杀鸡看肝择定。迎亲当天，男方不去女方家迎娶新娘，而是由"金多"和女方亲属将新娘与陪嫁一同送往男方家。新娘离家时母亲唱送嫁歌，表达母亲的不舍与临别嘱咐，而女儿则要唱哭嫁歌，表达远离父母的不舍与惊慌。送亲队伍抵达男方家门时会经过一座绿色木门，该木门由新郎在婚前用刚砍伐的树枝搭起。随之，新郎父母为新娘和客人敬酒洗尘，年轻男子则把送亲队伍围起来，迎亲队伍与送亲队伍相互挥舞珞巴刀并发出"哦哦"的呼叫声，同时脚往前后跳，越跳越激烈，这就是珞巴族人婚礼开始时的刀舞欢迎仪式。在纽布的主持下，新郎与新娘在院子右侧搭建的"邦德"祭台前杀鸡占卜。两只大公鸡吊在木门的悬梁上，新郎新娘各自一手抓鸡，一手抓刀，互相配合把鸡杀死。"邦德"台旁有8根刚砍下的竹竿交叉竖立，新郎新娘拿起弓弩箭镞，先后射竹竿。射箭也是占卜，声音清脆寓意新娘将顺利生产。新娘进门前在"多崩"祭台上杀鸡看肝，并由新郎母亲与一位育有多子且生活富裕的妇女共同牵引下入门。入门后，新郎新娘并排坐在被称为"巴崩"的座位上,"金多"端两碗碗边抹有酥油的酒给新人,新人互相敬后喝交杯酒。珞巴族人的婚礼一般进行3天,婚后新郎陪新娘回家再住10天左右。

如今珞巴族已取消普那路亚婚、对偶婚姻与抢婚习俗,部落间严格的等级内婚也被自由婚嫁所取代,一夫一妻婚姻制使得夫妻关系平等,家庭和睦。

图片来源

图一　肖劼、马燕　制图
图二至图七　肖劼　制图

参考文献

张力凤.珞巴族博嘎尔部落的婚恋习俗.西藏民族学院学报,2004(2):51~56.

嘉措顿珠.娶新娘道吉祥.西藏民俗,1994(2):39~41.

塔热·次仁玉珍.珞巴族民俗管窥.西藏民俗,1999(2):17~19.

刘志群.珞巴族原始文化下.民族艺术,1997(2):51~61.

图二　珞巴族订婚仪式——打记号

图三　珞巴族结婚仪式——刀舞欢迎仪式

图四　珞巴族结婚仪式——射竹竿

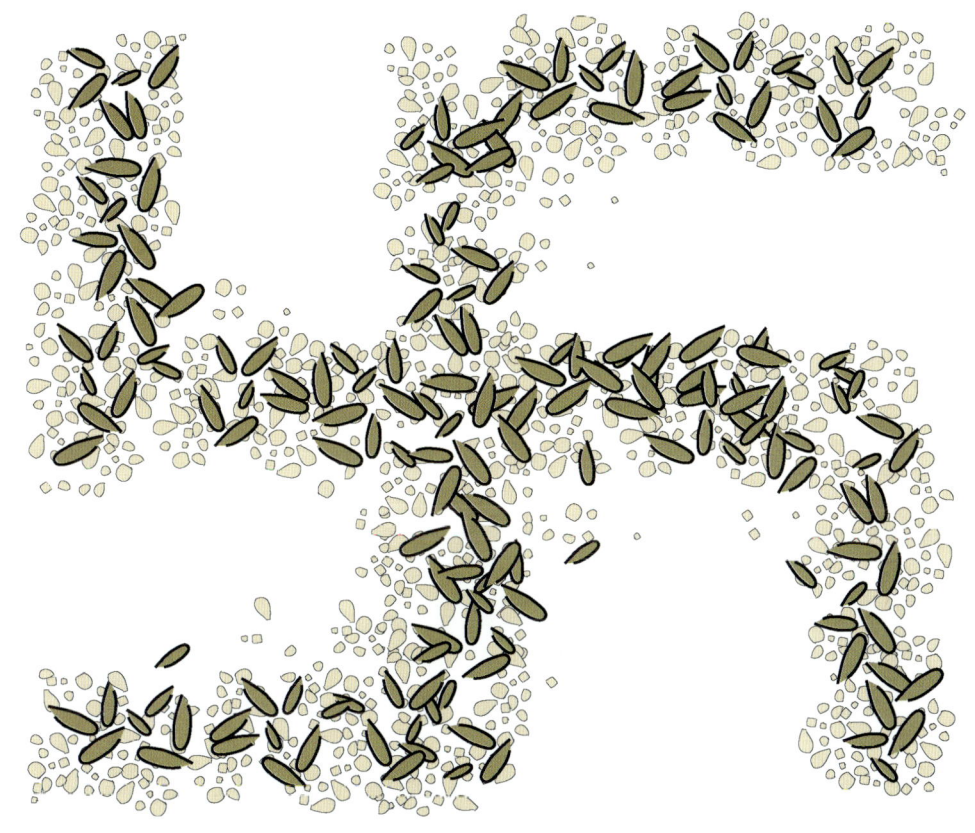

图五　珞巴族婚礼上由青稞摆成的吉祥图案

图六　珞巴族婚礼场景图

第七章　珞巴族传统礼民俗和宗教造像

图七　珞巴族礼宾妇女服饰造型图

珞巴族祭祀活动

图一　珞巴族杀鸡看肝之珞巴刀舞主图

珞巴族民众相信万物有灵,其宗教信仰以崇拜鬼神为主,具体表现则为原始祭祀仪式。珞巴族的传统祭祀活动,经历了从实物到象征,从简单到繁杂的发展过程。

在珞巴族传统祭祀活动中,人们为了消除灾难,经常举行巫术仪式以便除恶挡灾。为确定吉凶和灾难的根源,一般实行名为"鸡卜",即杀鸡看肝的占卜形式,由此来确定举行何种祭祀活动。所以说,鸡卜是珞巴族民众举行祭祀活动中的主要步骤之一。鸡卜仪式中，首先是举行刀舞活动，刀舞也称为"巴可可"，由两位持刀男子在祭祀场地用真刀比武。由于珞巴族人的祖先来自深山，曾经过着刀耕火种的生活，因此刀对于这个民族有着神圣而特殊的意义。刀舞之后便进行鸡卜仪式，该仪式由本村的村民参加，主要参与者以鸡为中心，围坐成一个圈，气氛格外严肃安静。杀鸡由本村的巫师"米剂"或"纽布"完成，他边唱即兴自编的专门曲调，边持刀具将鸡头整个砍落，然后切开鸡腹，将肝脏取出，用清水洗净，最后，查看鸡肝正反面和肝边上的卦位与卦符所呈现的颜色、明暗、大小、平稳、凹凸及血脉纹路的折向、曲折、粗细、起止点等卦象象征，从中判定吉凶、贫富、离合、人寿、胜败、触犯何种鬼神、所需祭品等信息。珞巴族的祭祀对象众多，根据疾病的类型不同，例如痢疾、头痛、麻风病等都有不同的祭祀对象。

此外，以狩猎为主要生产活动的珞巴族，由于对虎图腾的崇拜而产生的虎祭也是具有标志性的祭祀活动。举行虎祭需在误伤老虎的家中举行，送虎灵是其中重要步骤之一，虎祭仪式的普通日程是3～9天。在珞巴族传统祭祀中，祭祀图画也是特色祭祀文化的表达，珞巴族人试图通过这些形象，试图表达深切的期望，祈求主管的精灵，按照绘画所示赐予自己好运。

珞巴族祭祀对象众多，针对不同的祭祀对象产生了不同类别的祭祀活动。宗教信仰与其祭祀仪式是珞巴族神秘而独特的魅力所在。

图片来源
图一至图七　付佳　制图
参考文献
吕大吉，何耀华.中国各民族原始宗教资料集成.北京：中国社会科学出版社，1999：748～751.
于乃昌.痴迷的信仰与痴迷的艺术——珞巴族的原始宗教与文化，中国藏学，1989（2）：145～160.

图二　珞巴族杀鸡看肝之长辈杀鸡

图三 珞巴族杀鸡看肝之切腹取肝

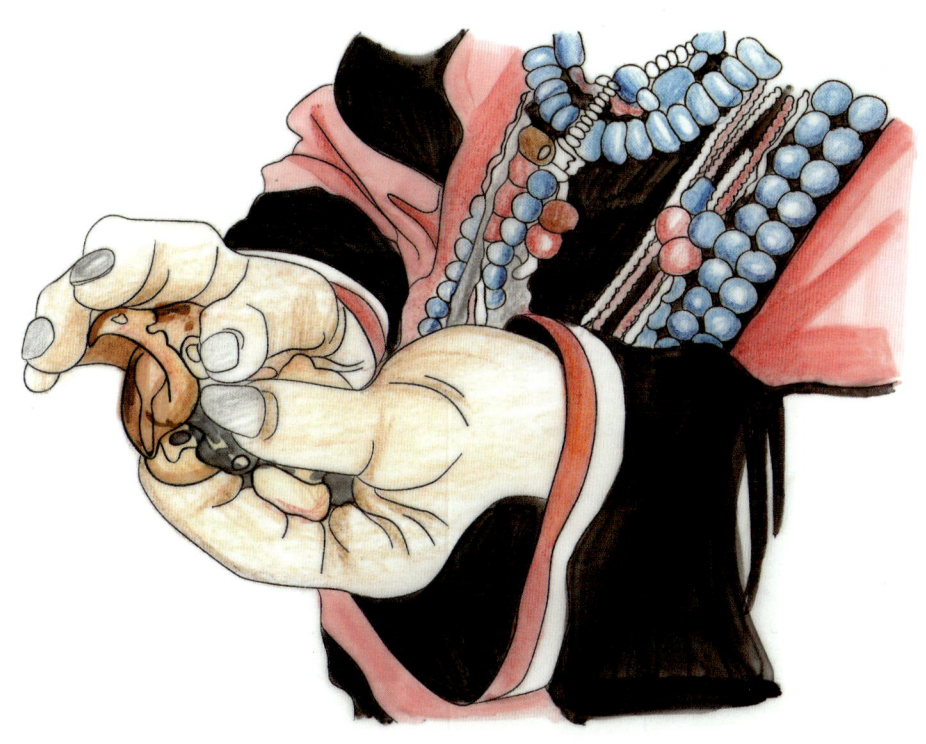

图四 珞巴族杀鸡看肝之看肝占卜

为病人准备祭祀仪式　　　　　　　　　祭祀中杀生后场面

图五　珞巴族时疫祭祀

图六　珞巴族动物祭祀之虎祭场景

图七　珞巴族祭祀图画

珞巴族生殖崇拜

图一 珞巴族措宗贡巴寺男性生殖器木偶主图

珞巴族生殖崇拜缘起于原始社会，该时期高出生率、高死亡率导致人口增长率极低，而人口数又直接影响生产力，而生产力的高低及人口总数最终影响民族的发展。早期，珞巴族神话中将大地认作母亲，母亲的阴户象征一切生命的起源，因此最初珞巴族生殖崇拜以女性生殖器为代表。随着生产力水平的逐步提高，母系社会逐步进入父系社会，男子在社会经济中的地位与作用也相应提升，于是，生殖器的崇拜对象由此转换为以男性生殖器为主。在当代，珞巴族仍保留着生殖崇拜的现象与仪式，寓意农业丰收与人丁兴旺。

图二为措宗贡巴寺入口处设置的一对生殖器木偶。措宗贡巴寺是西藏著名的红教宁玛派寺院，位于西藏灵芝地区措高湖中的巴松措扎西岛上，距今已有1500多年的历史。寺内主供宁玛派传承祖师莲花生，参拜者一拜祖师，二拜生命。这对生殖器木偶分别代表男性与女性，男女生殖器同时摆放的现象十分罕见。面朝寺院入口，女性生殖器木偶放置在措宗贡巴寺台阶下的左方，男性生殖器木偶则设在台阶下的右方，两者表面施以红色后，立于地面上。在寺院入口处设置这两尊木偶的目的除了祈求丰收、人丁兴旺外，也具有避邪与镇伏妖魔之用。珞巴人的传统住宅大多为竹楼，通常在木梯的右侧设有男性生殖器，每年更换一次，以此用于祈福。

制作生殖器时选用质地较为松软且燃烧时产生噼啪声响的桤树。桤树又称青木树，因生长速度迅速且长寿，可为族群祈福，具有多子多福、健康长寿的寓意。每到九月二十九日，村民会请具有一定威望的"居巴"来制作。第一步需要选材。根据使用方式的不同确定不同的尺寸，选取适当的桤树作为原料。若生殖器独立插于地面，则需要一米以上的高度，若为木偶生殖器，则控制在一米之内。第二步为剥皮。使用刀具将表面树皮刮净，倘若表面留有结疤也必须刮净。若不能去除结疤，这块木料则无法使用。第三步为塑形。使用腰刀将刮净的木棍粗头削成男性生殖器形状。第四步为撒粮。将削好的生殖器放入藤制的簸箕中，并将九种粮食撒在上面，在撒粮的过程中需要说："保佑家人平安，人口兴旺。"第五步为仪式。先将九种粮食用黑布包住，然后用红黄蓝黑白五色线扎住布并拎在木制生殖器上方，周围直插三根竹签，放上一个生鸡蛋并连射九箭。最后将男性生殖器放置于楼梯左边。

珞巴族人源于对本族人口总数与生产力的迫切需求，产生了生殖崇拜文化。如今，在珞巴族人的生产生活方面也反映出这种原始古老的文化现象，它是该族先民们古代生活的延续。

图片来源
图一至图八　俞志成　制图

参考文献
金开诚，崔华洋.中国文化知识读本——珞巴族.长春：吉林出版集团有限责任公司，2010：70.

图二　珞巴族措宗贡巴寺入口处男女生殖器木偶位置关系图

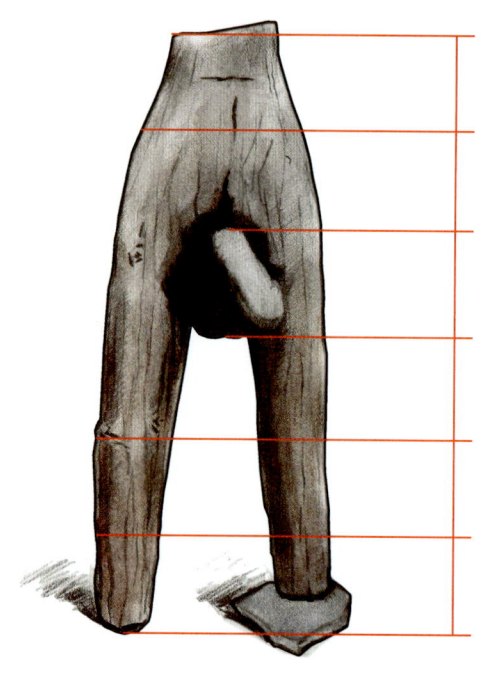

图三 珞巴族措宗贡巴寺男性生殖器木偶比例构成图

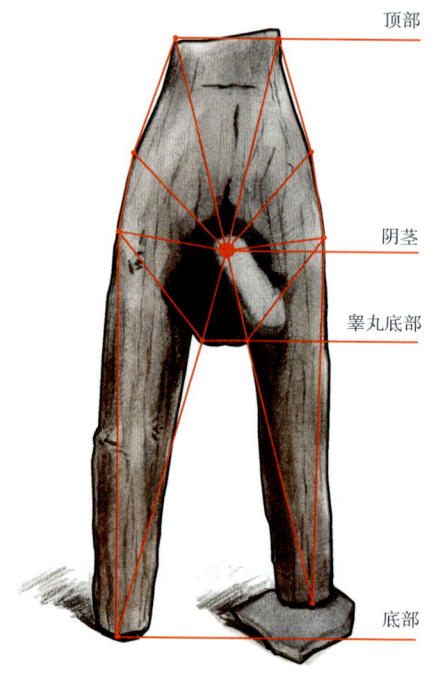

图四 珞巴族措宗贡巴寺男性生殖器木偶分析图

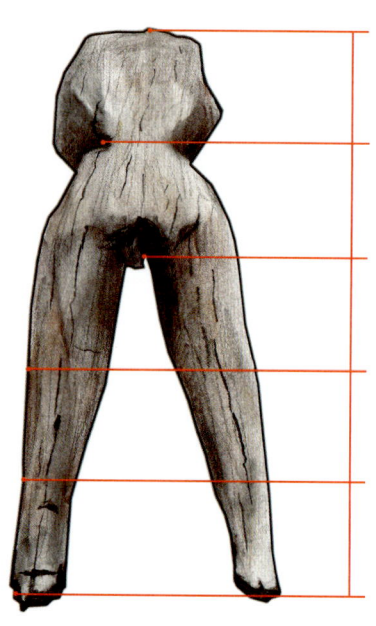

图五 珞巴族措宗贡巴寺女性生殖器木偶比例构成图

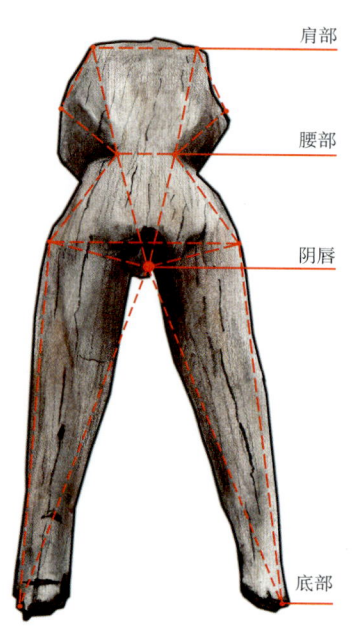

图六 珞巴族措宗贡巴寺女性生殖器木偶分析图

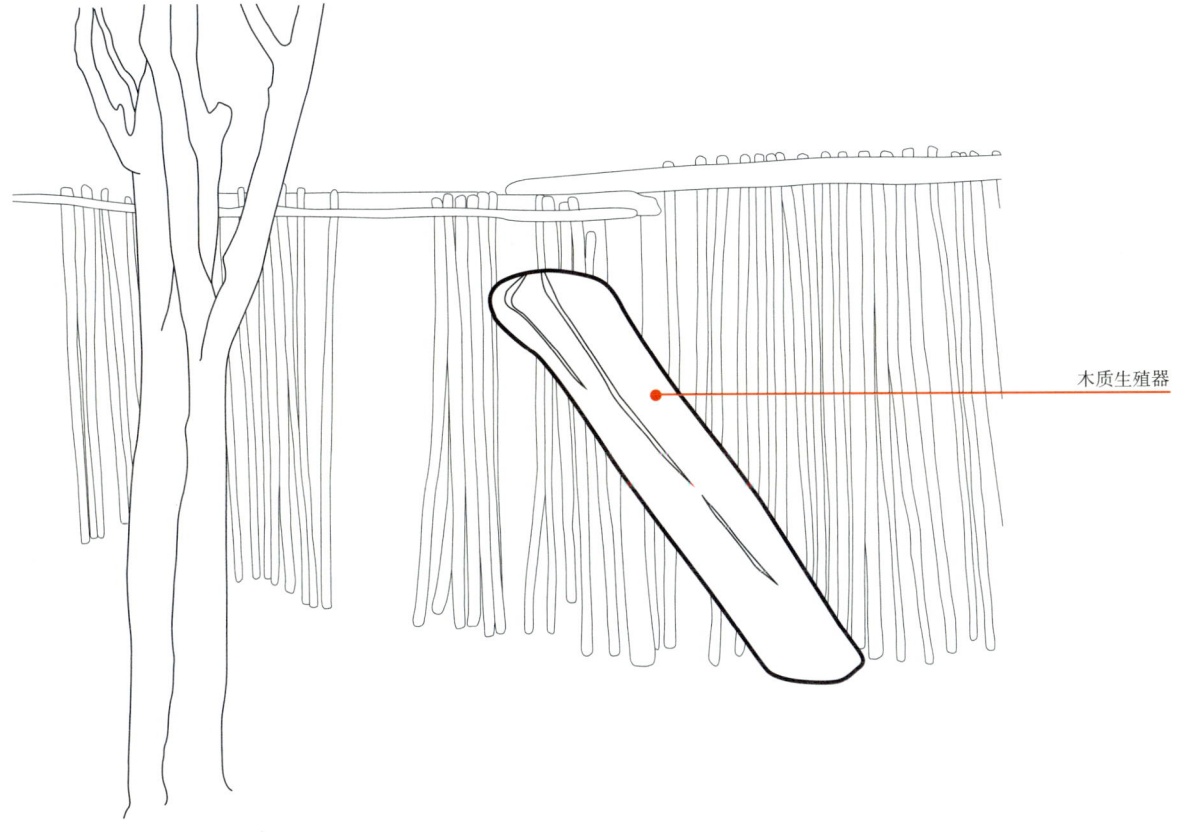

图七 珞巴族住宅旁生殖器木偶示意图

木质生殖器

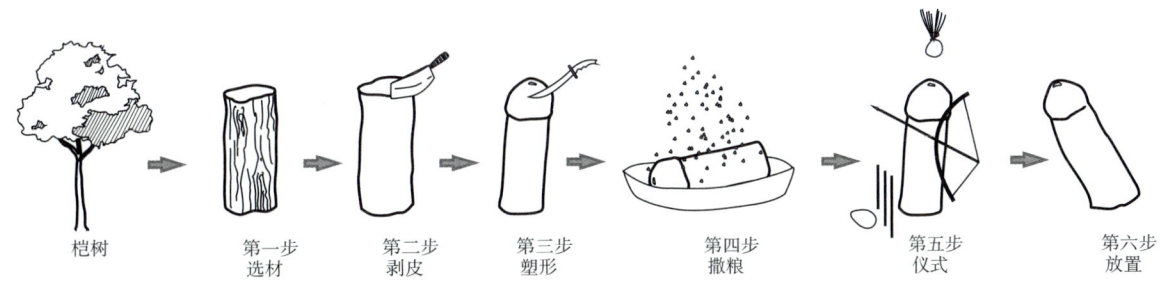

桤树　第一步 选材　第二步 剥皮　第三步 塑形　第四步 撒粮　第五步 仪式　第六步 放置

图八 珞巴族男性生殖器木偶制作流程示意图

珞巴族"乌佑"崇拜

图一 珞巴族"乌佑"崇拜主图

珞巴族特殊的地理环境造就了该族崇拜原始宗教、崇拜自然的信仰文化。珞巴族人相信万物皆有灵,灵魂不死,凡精灵、鬼魂、神怪、妖魔等都统称为"乌佑",因此,"乌佑"无所不在且种类繁杂。据珞巴族神话所言,地母与天父结婚后,诞下人类及万物的同时,"乌佑"与珞巴族始祖阿巴达尼也一同由地母衍生而出。"乌佑"虽为灵之化身,但也分善、恶。珞巴族人本着对善的祈求、感激以及对恶的诅咒、驱赶产生出对原始宗教的崇拜文化。

基于对原始宗教的崇拜,珞巴族人在生产与生活中遇到任何疑惑都希望能够得到"乌佑"的指引。能与"乌佑"交流的便是巫师。巫师又分为两种——"米剂"和"纽布"。前者又称卜卦师,多为男性;后者又称祭神跳鬼师,地位高于前者,可胜任前者的职能,多为女性。两者最大不同在于后者可与"乌佑"直接沟通与交流,而前者无法达到。珞巴族凡遇婚嫁、丧葬、盖房、外出、种地、打猎等都要占卜吉凶,占卜方式以鸡肝卜、猪肝卜、蛋卜及米卜较为常见。其中,米卜方式较为简洁。占卜时，由巫师准备一碗干净的水和一把颗粒饱满且大小整齐的人米，一边念咒一边将米一粒粒放入碗中，通过观察大米的浮沉状况来判断吉凶。若投入的米全部整齐地沉入碗底，则为祥兆，反之则为不祥。当发现凶兆时，则需要通过"纽布"跳鬼进行化解。该仪式多在夜间举行。首先，由助手"米巴克"燃烧松、柏树枝，当烟雾笼罩居室时，"纽布"身披红色神衣，手持大刀（或削尖的竹竿和木棒），刀尖向下，站入由"达节"竹篾编制的深约20厘米、直径150厘米、上圆下方的笸箩中，面朝"光东"作法，通过自身旋转带动笸箩旋转，并配合不同曲调念经。当转至癫狂状态时，"纽布"便开始与乌佑进行对话，由此可以预知吉凶、驱除病患、保佑平安。仪式最后以骑马、鹰飞翔等动作收尾，代表"纽布"随之回到人间。整个过程近几小时，因此每次跳鬼，"纽布"都能得到相当高的报酬，还能受到丰盛的酒肉招待。

珞巴族信奉自然拜物，认为万物皆有灵，故"乌佑"存在于万物之中。因此，"乌佑"崇拜涉及珞巴族生活与生产的各个方面，对研究珞巴族原始宗教信仰具有重要价值及意义。

图片来源
图一至图八 刘春羽 制图
参考文献
吕大吉，何耀华.中国各民族原始宗教资料集成.北京：中国社会科学出版社，1999：734～740.
西藏社会历史调查资料丛刊编辑组.珞巴族社会历史调查（二）.北京：民族出版社，2009：155～170.
于乃昌.痴迷的信仰与痴迷的艺术——珞巴族的原始宗教与文化.中国藏学，1989（2）：146～147.

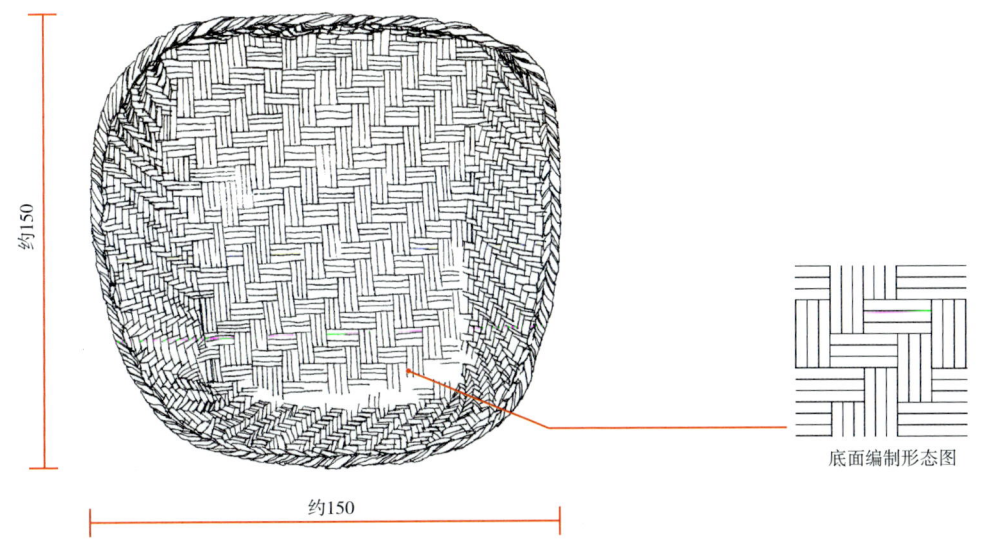

图二 珞巴族笸箩平面示意图及底面编织形态图（单位：cm）

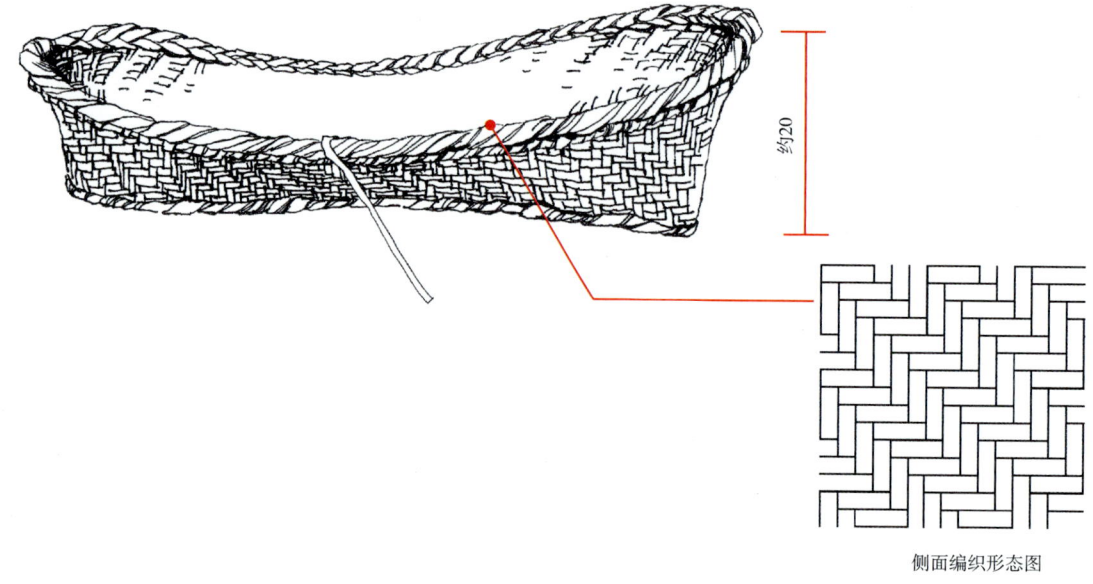

图三　珞巴族笸箩立面示意图及侧面编织形态图（单位：cm）

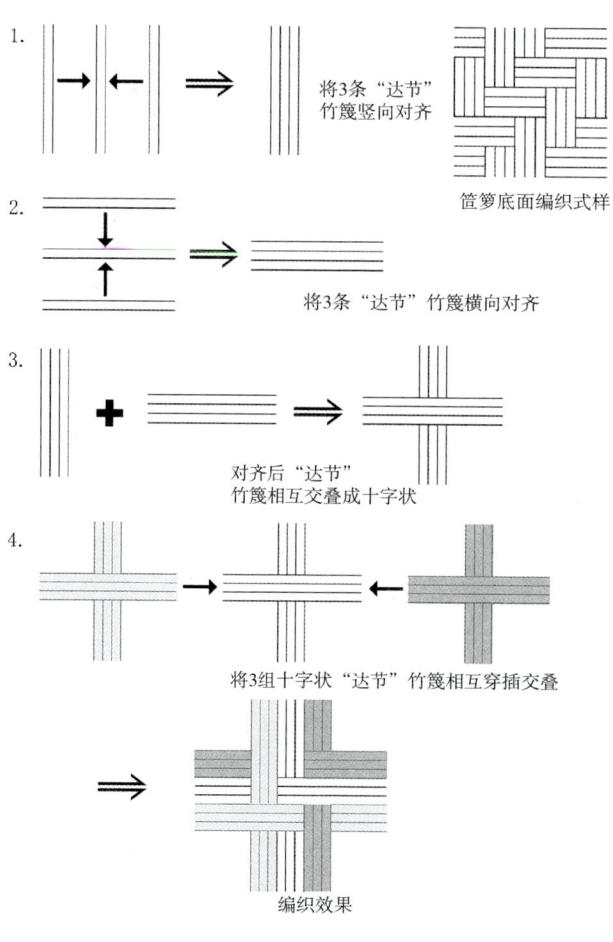

图四　珞巴族笸箩底面编织分解图

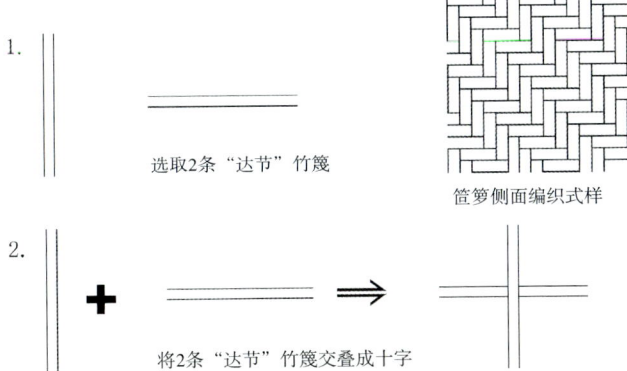

1. 选取2条"达节"竹篾

   笆箩侧面编织式样

2. 将2条"达节"竹篾交叠成十字

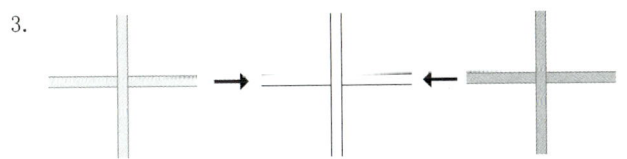

3. 将3组十字状"达节"竹篾相互穿插交叠

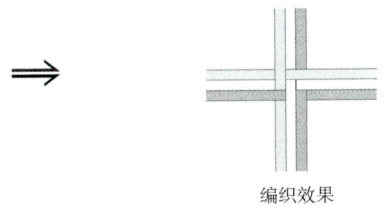

编织效果

图五 珞巴族笆箩侧面编织分解图

图六 珞巴族"纽布"米卜场景图

第七章 珞巴族传统礼民俗和宗教造像

图七 珞巴族"纽布"召唤"乌佑"场景图(进入昏迷状态)

图八 珞巴族"纽布"作法尾声场景图(乘鹰回到人间)

珞巴族太阳崇拜

图一　珞巴族祭祀太阳神的达洛角主图

在珞巴族自然崇拜中，太阳崇拜占有非常重要的位置。珞巴族人认为，太阳像母亲一样无私奉献，带给人间光明和温暖，因此将太阳神归于女性神灵之列，珞巴语称之为"多尼女神"，他们对太阳神十分敬重，对其的祭祀崇拜也十分重视。

在珞巴族中，对太阳崇拜有多种形式。其中，博嘎尔部落里，人们会在居宅门前设置名为"达洛角"（也称作"打洛角"或"太阳经台"）的神龛进行太阳祭祀，"达洛角"是博嘎尔部落各户设在住宅入口前进行祭祀的神龛，其形状类似于棚架。一般每到藏历三月或四月、九月或十月举行祭祀时，珞巴族人主要选取当地生长的竹枝和木材，搭建新的神龛，但旧的并不拆除。具体而言，将30至40根1.2米左右长的竹枝或芦苇一根根有序地排插在地上，成一字形。竹枝上方横穿一条长约1.5米、宽约20厘米的木板，在木板上写有各种神秘符号。这些符号一般要由巫师书写才被认为能够具有神秘力量，且位列中央的符号代表太阳神，其他部分样式多种多样，但无严格的规定。除此之外，也存在两条书写着神秘符号木板的"达洛角"。在木板的下方会再扎两条细长木板成"X"状，上方同样刻有神秘的宗教符号。最终，在架上以鸡蛋壳、酥油、竹屑、羊毛等物品作为装饰。现在，珞巴族住宅内出现了一些简化的"达洛角"，主要减少了竹枝或芦苇的数量，或缩短了写有太阳神符号的木板。珞巴族人将"达洛角"放在住宅入口前祭祀时，在其前放置一块木板和一口锅，准备肉、菜、蛋、饭等祭品，并同时燃烧松、柏等枝叶，祈求家庭平安、人畜两旺、庄稼丰收。此外，以狩猎生产为主要活动的珞巴族，对动物灵魂崇拜也是普遍现象。他们在出猎之前和获猎之后会祭祀悬挂于居室墙上的各种野兽头骨，称之为"邪布卑"，也是珞巴族常见的祭祀仪式。

以"达洛角"为代表的太阳崇拜是珞巴族原始宗教崇拜的重要内容，也是珞巴族祭祀礼俗文化的重要组成部分。

图片来源
图一　李绮雯　摄影
图二至图四　华秋紫　制图
图五至图七　付佳　制图

参考文献
关东升.中国民族文化大观（藏族·门巴族·珞巴族）.北京：中国大百科全书出版社，1995：538～541.
于乃昌.痴迷的信仰与痴迷的艺术——珞巴族的原始宗教与文化.中国藏学，1989（2）：145～160.

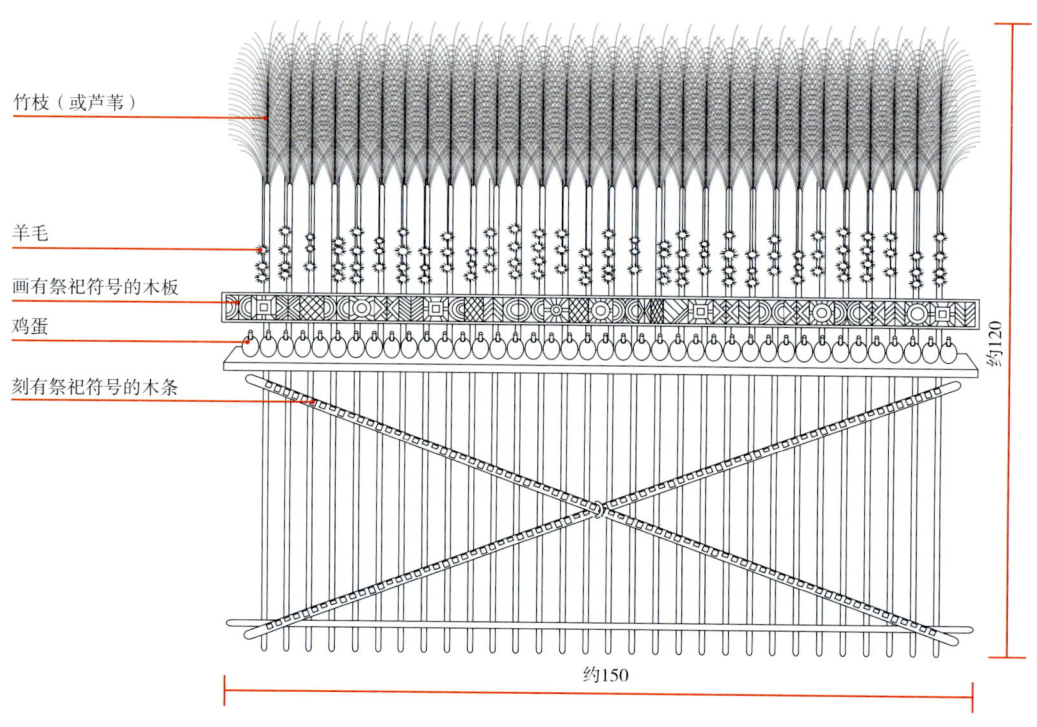

图二 "达洛角"原料及尺寸（单位：cm）

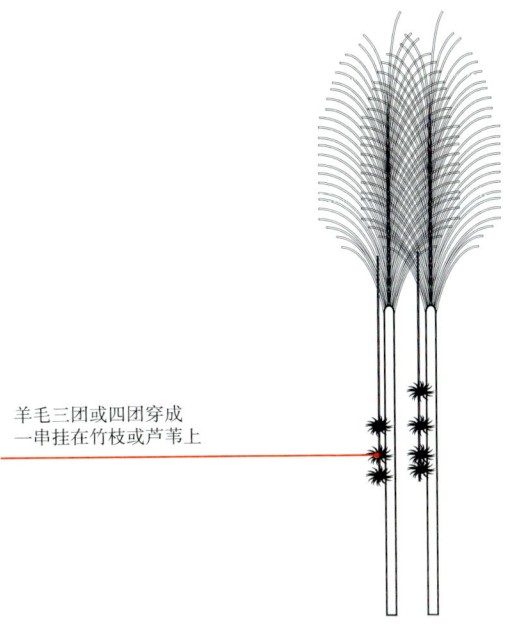

图三 "达洛角"竹枝部分细部原料分析图

图四 "达洛角"中央部分图案解析与尺寸示意（单位：cm）

图五 珞巴族祭祀太阳神场景图

图六　珞巴族书写宗教符号场景图

图七　珞巴族祭祀野兽头骨

声　明

　　本书编写时收入的个别图片，因条件所限，未能同相关著作权人取得联系，获得授权，敬请谅解。请相关著作权人及时与编者联系，以便奉上稿酬。谢谢！